LE SECOND LIure de Amadis de Gaule,

TRADVICT NOVVELLEMENT D'Espaignol en Françoys par le Seigneur des Essars, Nicolas de Herberay.

Acuerdo oluido.

Auecq' priuilege du Roy.

1541.

On les vend à Paris au palays en la gallerie par ou l'on va en la chancelerie, en la boutique de Iean Longis libraire.

Au Roy.

Deux ans & plus Amadis m'a tenu
En ſon ſeruice, à grandz couſtz & deſpens:
Et ce pendant me ſuys entretenu
D'vn foible eſpoir, qui trop me tient ſuſpens.
Et toutesfoys, point ie ne m'en repens:
Car c'eſt à vous à acquiter ſes debtes,
Puis que de luy ſeul heritier vous eſtes,
De ſa proueſſe, & liberalité.
O Roy vny à l'immortalité,
Fauoriſé des ames plus parfaictes!
I'auray de vous plus que n'ay merité,
Prenant en gré les Oeuures, que i'ay faictes.

Au lecteur,

SONNET.

BEning lecteur, de iugement pourueu,
Quand tu verras l'inuention gentille
De cest autheur: contente toy du ſtille,
Sans t'enquerir ſ'il eſt vray ce, qu'as leu.
Qui eſt celluy, qui peult dire: I'ay veu
Blaſmer Homere, ou accuſer Virgile,
Pour n'eſtre vrays ainſi que l'Euangile,
En eſcripuant tout ce, qu'il leur a pleu?
Quand Appelles nous a painct Iupiter
En Cigne blanc, Thoreau, ou aultre beſte:
Des anciens il n'a eſté repris.
Doncq' ſi tu veoys en ce liure, imiter
L'antiquité, loue l'effort honneſte:
Car tout bon œuure eſt digne de bon prix.

Acuerdo oluido.

Il eſt defendu par letres patentes du Roy noſtre Sire, à tous imprimeurs, libraires & marchans, d'imprimer en ce royaulme, ou expoſer en vente, les quatre premiers liures d'Amadis de Gaule, dedans ſix ans, à compter du iour qu'ilz ſeront acheuez d'imprimer, ſur les peines contenues audict priuilege, ſur ce depeſché, ſigné par le Roy, de la Cheſnaye. Si n'eſt par le congé & permiſſion du ſeigneur des Eſſars. N. de Herberay, qui les a traduictz, & eu la charge de les faire imprimer par ledict Seigneur.

Cy commence la Table
DV SECOND LIVRE, DE AMADIS DE GAVLE.

Et premierement.

Fin de la Table du second volume, d'Amadis de Gaule.

Acuerdo oluido.

Le ſecond liure de Amadis de

GAVLE, AV COMMENCEMENT duquel ſera faict deſcription de l'Iſle Ferme: qui y feit les enchantements, & meit les grands theſors qui ſ'y trouuerent. Et fait l'acteur ce diſcours, pource qu'au quart liure il n'eſt quaſi propos d'aultre choſe, que de ce qui aduint en icelle Iſle, tant à Amadis, qu'à maintz aultres cheualiers eſtranges.

Chapitre Premier.

IL y eut vn Roy en Grece, marié auecq' la ſœur de l'Empereur de Conſtantinople, de laquelle il eut deux filz excellents en toute perfection de corps, & d'eſprit. Specialement l'vn nommé Apolidon: lequel fut ſi bien nay & nourry, qu'il ne trouuoit ſon eſgal, en quelque acte vertueuſe, ou il ſ'appopriaſt. Ceſt Apolidon eſtudia en toutes ſciences: auſquelles il profita telement, que oultre qu'il fuſt l'vn des meilleurs cheualiers du mõde, il reluysoit par son sçauoir entre les hommes de son temps, comme fait la Lune entre les estoilles : mesmement en l'art de Nigromance, par lequel il feit maintes choses, qui paroissoient exceder le pouoir des hommes. Or estoit le Roy (pere de ces deux ieunes princes) puissant en terres & grands thesors : mais par trop debile de corps pour son ancien aage. Parquoy cognoissant la fin de ses ans vieulx, volut, auant que mourir, faire partaige de tout son bien, à ses enfants, à ce qu'apres son deces, ilz n'eussent ensemble debat, ou contention. Et de faict estant Apolidon l'aisné, l'institua Roy, & son principal heritier, & inuestit l'aultre de tous ses thesors & biens meubles : entre lesquelz y auoit maintz excellentz liures d'inestimable valeur. Toutesfois il n'eut ce partage agreable, & s'en plaignit au Roy : le suppliant treshumblement auoir esgard, que par le peu qu'il luy laissoit, il le rendroit pauure, & quasi desherité. Lors le vieil pere, cognoissant le mescontentement de son filz (qui estoit ce, que plus il craignoit) fut grandement desplaisant: toutesfoys il ne vouloit reuocquer ce, qu'il auoit fait, sans le consentement d'Apolidon. Lequel en estant aduerty, luy vint dire en la presence de son frere : Sire, ces iours passez i'ay entendu de plusieurs, que mon frere n'est content du partaige qu'il vous a pleu nous ordonner : & pource que ie sçay l'ennuy que ce vous est, voyant l'amytié entiere de luy, & de moy en bransle d'estre rompue, ie vous supplie humblement reprendre tout ce qu'il vous a pleu me donner, & l'en pourueoir : car ie me tiendray heureux de faire chose qui donne repos à vostre esprit, & tresbien appenné d'auoir ce, que vous luy auez laissé. Lors le Roy voyant la bonté de son filz Apolidon, & l'obeissance qu'il luy rendoit, se trouua tant aise & surprins de si grãd' ioye, que l'esprit de luy (cognoissant qu'il ne pourroit laisser son corps en plus de contentement) s'en volla au ciel : laissant ses deux enfants en l'amytié qu'il desiroit. Ce nonobstant, apres que le corps fut inhumé, & que l'on eut mis fin aux honneurs funebres accoustumez : Apolidon feit equipper & armer quelques nauires, dedans lesquelles (estant embarqué auecq' aulcuns gentilz hommes ses amys) voyãt que le vent fauorisoit à son intention, commanda tirer les anchres, & tendre les voylles : lesquelles furent incontinent singlées de telle roydeur, qu'en peu d'heure les nefz eslongnerent le pays de Grece. Et toutesfoys Apolidon n'auoit encores deliberé, en quelle part il prendroit terre : mais suyuant la fortune, poulsée par le vent, descouurit le pays d'Italie, contre lequel il tira, & y print port. Dequoy aduerty l'Empereur Siidan, enuoya plusieurs grands seigneurs vers luy, le prier de venir à Rome : ou il luy seroit fait tout le bon traictement dont il se pourroit aduiser. A quoy Apolidon obtempera : & de faict estant arriué, l'Empereur luy feit si grand honneur, que (encores qu'il n'esperast seiourner auecq' luy plus de huict iours) changea propos, & y demeura bien long temps. Durant lequel

lequel il feit tant d'armes, & si grande cheualerie, qu'il acquist entre les Romains reputation du meilleur cheualier du mōde: auecq' l'amour d'vne ieune princesse, sœur vnique de l'Empereur, nommée Grimanese, la plus belle dame de la terre. Et combien que leur amour fust mutuelle: neantmoins ceste belle dame estoit telement gardée, qu'elle ne pouoit satisfaire à son affectiō, ny au desir commun d'eulx deux. Parquoy vn iour (deuisants plus priuément qu'ilz n'auoient encores fait) Amour leur moyenna le consentement d'eulx en aller ensemble, pour iouyr l'vn de l'aultre, selon que leur passion les contraignoit: en maniere qu'ilz meirent leur vouloir à execution. Car la belle Grimanese vint trouuer, par vne nuict accordée, son amy Apolidon, qui l'attendoit sur la riue de l'eaue, ayant fait equipper vaisseaulx pour eulx embarquer: ce qu'ilz feirēt. Puis à force de vent, vindrent en peu de iours arriuer au pied de l'Isle Ferme, laquelle pour lors estoit occuppée par vn Geant, dont Apolidon & ceulx de son nauire, estoient ignorants. Au moyen dequoy, pensants estre en lieu de repos, descendirent à terre, & furent tentes & pauillons tenduz, pour eulx refraischir: car Grimanese (qui n'auoit accoustumé le trauail de la mer) se trouuoit lasse à merueilles. Mais à l'heure qu'ilz pensoient estre plus à repos, le Geant qui les auoit descouuertz, les surprint de si pres, qu'Apolidon n'eut quasi loysir de s'armer: dont Grimanese fut tant espouantée, qu'elle cuyda mourir de frayeur. Car le Geant la prenant par la main, dit à Apolidon: Vassal, encores que ie ne soye coustumier faire gracieuseté à nul, si suis-ie content pour ce coup de te permettre combatre contre moy seul: par tel si, que si tu es vaincu, ceste belle dame me demeurera, & te feray puis apres pendre au mast de ceste tente. Quand Apolidon entendit que par combatre vn tel monstre, il pourroit sauluer luy & s'amye, il print si grand cœur, qu'il luy sembla facile de le pouoir deffaire: & se reputoit heureux, quand fortune luy apprestoit occasion de faire cognoistre deuant Grimanese, combien il pouoit & auoit en soy de cheualerie. Parquoy sans guieres differer, commença le combat d'eulx deux, lequel dura peu: car le Geant pressé de pres tomba en arriere. Lors Apolidon se iecta sur luy, & luy trencha la teste. Ce que sçachant les habitants de l'Isle, se vindrent tous offrir à luy: le suppliant demeurer auecq' eulx, & estre leur seigneur & protecteur. Ce qu'il leur accorda: parquoy ilz le conduirent auecq' grande magnificence, par toutes les forteresses de la contrée: lesquelles il trouua en si bon equipaige, qu'il ne doubta de là en auant la puissance de l'Empereur, s'il essayoit le vouloir oultrager, pour le rauissement qu'il auoit fait de sa soeur. Et depuis à la persuasion de Grimanese, il y feit edifier vn des plus beaulx palais qu'on eust sceu trouuer en toutes les aultres isles de l'Occean: lequel il embellit de tant de doreures & richesses, que le plus grand de la terre eust trouué difficile d'en pouoir faire vn second. Mais il aduint que le quinzeiesme an d'apres, l'Empereur de Constantinople, son oncle, alla de vie à trespas, sans aulcun heritier procreé de son corps: au moyen dequoy les princes du pays, despecherent embassade vers Apolidon, pour le supplier accepter l'empire: ce qu'il feit voluntiers, suyuant le naturel des hommes, desquelz le desir n'est iamais content. Toutesfoys Grimanese, ayant regret de laisser l'Isle tant delectable, pria tresinstamment son amy qu'auant leur partement (en recognoissance du plaisir qu'ilz auoient eu en ce lieu, premier tesmoing de la iouyssance de leurs amours) il feist par son art & grand sçauoir, en sorte que de là en auant, nul n'en fust seigneur, s'il n'estoit autant bon cheualier & loyal en amour, comme il estoit. Vrayement ma dame, respondit Apolidon, pour l'amour de vous ie feray encores mieulx: car nul n'entrera en ce palais, s'il n'est tel que vous l'auez deuisé: & si vous dis d'auantaige, que dame, ou damoyselle n'y mettra le pied, si elle n'est aussi belle que vous, & accomplie aux perfections que vous auez. Lors feit faire à l'entrée d'vn verger (planté de maintes sortes d'arbres) vne voulte, au dessus de laquelle, il meit vne statue d'homme de Brouze, tenant vne trompe, comme s'il en eust voulu sonner: & sur la porte de son palais, assit les ymages de luy & de Grimanese, si bien taillées, qu'elles paroissoient vifues: vis à vis desquelles il planta vne haulte pierre de iaspe, & à demy traict d'arc pres, tyrant au iardin, vn perron de fer de la haulteur de cinq couldées. Ces choses ainsi ordonnées, il demanda à Grimanese, si elle sçauoit pourquoy il auoit ce fait. Non sur ma foy, respondit elle. Ie le vous diray presentement (dit Apolidon) asseurez vous, ma dame, qu'homme ne femme, qui aye faulsé ses premieres amours, ne passera soubz ceste voulte: car s'ilz s'y aduenturent, l'ymage que vous voyez sonnera vn son si espouentable, & iectera par ce cor telle flamme, & puanteur, qu'il leur sera impossible passer oultre: & seront reiectez si lourdement, qu'ilz demeureront esuanouiz, & repoulsez au dehors de la voulte. Mais s'il aduient qu'vn loyal amant, ou amante essaye l'aduenture, l'ymage sonnera vn chant tant melodieux, qu'il donnera grand plaisir aux escoutants: & y pourront passer ces loyalles personnes, sans aulcun empeschement. D'auantaige, ilz verront noz pourtraictz & leurs noms escriptz en ce iaspe, & ne sçauront qui les y a grauez: & qu'ainsi soit, s'il vous plaist, nous l'esprouuerons tout maintenant. Adoncq' print Grimanese par la main, & passant soubz l'arc, l'ymage de Brouze se print à sonner tant armonieusement que merueilles: puis s'approchant du iaspe, apperceurent leurs noms entaillez dedans nouuellement, dont Grimanese fut tresaise. Et pour veoir comme il en prendroit à ceulx qui la suyuroient, appella aulcuns gentilzhommes & dames, pour essayer l'aduenture: mais ainsi qu'ilz cuydoient trauerser la voulte, l'ymage sonna vn son treseffrayant, & iecta feu, fumée, & flamme si horrible, quilz tomberent tous esuanouyz,

esuanouyz,& furent reiectez si rudement que rien plus. Dont Grimanese se print à rire, sçachant que ce leur estoit paour sans peril: remerciāt grandemēt Apolidon de ce, qu'il auoit tant fait pour elle. Toutesfois, monseigneur, dit elle, que deuiēdra ceste riche chambre, en laquelle vous & moy auons eu tant de contentements? Vous le sçaurez maintenant, dit il. Lors feit apporter deux aultres Perrons: l'vn de marbre, qu'il meit à cinq pas pres de la chambre: & l'aultre de cuyure, à cinq aultres pas plus auant. Puis dit à Grimanese: Ma dame, ie vous aduise, que d'icy en auant, homme ne femme n'entrera en ceste chambre, que premier n'y soit entré celluy qui me surpassera en prouesse & cheualerie, ou celle qui vous excedera en beaulté: & si fortune y ameine ceulx qui soyent dignes de lieu tant excellent, ilz pourront apres aller & venir sans aulcun empeschement. Puis escripuit au Perron de cuyure, telz motz: Selon la bōté du cheualier qui essayera l'aduēture, il passera le Perron, les vns plus oultre, les aultres moins. Sur celluy de marbre: Nul ne s'aduenture passer ceste pierre, pour entrer en la chambre, s'il ne passe en cheualerie Apolidon. Et sur l'entrée de la chambre: Celluy qui entrera ceans, excedera en armes Apolidon, & sera apres luy seigneur de ce pays. Et estoit force (auant que d'approcher de ceste chābre) toucher aux deux Perrons, & là eulx esprouuer: & ordonna semblablement que l'on desarmast ceulx, qui de là en auant essayeroiēt passer soubz l'arc des loyaulx amants, s'ilz en estoient repoulsez, & que l'on les chassast hors de l'Isle comme faulx & desloyaulx: & qu'aux fideles feust faict tout l'honneur, & seruice qu'il seroit possible. A ceulx qui esprouueroient l'aduenture des Perrons, pour entrer en la chambre defendue, s'ilz ne passoient celluy de cuyure, qu'on leur feit ne plus ne moins qu'aux faulx amants: & si d'aduenture ilz le franchissoient, qu'à la difference des aultres, l'espée seule leur fust ostée. Mais si quelque meilleur cheualier pouoit venir iusques à celluy de marbre, qu'il ne luy fust osté que l'escu: toutesfois s'il passoit oultre, sans entrer en la chambre, que les esperons seulz luy feussent deschaussez. Et quant aux dames ou damoyselles, qui esprouueroient l'aduenture des loyaulx amants, de laquelle elles seroiēt repoulsées, il vouloit que l'on les contraignist de dire leurs noms, pour l'escrire à l'entrée de la voulte: auecq' le nombre d'autant de pas que chascune d'elles seroient entrées auant. Et venu le tēps, dit Apolidon, que ceste Isle aura recouuert le seigneur qui luy est promis, ces enchanteurs ne nuyront plus aux hommes, & en seront exempts: non pas les femmes, iusque à ce que la belle dame y soit entrée, par laquelle toutes les aultres seront affranchies. Puis establit vn gouuerneur pour recepuoir le reuenu de la contrée, attendant celluy qui la meriteroit, comme il auoit dit: & quelques iours apres, ayant pourueu à ses affaires (ses nauires equippées) s'embarqua, & eut vent si à propos, qu'en peu de iours il print port en la ville de Constātinople, ou il fut treshaultement & magnifiquement receu. Mais pource qu'à present

 mon intenmon intention eſt de continuer les faictſ d'Amadis ſeulement:ie laiſſeray Apolidõ gouuerner ſon Empire, pour vous declairer ce, qui aduint à icelluy Amadis, & à ceulx qui le ſuyuirent au partir de la ville de Sobradiſe.

Comme Amadis, Galaor, Floreſtan, & Agraies, ayants prins congé de la belle Briolanie pour retourner vers le Roy Liſuart, furent conduictz en l'Iſle Ferme, pour eſprouuer l'arc des loyaulx amants, & les aultres aduentures d'icelle. Chapitre II.

VOus auez peu entendre ſur la fin du premier Liure, comme Amadis & Agraies, ſeiournerẽt quelque temps en la grand' ville de Sobradiſe, attendant la gueriſon des playes qu'ilz auoient receues au combat contre Abiſeos, & ſes deux filz : auſſi comme depuis Galaor & don Floreſtan y arriuerent, & le recueil qui leur fut fait. Maintenant en continuant noſtre hyſtoire, entendez, Que quelque mal qui euſt Amadis, ne pour danger ou il ſe trouuaſt, ou bon traictement que luy feiſt Briolanie, il luy fut impoſſible eſlongner de ſon eſprit le continuel penſement qu'il auoit à la princeſſe Oriane : ains de iour en iour ſ'augmentoit en luy le deſir de la reueoir, ayant touſiours deuant les yeulx, les excellences d'elle. Au moyen dequoy il enduroit vn exceſſif tourment qu'il cuydoit celer, mais il eſtoit trop apparant, non pas que l'on ſceuſt l'occaſion de ſon mal : car chaſcun en iugeoit diuerſement, comme de paſſion bien diſſimulée procedante de choſe excellente, pour laquelle il ſçauoit beaucoup ſouffrir, & mieulx ſe taire. Toutesfois à la fin, ne pouant ſupporter ſur ceſte longue abſence, qui le priuoit de veoir celle qui luy cauſoit ſon heureux malheur : il print congé, auecq' ſes compaignons, de la Royne de Sobradiſe, en eſperance de retourner à la court du Roy Liſuart. Neantmoins ilz n'eurent longuement eſté par chemin, que fortune leur appreſta nouuelle occaſion pour leur retardement, ainſi que vous entendrez. Aduint d'aduenture qu'eulx arriuants pres d'vn hermitage, ilz apperceurent vne damoyſelle, accompaignée d'aultres femmes, & de quatre eſcuyers ſortants de l'egliſe. Parquoy Amadis, & ſes compaignons, voulants ſçauoir qui elle eſtoit, picquerent au deuant, & la ſaluerent humblement : & elle qui ſ'aduança de parler, leur demanda quelle part ilz tiroient. Ma damoyſelle, reſpondit Amadis, nous allons à la court du Roy Liſuart, ou (ſ'il vous plaiſt, & voſtre chemin ſ'y adreſſe) nous vous acompaignerons. Ie vous mercye de bon cœur, dit la damoyſelle, il me fault tirer ailleurs. Mais pource que me ſemblez cheualiers errants, qui communement cherchez les grandes aduentures, ie me ſuis aduiſée de vous demander, ſi aulcun de vous vouldroit venir en l'Iſle Ferme, pour veoir les choſes eſtranges & admirables qui y ſont : car ie ſuis fille de celluy qui en eſt gouuerneur, vers lequel ie m'en voys preſentement. Ma damoyſelle, reſpondit Amadis, i'ay maintesfois ouy parler des nouueaultez de ceſte Iſle, & me tiendrois heureux de les pouoir eſprouuer, comme ie le deſire : ſi me repents, que pluſtoſt ie ne m'y ſuis aduenturé. Sur ma foy, dit elle, voſtre retardement ne vous doibt eſtre ennuyeux : car il y en a eu maintz telz que vous, & qui ont eu pareille affection, laquelle voulant executer, ne ſe ſont trouuez à l'iſſue ſi ioyeux, qu'ilz eſtoient à l'entrée. Ie n'en fais doubte, reſpondit Amadis, veu ce que l'on m'en a rapporté: mais, dites moy, nous destournerions nous grandement de nostre chemin pour vous suyure? De deux iournées pour le plus, respondit la damoyselle. Ie croy, dit Amadis, qu'il fauldroit tirer à main gauche & costoyer la mer, aumoins qui vouldra aller veoir l'arc des loyaulx amants: soubz lequel nulle personne qui ayt faulsé ses premieres amours, ne peult passer. Vous dites vray, dit elle, & si y pourrez veoir encores maintes aultres choses plus estrãges. Lors Agraies (ardãt de veoir telles singularitez) dit à ses compaignõs: Messieurs, ie ne sçay pas que vous auez deliberé de faire, mais i'accompaigneray ceste damoyselle, s'il luy plaist, & esprouueray les merueilles qu'elles nous a dites. Si vous estes tant loyal, respõdit elle, que vous passiez par soubz l'arc enchãté, vous trouuerez plus oultre maintes nouueaultez, qui vous seront agreables, & les pourtraictz d'Apolidon & de Grimanese, qui edifflerent le lieu merueilleux: & qui plus est, vous verrez vostre nom escript en vn iaspe, sans sçauoir par qui. Tant y a que ie vous puis asseurer qu'encores que depuis cent ans maintz bons cheualiers ayent esprouué l'aduenture, si ne s'en treuue il que deux grauez en ceste pierre. Tant mieulx, dit Agraies, ie feray si ie puis le tiers. Quand Amadis entendit la deliberation de son cousin, il eut desir de le suyure: car il sentoit sa loyaulté entiere & de faict, & de pensée, qui luy promettoit par raison le dessus de l'aduenture auant tout aultre. Toutesfois il dissimula son vouloir, & dit à ses freres: Mes amys, encores que nous ne soyons amoureux, comme le seigneur Agraies, si me semble il que nous luy debuons obtemperer pour ce coup, & luy tenir compaignie. Allons, dit Galaor, & dieu vueille que l'issue en soit à son honneur, & au nostre ainsi que nous la desirons. Adoncq' suyuirent la damoyselle. Lors Florestan, qui n'auoit oncques entendu quelle estoit l'Isle Ferme, se trouuant à part auecq' Amadis, luy dit: Monseigneur, à ce que ie veoy vous sçauez toutes les merueilles du lieu ou nous allons, dont ie n'auoys oncques ouy parler, combien que i'aye trauersé maintes contrées loingtaines. Certes, respondit Amadis, ce que i'en sçay, ie l'ay apprins d'vn ieune prince fort mon amy, nommé Arban de Norgalles, lequel a esprouué plusieurs aduentures estranges, mesmes celles de l'Isle Ferme, qu'il ne peut mettre à fin, ains fut contrainct de s'en retourner auecq' sa courte honte: mais ceste damoyselle se tient sur le lieu, qui vous pourra bien faire entẽdre ce, qu'auez enuie de sçauoir. Parquoy don Florestan s'adressa à elle, la priant affectueusement, que puis que la longueur du chemin leur donnoit occasion de deuiser ensemble, elle luy recitast ce qu'il en estoit. Ie vous declaireray voluntiers, respondit elle, ce que i'en ay apprins, de ceulx qui disoyent le bien sçauoir. Lors leur compta par le menu ce, que cy deuant vous auez entendu: dont ilz furent esmerueillez, & plus encores esmeuz d'esprouuer ces choses esmerueillables, ou tant de gents de bien auoient failly. Et ainsi cheminerent ensemble si longuement, que la nuict

les surprint

les surprint, en crainte de se fouruoyer, iusques à ce que la Lune commença à luyre : & lors cogneurent qu'ilz estoient en vne grande prairie, en laquelle ilz veirent plusieurs pauillons tenduz & gents à l'entour qui s'esbatoient. Adoncq' la damoyselle dit à Amadis: Seigneur, pource que ie veoy mon pere, vous marcherez, s'il vous plaist, au pas, & ie passeray deuant, pour l'aduertir de vostre venue, à ce qu'il vous face l'honneur que vous meritez. Ce disant hasta son pallefroy, & vint descendre ou estoient les tentes. Lors recita à son pere comme ces quatre cheualiers l'auoient suyuie, ayants desir de s'essayer aux aduentures de l'Isle Ferme : ce que par luy entendu, vint au deuant, & les receupt bien gracieusement : puis les conduict à l'vn des pauillons, ou ilz se refraischirent iusques à ce que leur soupper feut prest. Durant lequel, le gouuerneur de l'Isle feit plusieurs discours des aduentures aduenues aux cheualiers, & dames, qui auoient esprouué l'arc des loyaulx amants, & les aultres estrangetez, tant qu'il fut heure d'aller reposer. Surquoy chascun se retira, attendant le poinct du iour, qu'ilz monterent à cheual : & cheminerent si longuement, qu'ilz vindrent à vn lieu qui n'auoit de largeur en terre ferme, qu'enuiron la portée d'vn traict d'arc, & tout le reste estoit mer. Et continuerent ce destroict, iusques à l'entrée de l'Isle: laquelle auoit seulement cinq lieues de large, & sept de long : & pour ceste cause se nommoit l'Isle Ferme. Là peurent ilz veoir le sumptueux palais d'Apolidon, duquel les portes estoient ouuertes : & ainsi qu'ilz s'approcherent plus pres, appercеurent plus de cent targes ou escuz, arrengez en trois sortes: la plus part appuyez contre deux posteaulx, & dix clouez vn peu au dessus. Mais il y en auoit trois fort esleuez, en vn aultre posteau, plus auant que les premiers, & neantmoins ilz estoient encores differẽts en haulteur: car le plus hault estoit à vne toyse du moyen, & le moyen à vne couldée du plus bas. Lors Amadis demanda pourquoy ilz estoient ainsi arrengez. Certes, respondit le gouuerneur, selon la bonté & cheualerie de ceulx qui ont voulu entrer en la chambre defendue, leurs escuz sont honorez : & ceulx que vous voyez pres de terre, furent aux cheualiers qui n'ont approché le Perron de cuyure, mais les dix plus haultz, y sont paruenuz: & plus õt fait encores ceulx à qui furent ces deux que vous voyez separez, & au dessus des aultres: car ilz ont passé le Perron, sans toutesfoys approcher celluy de marbre, cõme a fait l'aultre : duquel l'escu est esleué encores plus hault, que de ces deux tant estimez. Adoncq' Amadis s'approcha, pour veoir s'il en pourroit cognoistre aulcun, pource qu'il n'y auoit celluy qui n'eust vn escripteau, demonstrant à qui aultresfois il appartint: & iecta sa veuë sur le plus bas des trois separé, & esleué, au dessus des dix, qui estoit de sable, à vn Lyon d'or denté, & armé d'argent, à chef de gueulles. Lors cogneut que c'estoit celluy d'Arcalaus : puis regarda les deux au dessus, dont le plus bas auoit le champ d'azur, & au dedãs vn cheualier d'argẽt, qui couppoit la teste à vn Geant,

Geant: & se souuint que c'estoit l'escu du Roy Abies d'Irlande, lequel estoit venu essayer l'aduenture, deux ans deuant qu'Amadis le deffeist en Gaule. Le tiers plus esleué de tous, auoit le chãp d'azur, à troys fleurs d'or: mais il ne le sceut cognoistre sans lire son escripteau, qui disoit: C'est l'escu de don Quedragant frere du Roy Abies d'Irlande, lequel auoit esté mis au dessus des aultres, depuis douze iours. Car Quedragant feit tant qu'il approcha le perron de marbre, ou nul aultre estoit encores paruenu: & estoit, de fortune, passé par l'Isle Ferme, cherchant Amadis, en intention de le combatre, & venger la mort du Roy Abies son frere. Trop fut esmerueillé Amadis, voyant les escuz de tant de bons cheualiers, qui tous auoient failly à ce qu'ilz vouloient entreprendre: & doubta grandement de faire ausi peu qu'eulx. A ceste cause, luy & ses compaignons se retirerent, pour aller vers l'arc des loyaulx amants: lequel leur fut monstré. Adoncq' Agraies meit promptement le pied à terre, & approchant du pas defendu, dit assez hault: Amour, si oncques ie vous fuz loyal, ayez souuenance de moy. Ce disant passa oultre, & entra au dessoubz de l'arc. Lors l'ymage de Brouze commença à sonner vn son tant melodieux, que ceulx qui l'ouyrent furent tous esiouiz: & Agraies ne s'arresta, & vint iusques au palais, ou estoient les ymages d'Apolidon, & de Grimanese, qui luy semblerent proprement viues. Et approcha pres la pierre de iaspe, en laquelle il veid deux lignes escriptes au dedans. La premiere contenoit: Madanil filz du Duc de Bourgongne, a passé soubz l'arc des loyaulx amãts, & mis fin à l'aduenture. Et l'aultre: C'est le nom de don Bruneo de Bonnemer, filz de Vallades, Marquis de Trocques. Mais à peine eut il acheué de lire ceste derniere ligne, qu'il en aduisa vne tierce, ou estoit escript: C'est le nom d'Agraies filz de Languines Roy d'Escosse. Ce Madanil aymoit Aguinde comtesse de Flãdres: & don Bruneo, Melicye, fille du Roy Perion de Gaule. Quand Amadis veid que son cousin estoit entré sans empeschement quelconque, il dit à ses freres: Ne voulez vous pas essayer l'aduenture comme luy? Non, respondirent ilz, car nous ne sommes tant subiectz à ceste pasion, que nous meritions faire espreuue de nostre loyaulté. Puis doncques que vous estes deux, faites compaignie l'vn à l'aultre, & ie le feray si ie puis au seigneur Agraies. Lors entra hardimẽt soubz l'arc: & ainsi qu'il passoit, l'ymaige de Brouze sonna de sa trõpe vn aultre son encores plus armonieux qu'oncques elle n'auoit fait. Et d'auantage, au lieu de feu & flamme puante, qu'elle lançoit contre les desloyaulx: fleurs & fueilles odoriferentes sortirent si abondamment de sa trompe, que la place en fut toute couuerte, & l'air souefue. Mais pour tout cela, Amadis ne s'arresta, ains passa oultre tout ioignant les ymages d'Apolidon & de Grimanese: lesquelles luy semblerent si bien faites, qu'il n'y restoit que la parolle. Adoncq' Agraies, qui estoit entré deuant, l'apperceut, & luy vint dire: Monsieur mon cousin, il me semble que desormais nous ne auons plus d'occasion de celer noz amours l'vn à l'aultre. Toutesfoys Amadis, sans luy respondre, le print par la main, & se promenants ensemble se meirent à deuiser de l'excellence du lieu. Ce pendant Galaor & Florestan ennuyez de si longuement les attendre, prierent Ysanie (gouuerneur de l'Isle) leur monstrer la chambre defendue: ce qu'il feit. Parquoy Florestan dit à Galaor: Mon seigneur, auez vous deliberé vous esprouuer? Non, respondit il: car de ma vie ie n'euz vouloir de tenir telz enchantements. Ie vous supplie doncq', dit Florestan, vous esbatre ce pendant que i'essayeray l'aduenture. Lors, se recommandant à dieu, embrassa son escu, & tenant l'espée au poing, marcha droict au lieu defendu. Mais il n'alla guieres auant, qu'il se sentit tant battre, & si souuent oultrager de coups de lances, & d'espées, qu'il luy fut bien aduis, qu'il estoit hors de puissance des hommes, de les souffrir longuement: ce neantmoins baissant la teste (maulgré toute resistance) marcha plus oultre, frappant à tort & à trauers, sans sçauoir sur qui. Combien qu'il luy sembloit, que ceulx qu'il attaignoit feussent si bien armez, que son espée ne les pouoit endommager: & passa le Perron de cuyure, iusques pres celuy de marbre, contre lequel il tomba, ne se pouant plus tenir sur bout: car il se trouua tant las, & cassé des oultrages qu'il auoit souffertz, qu'il pensoit estre mort. Et en mesme instant fut enleué hors du lieu si rudement, qu'il perdit toute cognoissance: dont Galaor receupt tant de desplaisir, qu'il se iugea digne de blasme, s'il ne le vengeoit. Et pour ce faire print ses armes, & courut droict à la chambre defendue: mais il ne se peut tant diligenter, qu'il ne feust encores plus soubdainement battu, & tant rebattu, qu'à grand' peine vint il au Perron de marbre, contre lequel il s'arresta, pensant prendre alaine. Toutesfoys le chamaillis des coups orbes, & pesants, ne cesserent de l'oultrager: qui luy enflāba la cholere de telle sorte, qu'il s'auança vn pas plus oultre, pensant encores y resister. Lors luy fut aduis que ses ennemys se renforcerent, & que pour vn qui souloit le frapper, il estoit pressé de deux: dont il perdit entierement ses forces, & tomba sur le champ trop plus affoibly, que n'auoit esté Florestan. Durant telles escarmouches, Amadis & Agraies visitants le plaisant lieu ou ilz estoient entrez, apperceurent vne nouuelle escripture au pilier iaspe, qui contenoit: Cestuy est Amadis de Gaule, le loyal amant, filz du Roy Perion. En mesme instant Galaor fut lancé hors des Perrons, dequoy le Nain se print à crier: Iesus, Mon seigneur Galaor est mort. Ceste voix fut entendue d'Amadis, & d'Agraies, lesquelz sortirent incontinent, pour veoir que c'estoit: & demanderent au Nain qui l'auoit meu de crier si hault. Mon seigneur, respondit il, ie croy que voz deux freres soyent morts, en voulant essayer l'aduanture de la chambre defendue. Car ilz en ont esté repoulsez, si rudement, que les voyla estenduz, sans mouuoir pied ne main. Par dieu, dit Amadis,

dis, il ne nous eut ſceu pis aduenir. Lors alla à eulx, & les trouua tant rompus, qu'ilz auoient perdu la parole : ce neantmoins Agraies penſant, que puis que fortune luy auoit fauoriſé ſoubz l'arc des loyaulx amants, qu'elle ne feroit moins pour luy, contre le peril de la chambre (ſans ſ'amuſer à ſes couſins) embraſſa ſon eſcu, & tenant l'eſpée au poing, baiſſa la teſte courant droict au Perron de cuyure. Toutesfois il n'eut guieres marché auant, qu'il ſe ſentit chargé de tant de coups, qu'à grand' peine peut il reſiſter. Mais il auoit le cœur tant bon, que malgré tous empeſchements, il paſſa iuſques pres le Perron de marbre : & là fut contrainct ſ'appuyer, ſans auoir pouoir de plus ſe tenir ſur piedz, tant eſtourdy, qu'il perdit cognoiſſance : & fut reiecté hors auſſi rudement, qu'auoient eſté ſes couſins. Ce que voyant Amadis, trop deſplaiſant, commença à mauldire l'heure de leur folle entreprinſe : & ſ'adreſſant à Galaor, qui deſia eſtoit ſorty de paſmoyſon, luy dit : Par dieu mon frere, à ce que ie veoy, ce me ſera force d'aller apres vous, & y deuſſe-ie mourir. Ah mon ſeigneur, reſpondit Galaor, il vous doibt ſuffire de l'experience que vous en auez peu apprendre par nous. Ie vous ſupplie fuyez telles diableries : car il n'en ſçauroit venir que mal. Il en aduiendra ce qu'il pourra, dit Amadis, mais mauldict ſoy-ie ſi ie m'y fainctz. Lors tenant l'eſpée nue, tresbien ſe couurit de ſon eſcu, & en faiſant le ſigne de la croix, ſ'eſcria : O ma chere dame Oriane, de vous ſeule m'eſt venu tout l'effort, & hardieſſe que i'euz oncques ! Ie vous ſupply' ayez maintenãt memoire de celluy, qui requiert tant voſtre ayde & bonne ſouuenance. Adoncq' courut ſi legerement vers la chambre, que malgré tous empeſchements, il vint ſans prendre aleine iuſques au Perron, combien qu'il ſentiſt tãt de coups tomber ſur luy, qu'il penſoit combatre plus de mil cheualiers enſemble : toutesfois l'effort qu'il print ſoubz le ſouuenir d'Oriane, l'aduantagea tant, qu'il feit plus que oncques cheualier n'auoit fait. Lors furent entẽdues vne infinité de voix, diſants : Si ce cheualier fault à ceſte aduenture, il n'y a auiourd'huy homme viuant pour y paruenir. Neantmoins pour toutes ces choſes il ne laiſſa à pourſuyure ſa poincte : car tant plus il ſ'aduançoit, & plus ſ'augmentoit en luy le deſir d'approcher : de ſorte que non obſtant l'effort de diables, ou de gents incogneuz, qui luy dõnerent maintz coups lourds & peſants, il gaigna l'entrée de la chambre : de laquelle il apperceut ſortir vne main & vn bras couuert de ſamin verd, qui le tira au dedans. Et à meſme heure fut ouye vne aultre voix, qui diſoit : Bien ſoit venu le gentil cheualier, qui paſſe en armes celluy, qui eſtablit tant de merueilles ceans, lequel ne fut de ſon temps ſecond à nul : mais ceſtuy le precele, & partant la ſeigneurie de ceſte Iſle luy eſt iuſtement acquiſe, l'ayant deuant tout aultre meritée. A veoir ceſte main, on euſt peu iuger qu'elle eſtoit d'homme fort ancien, tant eſtoit fleſtrie : laquelle ſe diſparut ſi toſt que Amadis fut entré en la chambre, ou il ſe trouua auſſi frais & diſpos, que ſ'il n'euſt n'eust enduré coup, ne trauail, pour y paruenir. Parquoy il osta l'escu du col, meit son espée au fourreau, donnant la gloire à Oriane de tant d'honneur qu'il auoit acquis: car d'elle & non aultre, comme il estimoit, luy estoit procedé tout l'effort qu'il auoit eu. La plus grand' part des habitants de l'Isle, auecq' maintz aultres estrangers, auoient aisément veu le debuoir qu'il auoit fait, & comme la main l'auoit introduict en la chambre: mesmes que par l'edict de la voix, la domination du pays luy estoit attribuée, dont ilz louerent grandement nostre Seigneur. Mais nulz n'en furent si ioyeux que Galaor & ses compaignons, lesquelz au lieu de l'enuie (dont ilz eussent à tort esté souspeçonnez) ilz estoient aussi aises du bien & de l'honneur d'Amadis, comme si particulierement chascun d'eulx en eust eu autant: & se feirent incontinent porter en la chambre, ou ilz receurent, par la vertu d'icelle entrée, guerison. Puis y arriua Ysanie, gouuerneur de la contrée, accompaigné de plusieurs des habitants d'icelle: lesquelz feirent tous la reuerence à Amadis, comme à leur nouueau seigneur, soubz lequel ilz n'esperoient seulement viure en paix, & tranquilité: ains de là en auant estendre leurs limites & seigneuries, sur leurs voisins & plus auant. Lors chascun peut veoir les singularitez du palais, entre lesquelles estoit vne garderobbe, ou Apolidon & samye se retiroient plus communement: si magnifique & tant enrichie, que non seulemēt il estoit impossible d'en faire vne pareille, mais l'on trouuoit estrange, comme il estoit tombé en esprit d'homme, de la pouoir bastir telle: veu que ceulx qui estoient dedens, pouoient aisémēt veoir ce, que l'on faisoit dehors, & ceulx de dehors n'eussent sceu choisir aulcune chose du dedans. Ainsi fut l'Isle Ferme conquise par Amadis: laquelle auoit esté cent ans & plus, sans seigneur, depuis qu'Apolidon y eut mis les enchantements: & le l'endemain vint le peuple faire le deuoir & homage au nouueau seigneur, qui les receut humainement. Ie vous laisse doncq' penser, si Amadis auoit occasion d'estre aise & content. Ceulx qui ont esté souuent reboutez par malheur, en peuuent mieulx iuger, que nulz aultres: car ilz sçauent sentir & regreter leur infortune, plus que ceulx qui sont coustumiers d'estre prosperes & heureux. Toutesfois, ie ne sçay laquelle des deux extremitez est plus recommandable: car l'vne communement attire à soy vne vaine gloire desmesurée, & vn orgueil trop damnable: & l'aultre vn ennuy de desesperation, fort dangereux. A ceste cause tout homme de bon iugement (considerant qu'il n'est rien durable ne permanent) ne s'esleuera pour heur qui le fauorise, ny ne se perdra pour malheur qui luy suruienne: mais nagera entre les deux, sans abuser de l'vn, ou de l'aultre. Ce que ne peut faire Amadis, lors que la muable fortune luy feit sentir les poisons qu'elle luy aprestoit, estant au meilleu (se luy sembloit) de ses prosperitez. Et tout ainsi que sans moyen elle l'auoit fauorisé (luy tenant le menton) aux choses qui luy furent occurrentes sans luy donner empeschement quelconque: semblablement elle luy tournant le visaige, le rendit en telle perplexité, & ennuy, que ny la force des armes, le continuel souuenir de sa dame, ou la magnanimité de son cœur, n'eurent moyen de luy procurer remede: mais seulement la grace & misericorde du seigneur Dieu (qui le regarda en pitié) apres qu'il eut quelque temps esté en la roche pauure, en l'ennuy & tribulation que pourrez entendre: de laquelle il le permit sortir, & r'entrer en plus d'aise & de contentement que parauant, ainsi que poursuyuant l'hystoire vous pourrez sçauoir.

Ous auez peu entendre, lisant le premier liure d'Amadis, la fascherie, en laquelle estoit la princesse Oriane, pour le faulx rapport que luy auoit fait Ardan le Nain, retournant vers son maistre, porter les pieces de l'espée, que Gandalin auoit oubliées au partir de la court: & comme elle nourrissoit en son esprit la hayne qu'elle auoit conceuë contre Amadis, sans ce qu'elle peut accepter conseil de Mabile, ne de la damoyselle de Dannemarc, se tenant (à tort) certaine du lasche tour que luy auoit fait celluy, qui ne pensoit qu'à la seruir & honorer. Maintenant il reste à vous declairer ce, qu'il en aduint. Entendez, que du iour que ceste ialousie fut imprimée en l'esprit de la princesse, elle augméta de sorte, qu'elle luy feit du tout oublier son accoustumée façon de viure: sans que de là en auant, elle print plaisir à aultre chose, qu'à penser comme elle se pourroit suffisamment venger d'Amadis, qui l'auoit si griefuement offensée. Et de fait, delibera puis qu'il estoit absent, & qu'elle ne luy pouoit declairer de bouche la passion de son ame, de la luy faire entendre par escript: au moyen dequoy vn iour entre aultres, estant seule en sa chambre, print la plume en la main, & escriuit la letre qui s'ensuyt:

Letre de la princesse Oriane, à Amadis.

Ma dame

A paſſion demeſurée, procedant de tant de cauſes, a contrainct ma debile main de declairer par ceſte letre ce, que le dolent cœur ne peult plus celer à vous Amadis de Gaule, deſloyal & trop pariure amant. Car puis que la deſloyaulté & peu de fermeté que vous auez en moy (qui ſuis malheureuſe & delaiſſée de toute bonne fortune, pour vous auoir aymé ſur toutes choſes du monde) eſt à preſent manifeſte, meſmement qu'à ſi grand tort vous vous eſtes eſloigné d'icy, pour vous approcher de celle, laquelle (veu ſon peu d'aage & indiſcretion) ne ſçauroit auoir le bien en elle, de vous fauoriſer ou entretenir : i'ay deliberé auſſi bannir de moy pour iamais ceſte extreme amour que ie vous portois, puis que mon triſte cœur n'en peult auoir aultre vengeance. Et quand bien ie vouldrois prendre en gré le tort que vous me faites, ſi ſeroit ce grand' folie à moy, de vouloir bien à l'ingrat : pour lequel parfaictement aymer, i'ay eu en hayne moymeſmes, & toutes aultres choſes. Helas, i'apperçoy bien maintenant (mais c'eſt bien tard) que ie ſoubzmis trop mal ma liberté, en perſonne tant ingrate! attendu qu'en ſatisfaction de mes ſouſpirs & paſſions, ie me veoy mocquée & malheureuſement deceue. Parquoy ie vous defendz de vous trouuer iamais deuant moy, n'en part ou ie reſide : & ſoyez ſeur que l'ardente affection que ie vous portois, eſt conuertie par voſtre demerite, en inimitié & cruelle furie. Or allez doncques deſormais ailleurs eſſayer (auecq' voſtre foy pariurée, & paroles amyellées) abuſer d'aultres malheureuſes comme moy: ſans que vous eſperiez cy apres, que nulle de voz excuſes puiſſe auoir lieu en mon endroict: ains ſans plus vous vouloir veoir, ie lamenteray le reſte de ma triſte vie, auecq' abondance de larmes, leſquelles ne prendront ceſſe, que par la fin de

Celle, qui n'aura regret à mourir, ſinon pour autant que vous en eſtes homicide.

Stant la letre acheuée, & bien cloſe, Oriane appella vn ieune Eſcuyer frere de la damoyſelle de Dannemarc, auquel elle ſe fioit grandement : & luy commanda bien expreſſement, que ſans ſeiourner vne ſeule heure, il allaſt trouuer Amadis au Royaulme de Sobradiſe, & qu'auſſi toſt il luy baillaſt la letre,

qu'elle luy escriuoit : mais que sur tout, il print bien garde quelle contenance il tiendroit lors qu'il se mettroit à la lire, sans qu'il en r'apportast responce, encores qu'Amadis la luy voulsist bailler.

Comme Durin s'en partit pour aller vers Amadis: auquel il presenta les letres d'Oriane, & du mal qu'il en aduint.

Chapitre III.

QVand Durin eut bien au long entendu le vouloir de la princesse, il monta à cheual : & feit si bonne diligence, que le dixiesme iour ensuyuant il arriua en la grād' ville de Sobradise, ou il trouua la nouuelle Royne Briolanie: laquelle luy sembla la plus belle dame qu'il eut oncques veue, apres la princesse Oriane. Lors luy feit entēdre comme il estoit venu chercher Amadis. Mais elle luy respondit, Qu'il y auoit desia deux iours entiers, que luy & ses compaignons estoient deslogez pour retourner en la grand' Bretaigne : & toutesfoys qu'elle auoit depuis sceu, qu'ilz auoient prins le chemin de l'Isle Ferme. Au moyen dequoy Durin, sans seiourner, print congé d'elle, & chemina tāt qu'il arriua en l'Isle, à l'heure mesmes qu'Amadis entroit soubz l'arc des loyaulx amāts: & veid que l'ymage auoit plus fait pour luy, que pour aultre cheualier qui en eut oncques approché, à ce que l'on disoit. Et aīsi qu'Amadis retournoit auecq' Agraies, pour secourir ses freres, Durin cuida parler à luy: mais Gandalin le pria de differer iusques à ce qu'il eust essayé le peril de la chābre defendue, sçachāt bien qu'il luy apportoit letres d'Oriane: lesquelles eussent peu estre cause de luy faire retarder, ou faillir à parfaire si grāde entreprinse. Car Amadis auoit tant d'obeyssance à la princesse, qu'il n'eust seulemēt voulu perdre la cōqueste de l'Isle Ferme, aīs de tout le mōde ensemble, si elle luy eust commandé. Parquoy, apres qu'il eut mis fin à toutes les aduentures estranges, & que les habitās de l'Isle l'eurent receu à seigneur: Durī se presenta à luy. Lors Amadis luy demāda quelles nouuelles il y auoit il y auoit à la court du Roy Lisuart. Mon seigneur, respõdit Durin, ie l'ay laissée en tout tel estat, qu'elle estoit en vostre partemẽt. Et comme il vouloit continuer son propos, Amadis le print par la main, & entrerent seulz en vn plaisant verger, pour eulx promener: puis s'enquit comme il s'estoit adressé en l'Isle Ferme. Mon seigneur, respondit il, ma dame Oriane m'enuoye vers vous, pour l'affaire que vous entendrez par ceste letre: laquelle il luy bailla. Lors la print, & sans faire semblant quelconque, tourna le dos à Durin, à ce qu'il ne cogneust en luy aulcune mutation de couleur: car de grand aise le cœur luy commença à esiouyr, de sorte qu'il ne sçauoit bonnement quelle cõtenance tenir. Mais ceste nouuelle alteration fut soubdain conuertie en plus de desespoir, pource que lisant les rigoreux propos d'icelle, & le bannissement que l'on luy signifioit: la tristesse le surprint si grande, qu'il n'eut de là en auant puissance de la dissimuler, & se print si fort à pleurer, & souspirer, qu'il sembloit fondre en larmes. Dõt Durin se repẽtit fort d'auoir apporté si malheureuses letres, encores qu'il ignorast le contenu d'icelles: mais il n'y pouoit plus donner ordre, & si n'osoit approcher pres d'Amadis·lequel se trouuoit si confuz, qu'il se prosterna sur l'herbe, & en tombant, les letres qu'il tenoit luy cheurent des mains. Toutesfois il les releua promptement, & de rechef se remit à les lire: car le commancement l'auoit tant troublé, qu'il n'auoit encores veu la fin. Lors iecta l'œil sur la soubzscription, qui contenoit ces motz: Celle, qui n'aura regret à mourir, sinon pour autant que vous en estes homicide. Adoncq' iecta vn souspir comme si l'ame luy feust partie du corps, & cheut à la renuerse: dont Durin se trouua fort esbahy, & courut pour luy donner secours, mais il le veid sans mouuoir non plus qu'vne personne morte. Parquoy craignant si grand inconuenient, cuyda appeller Galaor, ou quelque aultre: toutesfois il pensa qu'il en pourroit venir scandale: au moyen dequoy il differa, & s'approchant d'Amadis le releua. Lequel s'escria: Seigneur Dieu, pourquoy permettez vous que ie meure ainsi sans l'auoir merité? helas loyaulté, quelle recompense vous enuoyez à ceulx qui ne vous feirent oncques faulte! Maintenant ie me veoy habandõné de celle, pour laquelle i'eusse plustost consenty que mille morts eussent passé en moy, que transgresser vn de ses commandements. Puis regardant d'vn œil piteux la letre qu'il tenoit, dit: Ah letre heureuse, pour auoir esté digne d'estre escripte, par la plus excellente personne qui soit auiourd'huy viuante: & toutesfois trop infortunée, donnant au plus loyal amãt, qui oncques seruit dame, si cruelle mort: pour laquelle plustost aduancer, iamais ne vous habandonneray, mais vous tiendray tant que viuray tout au plus pres de moy! Lors la meit en son sein, & demanda à Durin s'il auoit charge de luy dire aultre chose. Non, respondit il. Or bien, dit Amadis, tu t'en retournetas presentemẽt auecq' ma response. En bõne foy mon seigneur, respondit Durin, il m'a esté expressement defendu, de n'en prendre aulcune.

cune. Et Mabile, ou ta soeur, ne t'ont ilz donné charge de m'en rien dire? Non, mon seigneur, respondit il: car ilz n'ont iamais esté aduertiz de mon partement: pource que ma dame m'auoit expressement commandé, de ne le dire à nul. Ah dieu, dit Amadis, ie veoy bien maintenant que mon malheur est sans remede! Adoncq' se leua, & s'en alla à vn ruisseau qui passoit au trauers du iardin, ou il laua ses yeulx: puis commanda à Durin d'appeller Gandalin, & qu'il retournast seul auecq' luy: ce qu'il feit. Mais à leur retour, ilz le trouuerent derechef esuanouy, toutesfois il reuint incontinẽt à soy, & voyant Gandalin luy dit: Amy c'est fait de moy, pourtãt va querir Ysanie le gouuerneur de ceste Isle, & l'amene seul. Lors Gandalin y courut, & n'arresta guieres qu'ilz ne vinssent ensemble: & à ceste cause Amadis luy dit: Ysanie, vous sçauez la foy que vous m'auez iurée, & la loyaulté que vous estes tenu de me garder, neantmoins ie vous prie encores me promettre, cõme loyal cheualier, de tenir secret tout ce que vous verrez de moy, iusques à demain matin, que mes freres auront ouy la messe: & allez secretement faire tenir la porte de ce chasteau ouuerte: & toy Gãdalin, meines y mon cheual, auecq' mes armes, sans que personne te veoye & ie vous suyuray de pres. Mais ilz ne furent si tost partiz, qu'il luy va souuenir d'vn songe qu'il auoit songé la nuict precedẽte: & luy auoit esté aduis, qu'estant armé & monté sur son cheual, il estoit au plus hault d'vn tertre couuert de maintes sortes d'arbres, & qu'autour de luy plusieurs personnes faisoient la plus grand' ioye du monde. Dont l'vn luy presentoit vne boete, disant: Seigneur, goustez de ce qui est cy dedans: ce qu'il feit, & luy sembla manger d'vne viande trop amere. Et ainsi qu'il la reiectoit, les resnes de son cheual se rompirent, parquoy le cheual se print à courir cõtremont, sans ce qu'il luy fust possible de l'arrester: & voyant qu'il esloignoit ceste compaignie ioyeuse, regarda derriere, & luy sembla que leur grand plaisir estoit changé en si merueilleuse tristesse, qu'il en eut pitié, & eust voluntiers retourné pour les cõsoler, s'il eust esté maistre de son cheual: qui à l'instant entra en vne touffe d'arbres, ou il trouua vn rocher enuironné d'eaue, cõtre lequel le cheual s'arresta. Lors meit pied à terre pour la grand' enuie qu'il eut de se reposer, & se despouilla: mais aussi tost il aduisa vn homme tresancien, vestu de draps de religion, lequel le print par la main, comme s'il eust eu pitié de son trauail: & luy disoit quelques parolles en langaige si estrange, qu'il ne l'entendoit, & estant en ceste peine, il s'esueilla. A ce songe pensa longuement Amadis iugeant en soy mesmes qu'ilz ne sont quelque fois abusifz: car il veoit aduenir partie de ce qu'il auoit n'a guieres songé. Lors vint à la porte ou Gandalin & Ysanie l'attẽdoient auecq' son equipage, & s'arma: puis monta à cheual, & s'en partit sans tenir voye ne sentier, tant qu'il s'approcha d'vn hermitage. Adoncq' demanda à Ysanie, quel Sainct y estoit reclamé. Mon seigneur, respondit il, la glorieuse vierge Marie y fait souuent maintz miracles. Et à ceste cause Amaſe Amadis deſcendit de cheual : & entrant en l'egliſe meit les genoulx à terre, & par grand' deuotion commença à dire: Dame glorieuſe, conſolatrice & refuge des affligez, ie vous ſupplie m'implorer la grace de voſtre filz, & me ſecourir, prenant pitié de ma pauure ame en ceſte extremité. Puis ſe leua & appella Gandalin, lequel il tint bien long temps embraſſé ſans proferer vne ſeule parolle: & apres luy dit: Amy Gãdalin, toy & moy auons eſté eſleuez d'vn meſme laict, & nourriz touſiours enſemble, telement qu'oncques ie n'euz trauail, ou ennuy que tu n'y ayes eu bõne part. Ton pere me tira de la mer eſtant encores ſi peu de choſe, comme creature née ſeulement de la nuict meſmes : puis auecq' ta mere me feit traicter autant doulcement, que ſi i'euſſe eſté leur enfant bien amé. Or ay-ie ſouuent experimẽté ta loyaulté, cognoiſſant tresbien les ſeruices que tu m'as faitz, leſquelz i'eſperois auecq' le temps & l'ayde de Dieu, recompenſer: mais ceſte trop grande infortune m'eſt ſuruenue, laquelle ie treuue plus aſpre & cruelle que la propre mort, veu meſmement que ie ſuis contraint de t'abandonner : n'ayant aultre bien pour te faire que l'Iſle que i'ay nouuellement conquiſe, laquelle ie te donne, & commande à Yſanie & à mes ſubiectz (ſur la foy & hommage qu'ilz m'ont iurée) de te recepuoir comme leur ſeigneur auſſi toſt qu'ilz ſeront acertenez de ma mort. Toutesfois ie veulx que tes pere, & mere en iouyſſent leur vie durant, & toy puis apres: & ce pour recognoiſſance du bien que i'ay receu d'eulx, auquel ie pẽſois plus ſatisfaire ſelon leur merite & mon deſir. Et quant à vous ſeigneur Yſanie, ie vous prie que des fruictz & reuenu de l'Iſle, que vous auez de long temps eu en gouuernement, vous faciez edifier & doter icy vn monaſtere en l'honneur de la vierge Marie, ſi richement que trente religieux y puiſſent viure deſormais. Ah mon ſeigneur, reſpondit Gandalin, ie ne vous abandonnay oncques pour trauail ou peril ou vous ayez eſté, & ne feray encores, ſi Dieu plaiſt ! Et ſi vous mourez, ie ne veulx viure apres vous, n'auoir bien quelconque en vous perdant: pourtant vous ferez, ſ'il vous plaiſt, ce preſent à mes ſeigneurs voz freres, veu que ie ne l'accepteray & ne le deſire en aulcune maniere. Or te taiz, dit Amadis, & ſi ne me veulx ennuyer ne me tiens plus telz propos, mais obeys à mon commandement : car mes freres pourront acquerir pour eulx & leurs amys, trop plus grandz biens, que n'eſt le peu que ie te donne. Au regard de vous Yſanie, mon amy, ſur mon ame il me deſplaiſt grandement que ie n'ay le temps & oportunité pour vous faire le traictement que vous meritez: neantmoins, ie vous laiſſe entre tant de mes bons amys, qu'ilz ſuppliront à mon deffault. Ie vous prie mon ſeigneur, reſpondit il, permettre ſeulemẽt que ie vous accompaigne, pour auoir part au bien & au mal qui vous ſuruiendra: & cela ſeul ſatisfera au bon vouloir que vous auez en moy. Mon amy, dit Amadis, ie ne fais doubte que ne me ſuyuiſſiez de bon cœur: toutesfoys mon infortune eſt ſi grande, qu'aultre que Dieu n'y pourra iamais mettre remede:lequel ie ſupplie me conduire, car ie ne veulx aultre compaignon. Et pourtant, Gandalin, ſi tu as deſir d'eſtre cheualier, ſois le preſentement auecq' mes armes, que ie te donne : pource qu'il eſt raiſonnable puis que tu les as aultresfoys ſi bien gardées, qu'à preſent elles te ſeruent, attendu le peu d'affaire que i'en auray deſormais : ſinon tu pourras recepuoir ceſt honneur par Galaor mon frere, auquel le ſeigneur Yſanie en fera la requeſte de ma part : & te prie que tu le ſerues comme tu m'as fait. Car ie l'ayme tant, que ſon abſence m'eſt grieſue entre tous mes plus grandz ennuiz, conſiderant que ie l'ay touſiours trouué humble & obeiſſant. Tu luy diras auſſi, qu'il ſe ſerue d'Ardan mon Nain, & que ie le luy recommande: & au Nain, qu'il le ſerue diligemment. Diſant ces paroles, il fondoit quaſi tout en larmes, & ceulx meſmes à qui il parloit: leſquelz il vint embraſſer, leur diſant: Or mes amys, puis que ie n'eſpere iamais vous veoir, ie vous prie, priez Dieu pour moy, & ſur voz vies que nul de vous ne me ſuyue. Adoncq' remonta à cheual, & donnant des eſperons ſ'eſlongna d'eulx ſans auoir ſouuenance au partir de prendre lāce, eſcu, n'armet: & ainſi entra au plus profond de la montaigne, laiſſant aller ſon cheual comme il luy plaiſoit : & tant chemina que la plus part de la nuict eſtoit ia paſſée, quand le cheual entra dans vn petit ruiſſeau enuirōné de maintz arbres, ou il voulut boire. Et ainſi qu'il paſſoit oultre, Amadis rencontra aulcunes branches qui luy donnerent contre le nez ſi rudement, qu'il en oublia la fantaiſie ou il reſuoit. Lors haulça la veue & apperceut qu'il eſtoit en lieu couuert & ſolitaire, plein de buiſſons forts & eſpais : dont il eut grand plaiſir, pource que malaiſémēt il ſeroit trouué, ce luy ſembloit, en ce halier. Là meit pied à terre, puis attacha ſon cheual, & ſ'aſſit ſur l'herbe pour mieulx penſer à ſa melancolie: mais il auoit tant pleuré, & le cerueau ſi vuide, que peu apres il ſ'endormit.

Comme Gandalin, & Durin

ſuyuirent le chemin qu'Amadis auoit prins, & luy porterent ſes armes qu'il auoit oubliées: puis le trouuerent dormant. Et comme il ſe combatit contre vn cheualier, qu'il vaincquit.

Chapitre IIII.

Gandalin

GAndalin, qui estoit demouré en l'hermitage auecq' Ysanie, & Durin, ainsi qu'auez entendu : voyant Amadis s'en aller desesperé de tout remede, se print à faire le plus grand dueil du monde. Et disoit : Encores qu'il m'ait defendu de le suyure, si ne demeureray-ie pour rien, que ie n'aille apres, au moins pour luy porter ses armes. Ie suis contēt respōdit Durī, de vous faire cōpaignie pour ceste nuict: que pleust à Dieu, que nous le trouuissions en meilleur propos qu'il ne s'en est party ! Adōq' prindrent cōgé d'Ysanie, & montāts à cheual, suyuirent le chemin qu'ilz auoient veu tenir à Amadis: trauersants çà & là, au trauers du boys, tāt que fortune les guida la part, ou il estoit couché. Lors son cheual sentāt les aultres approcher, se print à hanyr, par ainsi Gandalin cogneut que son maistre n'estoit pas loing: & pour veoir, secretement, quelle contenance il tenoit,

noit, meit pied à terre, baillant ſon cheual à Durin. Lors vint ſi pres de luy qu'il l'aduiſa dormãt le long d'vn ruiſſeau: au moyen dequoy il ſe tint là, attẽdant ſon reſueil: mais ſon ſomme ne fut lõg, car il ſ'eſueilla quaſi auſſi toſt. Adõc ſe leua prõptement cõme ſ'il euſt eu frayeur. A l'heure eſtoit la Lune retirée pour l'aube du iour qui apparoiſſoit: toutesfois il ſe r'aſſit ſur l'herbe, & recõmença à faire vn dueil fort eſtrãge. Et diſoit en pleurãt: Helas, fortune trop legere, & ſans racine, à quelle occaſion m'auois tu preferé & eſleué entre tous les meilleurs cheualiers, pour me ruiner apres tãt legerement? Maintenãt i'apperçoy bien que tu peulx faire plus de mal en vne heure, que de grace en mil ans: car ſi par le paſſé tu m'as donné du plaiſir, ou de la ioye, tu me l'as deſrobée à ceſte heure cruellement, me laiſſant en amertume trop pire que la mort: & puis qu'il te plaiſoit ainſi faire, que n'as tu aumoins eſgalé l'vn à l'aultre? veu que tu ſçaiz, que ſi aultresfois tu m'as dõné quelque cõtentemẽt, ce n'a eſté, pourtãt, ſans le meſler auecques angoiſſes & grãdz ennuyz. Par aĩſi tu me debuois reſeruer quelque peu d'eſperãce, auecq' ceſte cruaulté, de laquelle tu me tourmẽtes à preſent, executant en moy choſe incõprehenſible en la penſée de ceulx que tu fauoriſes: leſquelz, pour ne cognoiſtre ce mal, eſtimẽt les põpes, gloires, & hõneurs que tu leurs preſtes, ſeurs & perdurables. Et n'ont ſouuenãce qu'oultre les torments que leurs corps endurẽt pour les maintenir, les ames tombẽt au hazard de leur ſalut. Pourtãt, ſi auecq' les yeulx de l'entẽdemẽt que le ſouuerain ſeigneur leur a dõné pouoiẽt veoir tes mobilitez, il deſireroiẽt pluſtoſt ton aduerſité, que ta legere proſperité, cõbien qu'elle ſoit cõforme à leur ſenſualité: car par tes blãdiſſemẽts & mignotiſes tu les ruynes, & contrainctz à la fin d'entrer au laberinth d'amertume, ſans en pouoir iamais ſortir. Et au cõtraire ſont tes aduerſitez, d'autãt que ſi on reſiſte patiẽment, fuyant appetit & ambition deſordonnée, l'on eſt eſleué de ce lieu bas en la gloire perpetuelle. Et toutesfois moy trop infortuné, n'ay ſceu choiſir ceſte bõne part, veu que ſi tout le mõde, eſtant mien, m'eſtoit tollu par toy, ayant ſeulement la bõne grace de ma dame, elle ſeroit ſuffiſante, pour me maintenir en toute grãdeur & bon heur: laquelle me deffaillãt auſſi, il eſt impoſſible que ie puiſſe aulcunemẽt viure. Pourtãt ie te ſupplie, en faueur & payemẽt de ma loyaulté, que tu ne me donnes la mort auecq' langueur: mais ſ'il t'eſt permis m'oſter la vie, que tu te haſtes diligẽment, prenãt cõpaſſiõ de celluy duquel tu ignores le tormẽt qu'il aura à plus viure. Ce diſant ſe renuerſa ſur l'herbe, & ſe teut cõme eſperdu. Puis peu apres ſ'eſcria: Ah, amye Oriane, vous m'auez nauré à mort, pour la defenſe que vous me faites! car ie ne tranſgreſſeray iamais voz cõmandements, quelque dãger qui me puiſſe aduenir, veu que ne les gardant ie ne pourrois auſſi bien garder ma vie: toutesfois d'autant qu'à tort ie reçoys la mort, la douleur m'en eſt plus extreme. Mais puis que par ma fin vous eſtes ſatisfaite, & n'euz oncques ma vie en tant de recommandation, que pour la moindre choſe qui vous feuſt aggreable: ie la vouldroye changer en mil mortz, ſ'il eſtoit poſſible. Par ainſi, puis que ce vous eſt contentement, d'executer encontre moy vostre ire, il m'est tresaggreable, si pour mon torment vous viuez desormais plus à vostre aise: car en quelque part que mon ame volle, elle receüra plus de repos, quand elle sçaura vostre satisfaction. Et en attendant que mon innocence vous soit cogneue, ie mettray peine de parfaire le reste de mes tristes iours, en toute amertume & desplaisir: & estant mort, mon esprit lamentera l'ennuy qui vous suruiendra, pour le tort que aurez fait, mesmes pour l'impuissance qu'il aura de vous pouoir secourir. O Roy Perion mon seigneur & pere, que tant petite occasion vous aurez à vous douloir de ma mort pour vous estre celée, & la cause d'icelle! mais puis que la douleur que ce vous seroit, la sçachant, ne pourroit reuocquer mon torment, ie prie Dieu que mon malheur ne vous soit iamais manifesté: ains caché tant que viurez, pour n'aduancer le reste des ans que vous auez encores à viure. Lors se teut, puis peu apres en renforçant ses souspirs s'escria: O mon second pere Galuanes! certes i'ay grand regret, que ma fortune aduerse n'a permis que ie recompensasse la grãde obligation que i'ay en vous: car se mon pere me donna la vie, vous me la conseruastes, me deliurant du peril de la mer, ou ie fuz habandonné, estant encores en la premiere heure de ma natiuité: & depuis m'auez nourry autant doulcement, que se i'eusse esté vostre filz naturel. Sur ma foy bon Roy Arban, ie croy que vous aurez grand desplaisir quand vous sçaurez ma douloureuse fin. Mais au fort, Angriote d'Estrauaulx, Guilan, & aultre grand nombre de mes amys vous ayderont à plaindre & pleurer celluy, qui vous estoit tant amy & seruiteur. Ah bonne cousine Mabile, qu'auoys ie merité enuers vous ne à la damoyselle de Dannemarc, pour me delaisser à ce grãd besoing? vous m'auiez tant de foys preserué de mort, & maintenant (sans vous auoir fait offense) me faites payer le tribut du bien que i'auoys receu pour vostre secours, consentant à ma fin miserable. Certes mes grandes amyes, vous auiez en moy vn cheualier, qui se fust sacrifié pour vous au besoing. Et toutesfois vous n'auez fait conscience de l'habandonner, qui me fait bien croire puis que vostre ayde m'est denyée, que la terre & le ciel demandent ma ruyne, & ie la leur accorde: car aultrement ne peult estre. Escoutants ces lamentations Gandalin & Durin, de grand' pitié que leur faisoit Amadis, pleuroient amerement comme luy: neantmoins ilz ne s'osoient monstrer, pour la defense qui leur auoit esté faite. Parquoy Amadis ne meit fin à ces doleances, iusques à ce qu'il entendit vn cheualier chanter, qui passa assez pres de luy, & disoit ceste chançon:

CHANCON.

Amour, amour ie vous suis redebuable
Trop plus que nul gentilhomme viuant,
Veu que tousiours vous me rendez aymable
Enuers la dame, ou ie suys poursuyuant.

Tesmoing

Teſmoing en eſt la Royne Sadamire,
Que i'ay aymée en amytié profonde:
Et maintenant, que d'elle me retire,
I'ayme la fille au meilleur Roy du monde.

C'eſt Oriane, ou grand' beaulté ſe renge,
Qui n'a ſon per, comme eſtant la plus belle:
Heureux me ſents de chanter ſa louange,
Mais plus heureux d'eſtre tant aymé d'elle.

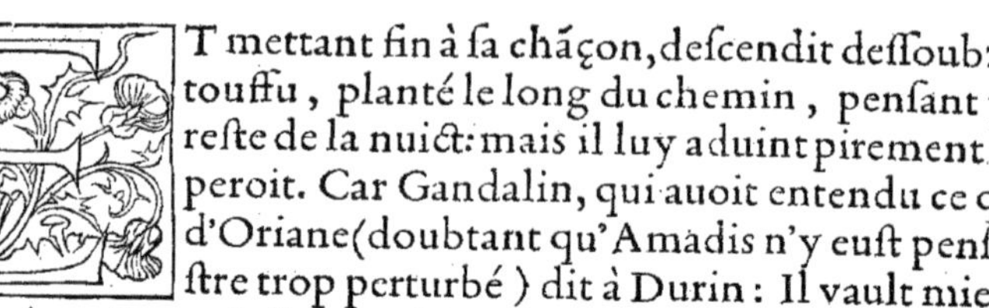
T mettant fin à ſa chãçon, deſcendit deſſoubz vn arbre touffu, planté le long du chemin, penſant y paſſer la reſte de la nuict: mais il luy aduint pirement qu'il n'eſperoit. Car Gandalin, qui auoit entendu ce qu'il diſoit d'Oriane (doubtant qu'Amadis n'y euſt penſé, pour eſtre trop perturbé) dit à Durin: Il vault mieulx que ie m'approche, & que ie ſçache de noſtre maiſtre qu'il a deliberé de faire. Lors ſaillit du buiſſon ou il eſtoit caché, & aduiſa Amadis qui cherchoit ſon cheual pour deſloger: & ainſi qu'il regardoit çà & là, apperceut Gandalin, & ne le cognoiſſant ſ'eſcria: Qui es tu, qui me viens ſurprendre? parles, & ne te vas plus celant. Mon ſeigneur, reſpondit il, ie ſuis Gandalin, qui vous aydera à trouuer voſtre cheual ſ'il vous plaiſt. Quand Amadis l'entendit: Ah, dit il, as tu bien oſé me ſuyure te l'ayant expreſſement defendu? par dieu tu m'as fait trop de deſplaiſir. Retournes, ſans que plus ie te veoye, aultrement ſoys aſſeuré de mourir, & moy auſsi. Mon ſeigneur, reſpondit Gandalin, il me ſemble que vous debuez oublier ceſte façon de faire: & penſer à vous venger des ſotz propos que tenoit n'a guieres vn cheualier, qui n'eſt encores loing de vous, car ilz ſont peu à voſtre aduantage. Cela diſoit Gandalin, pour le deſmouuoir de ſa fantaiſie, & le mettre du tout en cholere contre l'aultre. Ie l'ay, dit Amadis, entendu auſſi bien que toy: à ceſte cauſe, ie ſuis cõtent aller chercher ailleurs repos, & m'eſloigner de ce lieu, ou tout malheur me ſuyt. Quoy? reſpondit Gandalin, eſt ce tout ce que vous auez deliberé de faire? Que veulx tu plus? dit il. Que vous le combattiez, reſpondit Gandalin, luy faiſant cognoiſtre ſon oultrecuydance. Ie croy, dit il, que tu penſe dire aultre choſe, veu que tu ſçaiz biẽ que ie n'ay eſprit, cœur, ou force quelconque ayant tout perdu, perdant celle qui me donnoit la vie, de ſorte que maintenant ie vaulx encores moins qu'vn homme mort: & n'y a auiourd'huy cheualier en la grand' Bretaigne ſi recreu, qu'aiſément ne me deffeiſt, ſi ie me combatois à luy, tant ie ſuis malheureux, & deſeſperé.

Par dieu

Par dieu, respondit Gandalin, vous auez grand tort, d'ainsi perdre le cœur & abastardir vostre proesse, lors que plus elle vous deuroit seruir, pour soustenir l'honneur de celle, qui tant vous touche : mais pensez quel rapport luy en fera Durin, qui a le tout bien escouté, & s'esbahit comme desia ne vous estes mis en plus de debuoir. Commẽt? dit Amadis, Durin est il icy? Oy vrayement, respondit Gandalin, nous sommes venuz ensemble : & croy qu'il vous suyt ainsi pour dire nouuelles de vostre contenance à celle, qui l'a enuoyé vers vous. Va t'en, dit Amadis, tu m'importunes beaucoup. Toutesfoys quand il pẽsa que Durin deuoit retourner vers Oriane, le cœur luy creut, de sorte qu'il demanda ses armes : & montant à cheual, s'en alla vers le cheualier, lequel il trouua couché soubz l'arbre, tenant encores son cheual par les resnes. Adoncq' Amadis luy dit par grand' cholere : Damp cheualier, qui tant vous louez d'amour, ie croy qu'à tort auez receu le bien qu'il vous a fait (si bien se doibt nommer) & qu'oncques ne le meritastes: ce que ie vous proueray par la perte de vostre teste. Qui es tu? respondit l'aultre, qui parle si audacieusement? Estimes-tu que le bon traictement que i'ay de la plus belle dame du monde, soit causé d'aultre moyen, que par ma valeur & haulte cheualerie? auecq' laquelle ie te monstreray promptement qu'amour a raison de me fauoriser, & qu'il ne t'appartient d'en parler. C'est ton aduis, dit Amadis, mais il fault que tu entendes, qu'au contraire de toy, ie suys celluy lequel a moins d'occasion de se louer de luy: pource qu'il m'a si malheureusement trompé, que iour de ma vie ie n'y auray fiance, sçachant la faulseté & trahison, dont il vse ordinairement enuers ceulx qui plus loyallement le seruent. Et pource que ie l'ay bien experimenté, ie maintiens, Qu'oncques l'on ne trouua en luy tãt de verité, comme i'y ay fait de mensonge : qu'ainsi soit, voyons s'il a plus gaigné en toy, qu'il n'a perdu en moy. Lors le cheualier monta à cheual, & se voyant en estat de combattre, luy respondit: Cheualier malheureux, priué de tout bien, & banny iustement d'amour, estant indigne de sa faueur, ostes toy de ma presence : car ie ferois trop laschement de mettre la main sur personne tãt vile, & miserable comme tu es. Et ce disant luymesmes tournoit bride pour fuyr, si Amadis ne l'eust arresté, en luy escriant: Paillard, tu veulx doncques defendre tes amours seulement de bec, & t'en aller ainsi pour ne combattre. Par dieu, respondit l'aultre, tu as raison. Il est vray, que ie n'ay point d'enuie de m'esprouuer contre personne de si peu de merite que tu es : mais puis que tu as desir que ie te rompe la teste, i'en suys content, & te defendz si tu as le cœur assez bon. A ceste parolle coururent l'vn contre l'aultre, de telle roideur, que les lances volerent en esclatz, faulsans leurs escuz de part en part : neantmoins les harnois bons & forts, arresterent le coup: toutesfoys le cheualier tomba par terre, qui emporta quant & soy les resnes de son cheual, parquoy il se releua legeremẽt. Ce que voyant Amadis, luy dit: Vrayement cheualier, si le droict que vous pretendez en ſi belle amye, n'eſt par vous mieulx maintenu de l'eſpée, que par la lance: Amour vous a mal choyſi pour vaillant champion, & elle pour ſon cheualier. Mais pour iniure que l'on luy diſt, il n'en feit ſemblant, ains meit hardiment l'eſpée au poing: & ſ'approchant d'Amadis, rua ſur luy, de ſorte qu'il l'euſt naüré ſ'il ne ſe feuſt paré de ſon eſcu: auquel l'eſpée entra tant auant, qu'il ne l'en peut retirer, & luy ſortit des poings, demourant attachée à l'eſcu d'Amadis. Qui ſe leua ſur ſes eſtriers, en luy donnant ſi grand coup ſur l'armet, qu'il l'entama iuſques à la chair viue: & coulant l'eſpée, rencontra le col du cheual, lequel il naüra à mort, cheant en la place, & ſon maiſtre deſſoubz tout eſtourdy. Mais Amadis, voyant qu'il ſe releuoit, luy dit: Gẽtil amoureux, ie ſuys d'aduis qu'amour faſſe deſormais dreſſer vn trophée pour les haultes proeſſes que vous auez faites en le ſeruant: & que continuez tant que vous viurez à chanter ſes louanges, & publier les biens que vous auez receuz de luy. Quant à moy, ie m'en voys ailleurs chercher ma fortune. Adoncq' donna des eſperons à ſon cheual: & ainſi qu'il ſ'en alloit, apperceut Gãdalin & Durin. Lors ſ'approcha d'eulx, & prenant Durin par la main, luy dit: Amy Durin, ie veoy mon malheur ſi eſtrange, & mon ennuy tant inſupportable, qu'il eſt force que ie meure, & Dieu vueille que ce ſoit promptement: car la mort ſeule donnera repos & ſoulagement à ceſte rage, qui me tormente. Et puis qu'il n'y a remede en moy, ie te prie de plus ne me ſuyure, & retourne vers celle, qui t'a fait venir à mon malheur. Saluë, de ma part, la princeſſe Mabile, & ta bonne ſœur la damoyſelle de Dannemarc: auſquelles tu pourras faire entendre la fin de mes iours, par la mort cruelle que i'endure, au plus grand tort qu'oncques cheualier ſouffriſt. Que pleuſt à Dieu, que deuant i'euſſe eu moyen de leur faire ſeruice, en recognoiſſance de l'obligation que i'ay à elles, pour le bien & faueur qu'elles m'ont fait & moyenné ſouuent! Lors commença ſon dueil, & ſe meit à pleurer tant amerement, que Durin meſmes eut le cœur ſi ſerré, qu'il ne luy peut reſpõdre vn ſeul mot: parquoy Amadis l'embraſſa, en le commandant à Dieu. A l'heure l'aube du iour commença à apparoiſtre, & voyãt Amadis que Gandalin les ſuyuoit, luy dit: Si tu deliberes venir auecq' moy, gardes ſur ta vie de me deſtourner de choſe que ie vueille dire, ou faire: ſinõ, des à preſent, ie te prie prendz aultre chemin, & que ie ne te veoye plus. Sur ma foy, reſpondit Gãdalin, ie feray ce que vous vouldrez. Lors Amadis luy bailla ſes armes, en luy commandant d'arracher l'eſpée, qui tenoit encores à ſon eſcu, & de la porter au cheualier amoureux.

Quel estoit le cheualier vaincu par Amadis, & de ce que luy estoit aduenu auant qu'il eust combat contre luy. Chapitre V.

PVis qu'il vient si à propos, ie veulx vous declairer (auãt que passer oultre) l'estat du cheualier amoureux, duquel n'a guieres il vous a esté parlé. Il fault entendre qu'il se nommoit le Patin, frere de don Sidon, lors Empereur de Rome: & estoit le meilleur cheualier, qui se trouuast en toute la Romanie. Au moyen dequoy il fut par tout l'empire crainct & redoubté, mesmes pource qu'il venoit à succeder aux estatz de son frere: car il n'y auoit aultre plus prochain de luy, & auoit desia l Empereur tel aage, qu'il n'esperoit d'auoir iamais lignée. Or estoit le Patin vn iour deuisant auecq' la Royne de Serdeigne, nommée Sadamire, l'vne des plus belles dames du monde: laquelle il aymoit de grand' amour. Et ainsi qu'il luy faisoit entendre l'ardeur, & tourment qu'il enduroit pour trop l'aymer, elle luy respondit: Mon seigneur, ie croy asseurément ce, que vous me dites: & pour vous en donner encores meilleur tesmoignage, ie vous aduise, qu'il n'y a prince viuant pour qui ie voulsisse plus faire, que pour vous, & qui me feust plus agreable à mary: d'autant que ie sçay voz bonnes parties, & la haulte cheualerie dont vous vous estes tant redoubté. Ce propos esleua le cœur du Patin en tant de presumption, qu'oultre que de nature il fust l'vn des plus superbes gentilzhommes du monde, il entra en tant de gloire, qu'il luy respondit: Ma dame i'ay entendu, que le Roy Lisuart a vne fille estimée la plus belle princesse du mõde: mais pour l'amour de vous, i'yray en la grand' Bretaigne maintenir contre tous, que sa beaulté n'est comparable à la vostre. Ce que ie prouueray en combat moy seul, contre les deux meilleurs cheualiers qui vouldront dire le contraire: lesquelz si ie ne puis vaincre, ie veulx que le Roy Lisuart me fasse trencher la teste. En bonne foy mon seigneur, respondit la Royne, ie ne suys pas de cest aduis: car si la damoyselle a quelque beaulté en elle, elle n'amoindrist en rien celle, que Dieu a mise en moy, si beaulté y a, & me semble que vous auez assez d'aultres moyens plus honnestes, à faire cognoistre en tous endroictz vostre proesse. Quoy qu'il en puisse aduenir, respondit il, ie le feray pour l'amour de vous: à fin que chascun sçache, qu'ainsi comme vous estes la plus belle dame du monde, vous estes aymée du meilleur cheualier qui viue. Et de faict, continuant en ceste fantaisie, quelque temps apres il print congé de la Royne, & passa en la grand'Bretaigne, accompaigné seulemẽt de deux escuyers. Lors s'enquit ou il pourroit trouuer le Roy Lisuart, vers lequel peu apres il arriua: & pource qu'il estoit plus richement armé, que la coustume des cheualiers errants ne le permettoit, le Roy estima qu'il debuoit estre grand personnage. A ceste cause il le receupt treshonorablement, & le feit conduyre en vne chambre pour le refraischir: puis estant desarmé retourna ou le Roy l'attendoit, marchant en telle grauité, que ceulx qui le regardoient (voyant la belle taille dont il estoit) le iugerent digne de grande cheualerie. Lors le Roy le print par la main, & deuisant ensemble, il luy dit: Mon grand amy, ie vous prie ne trouuez estrange, si i'ay desir de sçauoir qui vous estes: car ce n'est que pour plus vous honorer en ma court. Sire, respondit le Patin, ie ne suys venu en ce païs pour me celer: mais pour me faire cognoistre à vous, & à tous aultres. Ie suys le Patin frere de l'Empereur de Rome, qui vous supplie ne vouloir sçauoir plus auant de mon affaire, tant que i'aye veu ma dame Oriane vostre fille. Quãd le Roy le cogneut tel, il l'embrassa, & en s'excusant de son ignorance, luy dit: Mon cousin, ie suys merueilleusement ioyeux de l'hõneur, que vous m'auez faict, à me venir ainsi visiter dans mes païs: vous asseurant que puis qu'auez desir de veoir ma fille, elle seule ne vous sera monstrée, mais la Royne, & toute sa suyte. Et tant continuerent leurs propos, que l'on couurit pour le soupper. Adoncq' le Roy le feit asseoir tout au plus pres de luy, ou il se trouua enuironné de si grand nombre de cheualiers, qu'il en fut esmerueillé: & commença à desestimer la court de l'Empereur son frere, & de tous aultres princes, pour le respect de celle qu'il veoit. Apres que les tables furent leuées, estant heure d'aller dormir, le Roy commanda à don Grumedan, mener le Patin à son logis: & de luy faire tout l'honneur & bonne chere, qu'il pourroit. Ainsi se dõnerent le bõ soir iusques au l'endemain matin, qu'il alla trouuer le Roy oyant la messe: apres laquelle il fut conduict chez les dames, lesquelles le receurent auecq' bõ visaige. Car aussi tost la Royne le print par la main, & le pria se seoir entre elle & sa fille Oriane: laquelle des l'instãt il regarda de tel œil, que l'amour qu'il portoit au parauãt à la Royne Sadamire, se transfera à elle, pour l'excellente beaulté & bonne grace qu'il y trouua. Vous pouez dõcques iuger, quelle estime il en eust fait, la voyant au tẽps de son bõ poĩct: lequel elle auoit perdu, à cause de ceste nouuelle ialousie cõceue contre Amadis, qui la rendoit maigre, palle, & deffaicte. Mais ce deffault ne peut ne peut aulcunement estaindre l'ardeur du feu, qui s'estoit allumé au cœur du Patin : ains se trouua si transporté, qu'il delibera supplier le Roy la luy donner en mariage : faisant estat qu'elle luy seroit aysément accordée, veu le lieu dont il estoit. Et des l'heure print congé des dames, & retourna vers le Roy, qui se vouloit mettre à table pour disner : apres lequel il se retira le long d'vne fenestre, & appellant le Patin, deuiserent longuement ensemble. Puis tombants de propos en propos, le Patin luy dit : Sire, ie vous promis hier de vous dire (aussi tost que i'auroys veu ma dame Oriane, vostre fille) qui m'a meu de partir de Rome pour venir en la grand Bretaigne : ie vous supplie ne trouuer mauluais, si i'ay fait tant long chemin, pour estre venu en personne la vous demander en mariaige. Ie l'ay choysie tant pour auoir vostre alliance, que pour la beaulté & bonne grace qui est en elle. Ie croy que vous n'ygnorez point (veu le rang que ie tiens, & les moyens grands qui ne me peuuent fuyr, comme à estre vn iour Empereur de Rome) que si ie vouloys prendre party en aultre lieu, il n'y a auiourd'huy prince viuant, qui ne feust tresayse de me recepuoir. Mon cousin, respondit le Roy, ie vous mercie du bien, & de l'honneur que vous me faictes : mais la Royne a tousiours promis à Oriane, de ne la marier contre sa volunté : parquoy deuant que rien vous accorder, il nous fauldra sentir d'elle, si elle en seroit contente. Cecy disoit le Roy pour ne mescontenter le Patin : car il auoit deliberé de ne pourueoir sa fille à prince, ou seigueur qui l'enleuast hors du pays, duquel elle debuoit à l'aduenir estre dame. Le Patin eut ce propos agreable, & attendant aultre responce du Roy, seiourna cinq iours à la court : toutesfoys le Roy n'en parla point à Oriane, combien qu'il asseura le Patin d'y auoir faict son possible, pour l'y faire condescendre : neantmoins il ne l'auoit peu conuertir. Et pourtant, gaignez la vousmesmes si vous pouez, disoit il au Patin, & la priez qu'elle fasse ce que ie luy commanderay. Lors le Patin vint à elle, & luy dit : Ma dame, i'ay à vous faire vne requeste qui vous sera honorable & proffitable, laquelle ie vous prie m'octroyer. Monsieur, respondit la princesse, elle ne vous doibt pas estre refusée, estant telle que vous m'asseurez : pourtant ne differez, s'il vous plaist à me declairer que c'est. Ie vous supplie, dit le Patin, obeyr à ce que le Roy vostre pere vous commandera. Oriane (qui ne sçauoit à quelle intention il luy tenoit tel propos) luy respondit : Vous pouez estre asseuré, Monsieur, que ie seroys bien desplaisante de faire aultrement. Ceste responce contenta fort le Patin : car il pensoit desia tenir Oriane pour sienne, & luy dit : Ma dame, i'ay deliberé d'aller par ce pays chercher les aduentures estranges, & espere faire tant d'armes, que vous oyrez en brief parler de mes prouesses : tant en mon aduantaige, que trop aysément vous accorderez à ce, que le Roy vous commandera, pour l'amour de moy. Puis print congé d'elle, sans pour ce coup luy declairer aultre chose de son affaire, & retourna vers le Roy:auquel il feit entendre la responſe d'Oriane, & le vouloir qu'il auoit de ſ'en aller eſprouuer contre les cheualiers errants. Vous ferez ce qu'il vous plaira, reſpondit le Roy : toutesfois ie ſerois d'aduis que vous deportiſſiez de telle entreprinſe: car vous trouuerez maintes aduẽtures eſtranges, & dangereuſes, auecq' grand nombre de cheualiers fort vſitez aux armes, qui vous pourront, peult eſtre, quelquefoys ennuyer. S'ilz ſont cheualeureux & hardiz, dit il, i'eſpere qu'ilz ne trouueront couardie, ou laſcheté en moy : ce que mes œuures vous pourront teſmoigner cy apres. Et bien, reſpondit le Roy, faictes ce qu'il vous plaira. Ainſi ſ'en partit le Patin ſoubz l'eſperance qu'il auoit priſe en Oriane, pour l'amour de laquelle il auoit compoſé la chançon qu'il chantoit, lors que fortune l'adreſſa la part, ou Amadis faiſoit ſon dueil, qui le traicta ainſi que vous auez entendu. Mais pour ceſte heure nous nous tairons de luy, pour retourner au propos de Durin : lequel ayant laiſſé Amadis, retourna court, paſſer au lieu meſmes ou le Patin giſoit nauré: qui auoit oſté ſon armet pour la douleur de ſa playe, ayant deſia tant perdu de ſang, que ſon viſaige & ſes armes en eſtoient tainctes & couuertes. Lequel aduiſant Durin, luy dit: Damoyſel mon amy, dites moy (ſi dieu vous gard) ou ie pourray trouuer lieu pour faire medeciner ma playe. Par mon ame, reſpondit il, ie nen ſçay nul, ſinon vn : mais ceulx que vous y trouuerez ſont maintenant tant triſtes, que ie croy qu'ilz ne pourront entendre à vous. Pourquoy? dit le Patin. Pour vn cheualier, reſpondit Durin, lequel a nouuellement gaigné le lieu, duquel ie vous parle: & veu les ymages & choſes ſecretes d'Apolidon & de ſ'amye, que iuſques à preſent nul aultre auoit ſceu veoir: puis ſ'en eſt party ſecretement en telle melancolie, que l'on n'en eſpere que la mort. Il me ſemble, dit le Patin, que vous parlez de l'Iſle Ferme. Vous dites vray, reſpondit Durin. Comment? dit le Patin, eſt elle deſia conquiſe? par dieu i'en ſuis fort deſplaiſant: car i'y alloys pour m'y eſprouuer, & en eſperance de la gaigner. Durin ſe ſoubzrit, & luy reſpondit: Vrayement cheualier, ſ'il n'y a en vous plus de proueſſe cachée, que celle que vous auez maintenant manifeſtée, i'eſtime qu'au lieu d'y gaigner hõneur, vous y euſſiez acquis honte & infamie. Le Patin ſ'en ſentant iniurié, ſe leua, & cuyda ſaiſir les reſnes du cheual de Durin: mais Durin tourna bride. Parquoy le Patin, voyant qu'il ſ'eſloignoit, le r'appella, & luy dit: Ie vous prie, beau ſire, me dire celluy, qui a faict ceſte glorieuſe conqueſte. Dictes moy doncq' premier qui vous eſtes, reſpondit Durin. A cela ne tiendra, dit le Patin. Ie ſuis le Patin frere de l'Empereur de Rome. Dieu ſoit loué, reſpondit Durin : toutesfoys à ce que ie voy, il y a en vous trop plus hault lignaige, que de bonté aux armes, ne de courtoyſie au parler, teſmoings les propos que vous auez n'a guieres tenuz au cheualier, duquel vous vous enquerez, qui eſt celluy meſmes qui vous vient de laiſſer, lequel ie croy qu'aiſéement m'accorderez (veu le traictemẽt qu'il vous

a faict)

a faict) qu'il est digne de telle conqueste, & non pas le Patin qu'il a vaincu. Ce disant donna des esperons à son cheual, prenant le droict chemin de Londres, en bonne deliberation de reciter à la princesse Oriane tout ce, qu'il auoit veu & entendu d'Amadis.

Comme don Galaor, Florestan, & Agraies, entreprindrent la queste d'Amadis: lequel ayant laissé ses armes, changea son nom, & se retira en vn hermitaige, auecq' vn Hermite tresancien, pour y viure solitairement.

Chapitre VI.

IE vous ay n'a guieres dict, que quand Amadis se partit de l'Isle Ferme, ce fut si secretement que Galaor, Florestan, Agraies, & aultres ne s'en apperceurent aulcunement. Aussi le serment qu'il auoit prins d'Ysanie le gouuerneur, de ne leur declairer chose qu'il eust veue, iusques au lendemain qu'ilz auroient ouy la messe: ce que feit Ysanie.

 nic. Car

nie. Car le iour ensuyuant, ainsi que ces seigneurs se vouloient mettre à table, ilz s'apperceurent de l'absence d'Amadis : mais Ysanie leur dit, qu'ilz sçauroient apres leur disner qu'il estoit deuenu. Parquoy ilz s'allerent asseoir à table, pensants qu'il fust allé quelque part pour son plaisir. Puis estants les tables leuées, Ysanie leur dit: Mes seigneurs, l'infortune de mon seigneur Amadis, est bien aultre que vous n'estimez, ainsi que ie vous feray maintenant entendre. Adoncq' leur recita comme il s'estoit desrobé d'eulx, le grand ennuy qu'il auoit, & ce qu'il luy auoit commandé de leur dire: mesmes comme il disposoit de l'Isle, & qu'il les prioit affectueusemẽt de ne le suyure, veu qu'il n'esperoit aulcun remede en son malheur : car sa mort luy estoit ineuitable. Quand ilz ouyrent si piteuses nouuelles, il n'y eut celluy d'entr'eulx à qui les larmes ne vinssent aux yeulx, & se meirent à faire tresgrand dueil. Mais sur tout, Galaor s'escria, disant : Si ie puis, le meilleur cheualier du monde ne mourra pas ainsi. Et combien qu'il nous mande que ne le suyuions, si ne sera il ia pour ce coup obey de moy: ains le chercheray tãt que ie l'auray trouué, & sçauray qui l'a offensé, puis le vengeray, ou mourray en la peine. Par dieu, respondit Agraies, nous ne vous eslongnerons de guieres : aumoins si nous ne pouons mettre remede à son mal, par force de puissance, ou de conseil, nous mourrons tous quant & luy. Encores n'est ce pas tout, dit Ysanie à Galaor, il vous prie par moy, de faire Gandalin cheualier, & de vous seruir d'Ardan son Nain : lesquelz il vous recommande. Lors Galaor appella le Nain, & luy dict : Ardan, ton maistre nous a laissez, & veult que tu soys mien : asseure toy, que iour de ma vie ie ne te fauldray, pour l'honneur de luy. Comment? respondit le Nain, est dõcques mort mon seigneur? Disant ces parolles, il se laissa tomber du hault de luy, & se meit à arracher ses cheueulx, faisant tant grand dueil que merueilles. Et disoit: Ie seroys bien trahistre de viure apres mon maistre: & de fait il se feust tué qui ne l'en eust gardé. Or auoit Florestan le cœur si serré, qu'il ne pouoit ny pleurer, ny parler, & se tenoit appuyé cõme s'il eust esté transi. Et quand il peut auoir sa parole, il dit a ses compaignons: Mes seigneurs, ce n'est pas à nous de pleurer, ne faire telles lamẽtations, au temps que la necessité nous commande d'entendre, à secourir mon seigneur Amadis: laissons telle maniere de faire aux femmes, & aduisons ensemble à pourueoir à ce grand inconuenient. Quant à moy, ie suis d'aduis que sans plus seiourner, nous montions à cheual, faisans toute diligence de le trouuer. Lors nous pourrons sçauoir s'il y aura moyen de luy trouuer remede: car ainsi que nous faisons, le temps se passe, sa douleur augmente, & sa personne s'eslongne. Le seigneur Ysanie, à ce qu'il dit l'a conduict quelque peu, & nous pourra monstrer le chemin qu'il a prins: & si nous tardõs plus, nous le perdrõs, sans esperance de iamais plus le reueoir. Pourtant, mes seigneurs, ie vous prie diligentons de le suyure. Ce qu'ilz accorderent: & feirent amener leurs cheuaulx. Lors Ysanie les conduict

ou Amadis

ou Amadis l'auoit laiſſé, & de là cheminerent tant qu'ilz vindrẽt trouuer le Patin bleſſé: lequel ilz aduiſerent couché, tandis que ſes eſcuyers coupꝑoient branches, & abatoient bois pour luy faire vne lictiere. Car il eſtoit tant affoibly par l'effuſiõ de ſon ſang, qu'il ne ſ'euſt peu tenir à cheual: non pas reſpondre vn ſeul mot aux cheualiers, qui le ſaluerent, luy demandãt, qui l'auoit ainſi oultragé: mais il feit ſigne, que ſes eſcuyers le leur diroiẽt. A ceſte cauſe Galaor le leur vint demander: leſquelz feirent reſpõſe, Qu'il auoit iouſté contre vn cheualier, qui venoit de l'Iſle Ferme, par lequel il auoit eſté abatu de la premiere rencõtre: & que depuis il ſ'eſtoit releué pour ſe venger par l'eſpée, ou il auoit encores plus mal fait ſes beſongnes, comme ilz pouoiẽt apperceuoir. Et qu'eſt deuenu ce cheualier? dit Galaor. Sur ma foy, reſpondirent les eſcuyers, nous ne ſçauons: car nous n'eſtions preſents à ce combat. Toutesfois nous penſons l'auoir rencõtré en venant icy, & couroit au trauers de la foreſt, faiſant le plus grand dueil du mõde, ſans eſtre ſuyui de nul, que d'vn eſcuyer: lequel pleuroit ameremẽt, & luy portoit ſes armes, & vn eſcu d'or à deux Lyõs de ſable. Par dieu, dit Floreſtan, c'eſt luy que nous cherchons. Or nous mõſtrez quelle part il tire: ce qu'ilz feirent. Lors les cheualiers allerent apres: & tant trauerſerent, qu'ilz paruindrent à vn carrefour, ou ilz ſ'arreſterent pour aduiſer quel chemin ilz pourroient prendre: car il n'y auoit perſonne pour leur dire nouuelles de ce, qu'ilz cherchoient, & à ceſte cauſe delibererẽt d'eulx ſeparer: promettans l'vn à l'aultre d'eſtre de retour en la court du Roy Liſuart, au iour de la ſainct Iean enſuyuant: & ſ'ilz n'auoient trouué Amadis, que lors ſeroit regardé à ce qu'ilz auoient à faire. Adoncq' prenant congé l'vn de l'aultre, & en pleurant ſe ſeparerent: & depuis feirent tout leur poſſible d'en auoir nouuelles: mais ce fut en vain, encores qu'ilz cheuauchaſſent maintz païs eſtranges, eſquelz ilz eurent de grandz accidens & perilleuſes rencontres. Mais entendez, qu'auſſi toſt qu'Amadis eut r'enuoyé Durin, il donna des eſperons à ſon cheual ſans luy chaloir, ne penſer quel chemin il prẽdroit, & alloit ainſi que fortnne le guidoit: telement qu'il deſcendit au fons d'vne vallée obſcure pleine de tailliz & buiſſonnages, & luy ſembla le lieu altreſcommode pour n'eſtre ſuyui de nul. Lors meit pied à terre, & laiſſa aller ſon cheual ſans le debrider: puis ſ'aſſit le long d'vn Torrent, qui deſcendoit de la mõtaigne, & print vn peu d'eau pour ſe refraiſchir. A l'heure, Gandalin l'attaignit, qui ſ'eſtoit arreſté à rẽdre l'eſpée au Patin, & trouua Amadis eſtendu ſur l'herbe ſans qu'il diſt vn ſeul mot: parquoy il ne luy oſa rien dire, mais ſ'aſſit aupres de luy, & peu apres Amadis ſe leua. Et aduiſant Gandalin couché, le poulſa du pied, luy diſant: Dors tu Gandalin? Par ma foy non, reſpondit il: car au lieu de dormir, ie penſoye à deux choſes, qui vous importunẽt de beaucoup: leſquelles ſ'il vous plaiſt, ie vous declaireray maintenant, ſinon, ie m'en tairay. Or te lieues, dit Amadis, & prends noz cheuaulx: car ie m'en veulx aller, pource que ie ſeroys trop marry, d'eſtre trouué de ceulx, qui, peult eſtre, me ſuyuent.

Vraye-

Vrayement, respondit Gandalin, vous estes, se me semble, assez à l'escart: & est vostre cheual tant las, que si ne le laissez quelque peu reposer, il est impossible qu'il vous puisse longuemẽt porter. Ie te prie, dit il en pleurant, fais ce qu'il te semblera pour le mieulx: car aussi bien ie n'espere nul alegement à mon mal pour demourer, ou pour cheminer. Mengez doncques vn peu de ce pain que i'ay apporté, respondit Gandalin: mais il le refusa. Que voulez vous doncques faire? dit il, voulez vous que ie vous die à quoy ie resuoys n'a guieres? Ce m'est tout vn, respondit Amadis, ie ne pense plus qu'à mourir. Or m'escoutez s'il vous plaist, dit Gandalin. I'ay longuement pensé à la letre qu'Oriane vous a escripte, & aux propos que tenoit le cheualier, contre lequel vous vous estes combattu: & par consequent à la legereté, & peu de fermeté qu'ont les femmes. Car puis qu'elle a changé son amour, & vous mesmes, pour vn estranger, elle tesmoigne assez combien l'on doibt auoir d'asseurance aux semblables d'elle: & d'aultre part, quand ie considere ses vertuz, il me semble quasi impossible qu'elle se soit iusques là oubliée. Toutesfois il pourroit estre, qu'en vostre absence, l'on luy a fait quelque faulx rapport de vous, pour lequel elle s'est ainsi faschée sans le declairer à personne, qui luy a engregé son mal. Neantmoins, puis que vous estes asseuré, qu'oncques vous ne luy messeistes, & si elle a creu quelque mal parlant, que la verité, à la fin, sera cogneue, & par tant vostre innocence aduerée: il me semble que ne vous debuez ainsi desesperer, veu qu'il est tout seur, qu'elle viendra au repentir: de sorte, que recognoissant le tort qu'elle vous aura fait, vous requerra pardon, & l'amendera auecq' plus d'aise, & de contentement, que vous n'eustes oncques ensemble. Et pourtant efforcez vous de manger, à ce qu'ayez moyen cy apres, de conseruer vostre vie: attendu que si vous vous laissez ainsi perdre, vous perdrez aussi tout le bien & hõneur, que iamais vous sçauriez pretendre en ce monde. Tais toy, dit Amadis: car tu as menty si malheureusement, que ie ne sçache homme qu'il ne s'ennuyast de t'ouyr ainsi causer, pource que tant sage & bõne princesse ne faillit oncques: & si ie meurs, ie l'ay bien merité, puis qu'elle sera à ma mort obeye, & satisfaicte. Et soys asseuré, sans l'estime que i'ay que tu n'as dit tel propos, sinon pour cuyder alleger ma douleur: que ie t'osteroys presentement la teste de dessus les espaules, pour l'offense, que tu m'as faite, & te gardes desormais que plus il ne t'aduiẽne. Ce disant, se leua par grãd courroux: & s'en alla contremont le Torrẽt, si pensif qu'il ne sçauoit quel chemin tenir. Ce que voyant Gandalin (craignant sa fureur, pẽsant aussi qu'il ne s'esloigneroit) ne le voulut suyure: mais se meit à dormir, tant estoit aggraué de sommeil. Et ainsi qu'Amadis retournoit vers luy, il l'apperceut en ce fort somme, & ne l'esueilla, ains alla prẽdre & seller son cheual: puis cacha la bride & le harnois de celluy de Gãdalin dãs les buissons, à ce qu'à son resueil il ne le peust suyure. Ce fait, s'arma, & mõta à cheual suyuãt le

hault

hault de la mõtaigne. Lors sans arrester chemina iusques enuiron les quatre heures du soir, qu'il descendit en vne grãde plaine, ou il y auoit deux haultz arbres, & au dessoubz vne tresbelle fontaine nõmée cõmunemẽt, La fontaine du plain champ: vers laquelle il s'adressa pour faire boyre son cheual, qui auoit longuemẽt cheminé sans se refraischir. Et ainsi qu'il approchoit de l'eaue, il aduisa vn homme de religion, vestu trespauurement de layne de Cheüre: ayant la barbe & les cheueulx tous blancz, qui faisoit boyre son Asne. Lors Amadis le salua, luy demãdãt s'il estoit presbtre, ou non. Certes, respondit le preudhomme, il y a des ans plus de quarãte, que premieremẽt ie celebray messe. Dieu soit loué, dit Amadis. Adõc meit le pied à terre, & osta la selle, & la bride à son cheual: lequel sentẽt la liberté, se print à fuyr au trauers de la forest: toutesfois Amadis ne feit semblãt de le suyuir, mais se desarma de toutes armes. Puis se vint iecter aux piedz du preudhõme, lequel en le prenãt par les mains le feit seoir aupres de luy: & le regardãt luy sembla le plus beau gẽtilhõme, qu'il eust oncques veu cõbien qu'il feust palle & deffait, ayãt le visaige tout couuert de grosses larmes. Dequoy l'hermite eut si grãd' cõpassion, qu'il luy dit: Cheualier, ie croy que vous auez quelque grãde affliction en vostre ame. Neãtmoins si vostre dueil procede de la repẽtãce d'aulcun peché que vous auez cõmis, en verité, mon enfant, vous estes biẽheureux: & encores que ce feust pour quelque perte temporelle, cõme i'estime, veu vostre aage, & l'estat auquel vous auez vescu iusques à present, vous ne vous deuez ainsi ennuyer, mais requerir pardõ à Dieu, & il vous pardõnera, & recepũra pour siẽ. Adõcq' luy dõna sa benedictiõ, luy disant: Or ça, cõfessez maintenãt voz pechez. Lors Amadis cõmẽça à luy faire entier discours de sa vie, sans riẽ obmettre. Certes, dit le sainct hõe, puis que nostre Seigneur vous a fait naistre en si haulte lignée que vous estes, vous deussiez auoir esté plus vertueux: ce nonobstãt il ne vous fault desesperer pour tribulatiõ qui vous viẽne, mesmemẽt pour ceste cy, qui procede par occasion de femme, laquelle se gaigne facilemẽt, & se pert plus de leger. Pourtant ie vous cõseille, mon filz, qu'oubliãt telles vanitez, vous vous eslõgnez desormais de tãt miserables façõs de faire, pour l'hõneur de Dieu: car elles ne desplaisent seulement à luy, mais à toutes personnes de vertu. Ah mon pere, respondit Amadis, ie suys maintenant en telle extremité, qu'il est impossible que ie puisse plus guieres viure! parquoy ie vous supplie humblemẽt, en l'hõneur de celluy grãd seigneur que vous seruez, me recepuoir en vostre cõpaignie, & donner cõseil à ma pauure ame, pour le peu qu'elle doibt demeurer en ce malheureux corps. Et des à present ie quite harnois & cheuaulx, pour vous suyure à pied, faisant telle penitẽce que vous cõmãderez: vous asseurãt (dit il, en pleurãt ameremẽt) que si vous me refusez, vous ferez grãd peché, pour ce que ie m'en iray perdre au trauers de ceste mõtaigne, sans desir de vouloir rencõtrer creature qui me cõforte. Quand le bon hõme l'entẽdit parler de ler de telle affectiõ,il luy dit: Ie vous prometz,mõ amy,que c'est mal faict à vous(qui estes cheualier ẽcores ieune & de belle taille) d'ẽtrer en tel desespoir: veu que les femmes ne sçauent cõseruer leur amour, que par la presence de ceulx qu'elles ayment. Car naturelemẽt elles oublient promptemẽt, & croyent encores plustost, par especial aux choses que l'on leur rapporte, de ceulx qui se donnent folement à elles: lesquelz, lors qu'ilz pẽsent auoir ioye & contentement, se trouuent en tout ennuy & tribulation, ainsi que vous l'experimentez par vousmesmes. Pourtãt ie vous prie soyez desormais plus vertueux & cõstãt: & puis qu'il a pleu à nostre Seigneur vous appeller à tiltre de filz de Roy, pour gouuerner son peuple, retournez au monde. Car ce seroit dommage de vous perdre ainsi, & ne puis presumer qui peult estre celle, qui vous a reduit en telle anxieté: attendu qu'encores qu'vne femme eust en elle seule les perfections, qu'ont toutes les aultres ensemble, si ne se deüroit pour elle perdre vn tel homme que vous estes. Mon pere, respondit Amadis, ie ne vous demande conseil de cela: ie n'en ay maintenãt nul besoing. Mais pour mon ame, qu'il vous plaise me tenir desormais en vostre cõpaignie: veu que si vous me refusez, ie ne veoy aultre remede en moy, que de mourir auecq' les bestes dedans ceste forest. Adõcq' le preudhõme le voyãt si obstiné, en eut telle cõpassion, que les larmes luy tomberent iusques sur la longue & blanche barbe, & luy respondit: Helas, mon enfant, ie demeure en vn lieu desert, & vis d'vne vie trop austere pour vous! Mõ hermitage est biẽ sept lieues dãs la mer, au sommet d'vne pauure roche: en laquelle nul hõme viuãt ne peult arriuer, si n'est au commancement du printemps. Et toutesfois, Dieu m'a tant fait de grace, qu'il y a ia trente ans passez, que i'y demeure, separé de tout plaisir mondain, viuant seulement des petites aulmosnes qu'aulcunes pauures gẽts de ce pays me font. Ie vous prometz mon pere, dit Amadis, que c'est ce, que ie desire, & vous supplie derechef, tant qu'il m'est possible, pour l'hõneur de Dieu, m'octroyer que i'aille auecq' vous. Ce que(par importunité, couuerte de pitié) l'hermite luy octroya: apres, toutesfois, y auoir lõguement cõtredit. Lors Amadis luy baisa les piedz, disant: Mõ pere, cõmãdez moy ce qu'il vous plaira: car ie vous obeyray à mon pouoir. Lors le sainct homme se meit à dire ses vespres, apres lesquelles (pource qu'il n'auoit mengé de tout le iour) tira de sa bezasse vn petit de pain, & de poisson cuict au soleil, que l'on luy auoit donné: & dit à Amadis, Qu'il mẽgeast comme luy: mais il le refusa, combien que c'estoit ia le tiers iour qu'il n'auoit aualle aulcune substance. Parquoy l'hermite luy dit: Mon filz, vous m'auez promis de m'obeyr, faites ce que ie vous commande, & mengez: car si vous mouriez en telle pertinacité, vostre ame seroit en trop de danger. A ceste cause Amadis, n'y osa contredire, & mengea bien peu: car il souspiroit à touts propos, ne pouant oublier le grãd ennuy ou il estoit. Puis ayãt prins ce peu de refection, le bon homme estendit son manteau, & se coucha dessus,

dessus, & Amadis à ses piedz : lequel fut longuement sans pouoir reposer, se tournant & remuant comme vne personne tresmal disposée. Neantmoins à la fin, il fut si aggraué de trauail, & de fort sommeil, qu'il s'endormit: & luy fut aduis en songeant, qu'il estoit enfermé dans vne chambre si obscure, qu'il n'y auoit clarté quelconque, & n'en pouoit trouuer l'yssue pour sortir, dont il se lamentoit à merueilles: & que sa cousine Mabile, & la damoyselle de Dannemarc vindrent à luy, ayants au deuant d'elles vn rayon de Soleil, qui donnoit grand' clarté au lieu tant tenebreux. Adoncq' le prenants par la main, luy dirent: Seigneur, sortez d'icy s'il vous plaist, & nous suyuez en ce palais, ce qu'il feit. Mais au sortir, il veid, se luy sembla, Oriane enuironnée d'vne grand' flamme de feu, qui luy donna si grand' frayeur qu'il s'escria : Iesus, secourez ma dame Oriane ! & luymesmes se lança dans le feu pour la sauluer : Lors la print entre ses bras, trauersant la flamme sans mal auoir : puis l'emporta dans vn iardin, le plus verd & plaisant, qu'il eust oncques veu. Au hault cry que feit Amadis le bon hermite s'esueilla : & le prenant par la main luy demanda, qu'il auoit. Mon pere, respondit il, i'ay eu n'a guieres en dormant tant de peine, que ie m'esbahys que ie ne suys mort. Vostre cry l'a assez tesmoigné, dit il, mais leuons-nous: car il est temps de nous en partir. Lors monta sur son Asne: & print le chemin de l'hermitaige, & Amadis le suyuoit à pied, deuisants ensemble de maintes choses, tant qu'il luy pria luy donner vn don, qui ne luy seroit dommageable : ce que le preud'homme luy accorda. Ie vous supplie doncques, dit Amadis, que durant le temps que nous serons ensemble, vous ne direz à personne qui ie suys : & desormais me donner aultre nom, tel qu'il vous plaira : puis quand ie seray mort, vous le ferez sçauoir, s'il vous plaist, à mes freres, pour venir querir mon corps, & l'emporter en Gaule. Vostre mort & vostre vie, respondit l'hermite, sont en la volunté de Dieu, pourtant ne tenez iamais tel propos: car vous l'offensez trop griefuement : & aussi si vous le recognoissez, aymez-le, & seruez, comme vous estes tenu, il vous secourira & aydera: toutesfois, quel aultre nom voulez vous auoir ? Tel qu'il vous plaira, dit Amadis. Et ainsi qu'ilz deuisoient, le preudhomme auoit instamment l'œil sur luy, & luy sembloit tousiours de plus en plus beau: mais il le veoit plein de tant de douleur, qu'il s'aduisa de luy donner nom conforme à son excellence, & grande melancolie. Et de faict luy dit : Mon filz vous estes ieune, & de belle taille: ce nonobstant vostre vie est tenebreuse pour vostre ennuy, pourtant ie veulx que vous soyez nommé, le beau Tenebreux. Ce qu'Amadis eut pour aggreable, estimant beaucoup la fantaisie de l'hermite, qui sans grand' occasion, ne luy auoit imposé tel nom. Et à l'heure la nuict les suprint, ainsi qu'ilz arriuoient sur la riue de la mer, ou ilz trouuerẽt vne barquette, qui auoit esté querir l'hermite le iour precedent en son hermitaige : dans laquelle ilz s'embarquerent : & peu apres prindrent port à la Roche pauure, ainsi appellée pour la sterilité du lieu, comme luy tesmoigna le preudhomme. Lequel continuant son propos, luy dit: Mon amy, ie feuz aultresfoys suyuant le monde, ainsi que vous auez fait, & m'appelle-on Andahod: vous asseurant, que durant mes ieunes ans i'estudiay en maintes sciences vaines: mais Dieu, par sa grand' bonté, me meit en l'esprit de me retirer en ce pauure lieu, ou il y a ia trente ans & plus que i'y demeure, sans que i'en soys party sinon hyer, que ie feuz aux obseques d'vne mienne sœur, qui est puis n'a guieres decedée. Quand le beau Tenebreux se trouua en lieu si solitaire, il fut tresaise: esperant que sans y faire long seiour, sa tristesse & sa vie prendroient fin. Ainsi demeura en la compaignie de l'hermite, consumant ses ieunes ans en pleurs & continuelles lamentations: mettant en nonchaloir tous honneurs mondains, mesmes la gloire qu'il acquist, combatant Galpan, Abies, Roy d'Irlande, Dardan le superbe, & maintz aultres qu'il auoit vaincuz: & commença à despriser en soymesmes toutes vanitez, considerant la mobilité de fortune, qui peu deuant l'auoit tant esleué, qu'il estoit entré en la chambre defendue d'Apolidon, comme l'hystoire vous a au commencement fait entendre. Mais s'on luy eust demandé, qui le mouuoit de ce faire, à vostre aduis, qu'eust-il respondu? Non aultre chose (comme ie croy) sinon que le despit d'vne femme debile l'auoit ainsi reduict: & eust essayé de couurir sa faulte sur celle du fort Hercules, de Sanson, du saige Salomon, de Virgile, & d'infinité d'aultres grandz personnaiges: qui tous sont tombez en semblable misere, sans y auoir peu resister non plus que luy. Et eust Amadis estimé, que leur malheur estoit suffisant, pour pallier le sien, & toutesfoys c'est bien au contraire: car ilz luy debuoient seruir d'exemple, pour se garder, non pour les imiter. Estoit-il doncques raisonnable que fortune le retirast, estant ainsi vaincu, pour si petit d'occasion, & luy donner depuis plus de victoires, & faueurs qu'il n'auoit euz au parauant? Il me semble que non: aussi n'eust elle fait, si les choses par elle executées contre luy, ne feussent tournées au proffit des personnes qu'elle vouloit bien traicter: la vie desquelz dependoit d'Amadis, qu'elle molestoit, telement qu'il semble qu'elle a eu plus de pitié d'eulx que de luy, ainsi que vousmesmes pourrez iuger. Pource qu'Amadis ayant quasi attainct le periode de sa vie (lors que moins il esperoit de remede) le Seigneur de tout le monde le regarda en pitié, & le r'appella en son premier estat, par le moyen qui vous sera recité. Mais à fin que nous n'esloignons l'ordre de nostre hystoire, il vous fault premier entendre ce, qu'il aduint à Gandalin, depuis qu'il fut esueillé, & qu'il ne trouua plus Amadis ne son cheual. Lors il se leua d'effroy, se doubtant de ce qu'il luy estoit aduenu: & regarda de toutes parts, toutesfoys il ne veid qu'arbres & buissons. Au moyen dequoy il se meit à crier & appeller, sans qu'aultre luy respondist que dist que Echo: laquelle faisoit retentir la vallée. Adoncq' cogneut bien que Amadis estoit absent. A ceste cause commença à faire vn tant triste dueil que rien plus, en deliberant d'aller apres, & donner ordre de le recouurir: & pour ce faire retourna ou il auoit laissé son cheual, lequel il trouua n'ayant selle, ne bride, dont il cuyda desesperer. Et ainsi qu'il se tourmẽtoit, & tournoyoit d'vne part & d'aultre au trauers les halliers, il aduisa le harnois qu'il cherchoit: parquoy incontinent alla seller son cheual, & monta dessus, courant au trauers de la forest, ne sçachant quelle part il deuoit tirer: & en ceste frenaisie chemina cinq iours consecutifz sans s'arrester, sinon aux bordes & vilaiges, ou il s'enqueroit d'Amadis. Toutesfois il n'en peut auoir nouuelles, iusques au sixiesme iour, qu'il ẽtra en la prairie ou estoit la fontaine, ioignant laquelle Amadis auoit laissé ses armes. Là aduisa vn pauillon tendu, & deux damoyselles, ausquelles il s'adressa, leur demandant s'elles auoient point veu passer vn cheualier, portant vn escu d'or à deux Lyons de sable. Nous n'auons point veu, respondirent elles, le cheualier que vous demandez: mais nous auons trouué son escu, & le reste de son harnoys sur le bort de ceste fontaine. Quand Gandalin les entendit, il feit vn hault cry, & s'arrachant les cheueulx, dit en pleurant: Ah a vierge Marie, c'est faict de luy! las, quel malheur! le meilleur cheualier du monde, est il ainsi perdu? Puis renforça son dueil, si estrangement, que chascune d'elles en eut grande compassion: car il cryoit sans interualle: Helas mon seigneur, que tant mal vous ay sceu garder! certes, l'on me doibt bien estimer le plus malheureux Escuyer qui viue sur la terre, vous ayãt si malheureusement habandonné: & vous qui souliez estre le rempart & refuge de toutes personnes ennuyées, n'auez maintenant conseil, ou confort de nul viuant, mesmes de moy chetif, qui par ma grãde faulte, & paresse vous ay delaissé à vostre grãd besoing, & lors que mieulx ie vous debuois seruir! A peine eut il proferé ceste parole, qu'il se laissa cheoir esuanouy. Ce que voyant les damoyselles, s'escrierent: Iesus, cest Escuyer est mort: & hastiuement coururent à luy, mais il ne se mouuoit nullement. Toutesfois elles feirent tant que le cœur luy renforça, & apres elles luy dirent: Mon amy, vous auez tort d'ainsi vous desesperer pour chose dont vous estes encores incertain. Il vous seroit trop mieulx seant de chercher vostre maistre, attendu que les vertueux (comme vous debuez estre) augmẽtent leur effort, lors que l'aduersité les assault, Gandalin cogneut qu'elles luy disoiẽt vray: & à ceste cause il delibera (suyuant leur conseil) de tant aller & venir, qu'il auroit nouuelles d'Amadis. Mais ie vous prie mes damoyselles, respondit il, dites moy ou vous auez trouué ses armes? Voluntiers, dirent elles. Nous estions n'a guieres en la compaignie de don Guilan le pensif, lequel nous a ces iours passez deliurées de la prison de Gandinos le felon, auecq' plus de vingt aultres dames & damoyselles: faisant tant d'armes, qu'il a rompu la peruerse coustume du chasteau, & contrainct le seigneur de leans iurer

 iamais

iamais plus la maintenir. Et pource que toutes ont eu liberté d'aller ou il leur a pleu, ma compaigne & moy l'auons suyuy iusques en ce lieu, & y a desia quatre iours que nous y sommes arrestées: pource que quand nous y arriuasmes, Guilan recogneut les armes de celluy que vous demãdez: lesquelles estoient habandonnées sur le bort de la fontaine. Et vous prometz qu'oncques Cheualier ne fut plus desplaisant que luy: car des qu'il les aduisa, il meit pied à terre, disant: Par dieu ce lieu n'est pas digne de l'escu du meilleur Cheualier du monde. Puis le leua de terre, & le pendit à cest arbre. Ce faict, remonta soubdain à cheual, nous commandant expressement, que le gardissions iusques à ce qu'il eust trouué le Cheualier à qui il fut: & pour ce faire, nous auons tendu ces pauillons que vous voyez. Tant y a, qu'apres l'auoir gardé trois iours entiers il est retourné, & arriua encores hier tout tard, sans en auoir nouuelles: & des le plus matin il a fait prendre à ses Escuyers les armes trouuées, & luymesmes a osté son escu pour mettre à son col celluy que nous gardions. Mais ce faisant, il pleuroit amerement, & disoit: Certes escu, vous faites vn mauluais change de vostre maistre à moy. Puis nous à dit, qu'il s'en alloit en la court du Roy Lisuart, presenter à la Royne Brisenea, ceste despouille: estant asseuré qu'elle ne seroit moins dolente que luy, de telle infortune, & nous aultres allons apres, remercier la Royne, du bien que Guilan nous a fait, pour l'amour d'elle, ainsi qu'il nous a commandé faire. Lors Gandalin les commanda à Dieu: les asseurant qu'il trouueroit celluy, duquel dependoit sa mort, ou sa vie, ou que ses iours prendroient fin en le cherchant.

Comme Durin retourna vers la princesse Oriane, à laquelle il feit entendre les piteuses nouuelles d'Amadis: & du grand dueil qu'elle feit, apres auoir sceu le desespoir de luy.

Chapitre VII.

Durin

Vrin ayant laiſſé le Patin en la foreſt (ainſi que vous auez entendu) feit ſi grande diligence de retourner vers Oriane pour luy faire entendre ce, qu'il auoit veu d'Amadis, que le dixieſme iour enſuyuãt il arriua en la ville de Londres. Mais auſſi toſt qu'Oriane l'apperceut, le cœur luy eſmeut: de ſorte, qu'elle fut contrainte entrer en ſa chambre, & ſe iecter ſur ſon liƈt premier que parler à Durin: & peu apres commanda à la damoyſelle de Dannemarc de le faire entrer, & que tandis qu'elle deuiſeroit auecq' luy nul aultre vint ou elle eſtoit, à quoy la damoyſelle pourueut ſagement. Lors eſtant Durin à genoulx deuant elle, elle luy dit: Durin mon amy, par la foy que tu me doibs, comptes moy en quel eſtat tu as trouué Amadis, la contenance qu'il a tenue liſant ma letre, & ce qu'il te ſemble de la Royne Briolanie. Ma dame, reſpondit il, ſur ma foy ie vous en diray la pure verité, combien que ie ſoye ſeur, qu'à vous & à d'aultres elle ſera quaſi incroyable. Au partir d'icy (cõme il vous pleuſt me commander) ie m'en allay ſans ſeiourner en la ville de Sobradiſe, ou ie trouuay la Royne Briolanie, qui eſt (à mõ aduis) apres vous la plus belle princeſſe du monde, & de meilleure grace. Là, i'euz nouuelles que mon ſeigneur Amadis, & ſes compaignons eſtoient deſlogez, pour retourner en ceſte court: mais que ſur leur chemin ilz auoient rencõtré vne damoyſelle, qui les auoit menez en l'Iſle Ferme pour eulx eſprouuer aux eſtranges aduentures qui y ſouloient eſtre: parquoy incontinent i'y prins mon chemin, & y arriuay ainſi que mon ſeigneur Amadis paſſoit l'arc des loyaulx amants, ſoubz lequel nul ne peult trauerſer, ſ'il a en rien faulſé ſes amours enuers la dame, que premier il a ſeruie. Comment? dit elle, a il ſi temerairement entreprins telle aduenture, ayant ſa deſloyaulté ſi recente deuant les yeulx? Ie ne ſçay ma dame, reſpondit Durin, comme vous l'entendez: car à ce que ie veoy il luy eſt mieulx aduenu que vous n'eſtimez, veu qu'il y a acquis plus d'hõneur qu'oncques cheualier loyal n'en receut, ainſi que maintz peuuent teſmoigner, par les ſignes qui alors ſ'apparurẽt. Et combien qu'à l'inſtant Oriane diſſimulaſt le plaiſir qu'elle eut de ces nouuelles, ſi ne ſceut elle ſi bien faire, que de grãd' ioye la rougeur qui luy ſuruint, ne luy embelliſt ſon clair viſaige, pour l'aſſeurance qu'elle eut de la loyaulté d'Amadis. Adoncq' Durin continuant ſon propos, luy dit: Ma dame, il a fait encores plus: car apres qu'il eut acheué ceſte aduenture ſi eſtrange, il eut nouuelles que meſſieurs ſes compaignons, Galaor, Floreſtan, & Agraies, cuydantz gaigner la chambre defendue, auoient eſté repoulſez du perron de marbre ſi lourdemẽt, qu'ilz eſtoient preſque morts. Au moyen dequoy, mon ſeigneur Amadis voulant les venger, baiſſa la veuë, & tenant ſon eſpée, & l'eſcu au poing, trauerſa tous les pas defendus, & maulgré tous enchantements, entra au dedans la chambre: mais ce ne fut ſans ſouffrir beaucoup. Lors acquit la ſeigneurie de l'Iſle Ferme: & luy

 ont les

ont les habitants desia fait les homaiges & sermẽts de fidelité, suyuant la coustume de la cõtrée, qui est l'vne des plus belles, & plus fortes du monde. Et sçachez, ma dame, qu'il y auoit cent ans & plus, que créature viuante n'auoit passé les perrons, sinon mon seigneur Amadis : par l'effort duquel nous auons depuis veu toutes les singularitez & richesses du palays d'Apolidon, & la chambre aduentureuse, qui est renommée par tous les endroitz de la terre. Durãt ce discours, Oriane estoit quasi rauie de grãd' ayse, & plaisir qu'elle auoit, soubz l'esperance de se veoir quelque iour entre telles singularitez, au contentemẽt de son amy & d'elle: & dit à Durin: Vrayement Durin, la fortune luy a esté bien fauorable. Ah, ma dame, respondit il, mais trop rigoureuse. Que pleust à Dieu, qu'vn aultre luy eust porté la malheureuse letre, que vous luy escripuistes par moy! Comment? dit Oriane, comptes moy, ie te prie, quelle contenance il tint en la lisant. Ma dame, ie le vous diray puis qu'il vous plaist, respondit il, encores que ie soys seur, que vous serez trop desplaisante, quand vous entendrez la cõsequence enquoy elle est tournée, & le mal qu'elle a apporté au meilleur & plus loyal cheualier du monde. En quelle sorte? dit elle. Vous estes cause de sa mort, respondit Durin. Iesus! dit Oriane, qu'est ce que tu me dis? Ie vous dy vray, ma dame, respondit il: car vous auez forgé le glaiue, qui l'a nauré à mort, & ie le luy ay porté: ainsi tous deux sommes homicides de luy. Lors luy declaira par le menu, la maniere qu'il luy presenta la letre, & le desespoir ou il entra apres l'auoir veue. En sorte, dit Durin, que peu apres il s'en partit secretement du palays d'Apolidon, auecq' Gandalin, Ysanie gouuerneur de l'Isle, & moy: & le conduismes iusques à vn hermitaige, ou il nous feit defense de plus l'accompaigner: puis monta à cheual, & sans prendre armet, escu, ne lance, s'en fuyt au trauers de la mõtaigne, comme vne personne priuée d'entendemẽt. Apres, luy recita tous les propos qu'auoit tenuz particulierement, en leur disant à dieu: & faisoit Durin ce discours auecq' tant de larmes, qu'il eust esté difficile à iuger, qui auoit le cœur plus triste, de luy ou d'Oriane. Et sçachez ma dame, disoit il, qu'apres son partement (nonobstant ses interdictions & defenses) Gandalin & moy le suyuismes, & le trouuasmes endormy sur le bort d'vne fontaine: toutesfoys son somme ne fut long, car tost apres il s'esueilla en sursault, & commença à faire le plus grand dueil du monde, regretant puis le Roy Perion son pere, puis Mabile, & aultres. Ce pendant nous estions cachez Gandalin & moy, craignants sa fureur: au moyen dequoy sans empeschement de nous, il passa la plus part de la nuict en telles lamentatiõs, iusques sur le poinct du iour, qu'il suruint vn cheualier, chantant vne chãçon qu'il auoit faite pour l'amour de vous. Laquelle Durin luy recita: aussi ce que depuis il aduint au Patin: qui serra tant le cœur d'Oriane, qu'elle demeura esuanouye, tenant toute contenance de personne morte. Ce que craignant Durin, appella la princesse Mabile, & la damoyselle de Dannemarc,

marc, ausquelles il dit: Allez secourir ma dame, qui édure beaucoup pour chose ou il est trop tard de pouruecoir: & si elle a failly, la peine luy est iustement deue. Lors se retira, laissant ses femmes bien esbahyes: car elles ignoroient la cause de cest incõuenient, & ne sçauoiét quel remede y trouuer. Toutesfoys ilz la traicterent en sorte, qu'elle reuint de pasmoyson: & iectant vn souspir, dit d'vne voix foyble & lente: Ah malheureuse que ie suys, quant à si grand tort, i'ay fait mourir la personne que plus i'ay moye en ce monde! Et puis qu'il est hors de ma puissance, reuocquer le mal dont ie suys cause, ie vous supplie (Amy) prendre ma repentance en satisfaction du mal que ie vous ay pourchassé, auecq' le sacrifice, que ie feray de ma propre vie, pour vous suyure à la mort: & par ainsi l'ingratitude que i'ay commise contre vostre loyaulté, sera manifestée, vous vengé, & moy punye. Et comme elle cuydoit parler d'aduantaige, la parole luy faillit derechef: dont Mabile & la damoyselle de Dannemarc furent plus esbahyes que deuant, & appellerent Durin pour sçauoir quelles fascheuses nouuelles il auoit apportées à Oriane, lequel sommairement les leur declaira. Or m'en laissez dõcq' faire, dit Mabile, car i'y sçauray bien pouruecoir. Lors la delasserent, & firent tãt que le cœur luy reuint: puis Mabile luy demanda, cõme elle se trouuoit. M'amye, respondit elle, trop mieulx que ie ne vouldrois. Que pleust à Dieu que ie fusse morte! car aussi bien ne fais-ie plus que languir. Pourquoy ma dame? dit Mabile: pẽsez-vous mõ cousin si peu constant, qu'il n'excuse bien l'iniure que vous luy auez faite, sçachant que forte amour plustost que nul aultre chose vous y a cõtrainte? Et s'il s'en est allé, comme Durin vous a dit, c'est pour passer partie de sa melancolie, attendant que son innocẽce vous soit cogneue: mais ie suis certaine, s'il vous plaist le r'appeller, qu'il est autãt prest de vous obeyr, qu'il feust oncques. Et voicy que vous ferez: priez le par vne letre qu'il ne preigne garde à ce que vous luy auez mandé par Durin, & que vous le feistes aussi promptement, cõme legieremẽt vous creustes le faulx rapport, qu'on vous a fait de luy: & pourtãt qu'il vienne vers vous à Mirefleur, ou vous l'attendrez pour amender vostre faulte à sa discretion. Ah ma cousine, respondit Oriane, estimez-vous que iamais il me daigne regarder, ne faire vn pas pour moy? Mais estimez-vous, dit Mabile, que l'amour qu'il vous porte soit de si peu de merite enuers vous, qu'il n'ait encores plus d'ayse d'auoir recouuert vostre bonne grace, qu'il n'a eu de desplaisir en s'absentant de vous, par vostre commandement? ie m'asseure bien que pour mourir il ne vous vouldroit desplaire. Et pour biẽ faire, il fault que la damoyselle de Dãnemarc entrepreigne la charge de le trouuer, pource qu'il la cognoist, & se fie grãdemẽt à elle. Et bien, respõdit Oriane, Dieu par sa grace la vueille bien conduire, & r'amener. Adoncq' print ancre & papyer, & suyuãt leur deliberation, escripuit à Amadis: puis fut la letre baillée à la damoyselle de Dannemarc, auecq' expres commandement de passer premier en Escosse,

 estimant

estimant qu'il s'y seroit retiré auecq' Gandales, plustost qu'en nul aultre lieu. Et pour mieulx faindre leur entreprinse, aduiserẽt, que la damoyselle feroit entendre à la Royne, que Mabile l'enuoyoit vers la Royne d'Escosse sa mere, pour sçauoir nouuelles d'elle : ce que la Royne eut aggreable, & luy bailla letre, & dons pour luy presenter. Ainsi fut despechée la damoyselle, laquelle s'en partit auecq' Durin son frere, & Enil cousin de Gandales. Et tant cheminerent, qu'ilz vindrent en vn port appellé Vegil, lequel separe la grand' Bretaigne du Royaulme d'Escosse. Là s'embarquerent, & eurent vent si à poinct, que le sixiesme iour ensuyuant ilz descendirent en la ville de Poligez. Puis prindrent leur chemin vers le cheualier Gãdales, lequel ilz trouuerent ainsi qu'il s'en alloit à la chasse: mais quand il veid la damoyselle de Dannemarc (cognoissant qu'elle estoit estrangere) il l'arresta, luy demandant qu'elle cherchoit en ses pays. Vousmesmes, respondit elle, vers qui deux princesses, voz amyes, m'ont commandé de m'adresser, pour presenter de par elles aulcuns presents que ie porte à la Royne d'Escosse. Ma damoyselle, dit il, vous plairoit il me dire leurs noms? Volũtiers, respondit elle. L'vne est ma dame Oriane, fille du puissant Roy Lisuart: & l'aultre la princesse Mabile, que bien vous cognoissez. Ah, dit Gandales, vous soyez la plus que tresbien arriuée : par ma foy elles ont raison de me tenir leur treshumble seruiteur, car aussi le suys-ie : & vous prie tant qu'il m'est possible, me faire cest honneur de venir descendre chez moy, puis demain nous yrons ensemble trouuer la Royne: & ce pendant faites moy ce bien de me dire, comme se porte Amadis. La damoyselle fut lors bien estonnée, voyant qu'elle auoit failly à son entreprinse: toutesfoys le dissimulant, respondit à Gandales, Qu'il n'estoit retourné en la court depuis le partement qu'il en auoit fait, pour aller venger Briolanie : & pense-on qu'il soit venu pardeçà auecq' son cousin Agraies, veoir la Royne d'Escosse sa tante & vous aussi : à ceste cause la Royne & aultres dames ses parentes & grandes amyes m'ont donné charge luy bailler vne letre qu'il aura aggreable comme ie suys seure. Et disoit tel propos la damoyselle: pource qu'elle sçauoit certainement, que si Amadis s'eust voulu celer (ayant entendu qu'elle luy portoit nouuelles d'Oriane) il eust changé d'opinion pour parler à elle. Pleust à Dieu, dit Gandales, qu'il y feust : car il y a long temps que i'ay bonne enuie de le veoir. Ainsi deuisants arriuerent au chasteau de Gandales, ou il festoya la damoyselle troys iours durãt: & le quatreiesme ensuyuant il la conduict à la court, ou elle presenta à la Royne d'Escosse les letres, & presents que la Royne Brisena luy enuoyoit.

Comme

Comme don Guilan le penſif, porta en la court du Roy Liſuart, l'eſcu, & les armes d'Amadis, qu'il auoit trouuées à la fontaine du plain champ, ſans aulcune garde.

Chapitre VIII.

APRES que don Guilan le Penſif, fut party de la fontaine ou il trouua les armes d'Amadis, chemina ſix iours entiers, premier que d'arriuer à la court du Roy Liſuart. Et portoit ordinairement l'eſcu d'Amadis en ſon col, ſans ce qu'il l'en oſtaſt, ſinon quand il eſtoit contrainct de combatre: lors il prenoit le ſien, craignant offenſer l'aultre. Et ainſi qu'il cheminoit, rencontra deux Cheualiers, couſins d'Arcalaus, leſquelz cogneurent incontinent l'eſcu d'Amadis: & penſoient, de Guilan, que ce feuſt il. Parquoy eulx (qui luy vouloient mal de mort) ſe delibererent l'aſſaillir, & diſoient l'vn à l'aultre: A ce coup porterons-nous la teſte de ce paillard à noſtre oncle Arcalaus. Ceſte parole diſrent ilz ſi hault, que Guilan l'entendit, dont la cholere luy monta ſi fort au viſaige, qu'il leur reſpondit: Par dieu paillardz, vous comptez ſans voſtre hoſte: car oncques trahiſtre ne m'eſpouenta, non ferez pas vous, puis que ie vous cognois parents d'Arcalaus, & auſſi meſchants que luy. Lors baiſſa la veuë, & couchant ſon boys, donna au trauers d'eulx. Or eſtoient ilz ieunes, & roydes: parquoy ſe defendirent hardiment, toutesfoys à la fin ne peurent reſiſter contre celluy, qui les auoit chargez. Lequel, apres auoir longuement combatu, donna de l'eſpée dans la gorge du plus ancien, & l'aultre ſe meit à fuyr contremont la montaigne, ſans eſtre longuement pourſuyuy par Guilan: car il eſtoit quelque peu naûré, qui fut cauſe de luy faire accourſir ſa chaſſe pour reprendre ſon chemin, le long duquel il chemina tant qu'il arriue chez vn Cheualier de ſa cognoiſſance, ou il ſe logea, pource qu'il eſtoit ia bien tard. Puis le lendemain (ainſi qu'il vouloit deſloger du logis) ſon hoſte, son hoste, le voyant sans lance, luy en feit present d'vne, & au partir de là chemina tant qu'il vint pres d'vn fleuue nommé Guynon, sur lequel estoit assis vn pont large seulement pour passer deux cheuaulx de front. Et s'approchant plus pres, aduisa vn cheualier entrer, lequel portoit vn escu verd à vne bende d'argent. Lors cogneut que c'estoit son cousin Ladasin, & d'aultre part veid vn aultre cheualier prest à combatre, qui defendoit à Ladasin de ne passer oultre, s'il ne vouloit rompre vne lance contre luy: mais Ladasin luy respondit, Qu'il ne s'arresteroit pour si peu de chose, & de faict se couurant de son escu, donna des esperons au cheual. Autant en feit celluy, qui gardoit le passage, lequel estoit monté sur vn grand destrier bay: & portoit vn escu d'argent à vn Lyon de sable, & son heaulme tout noir. Leur rencontre fut si grande, que Ladasin tomba dans l'eaue, ou sans doubte il se feust noyé (tant pour la pesanteur des armes, que pour le hault lieu, dont il estoit cheu) sans aulcuns saulx, ou il se harpa: par le moyen desquelz il aborda à la riue de l'eaue. Ce pendant, celluy qui l'auoit abbatu, retourna à petit pas dont il estoit party. Adoncq' Guilan, veoyant son cousin en tel danger, courut diligemment le secourir, & le feit tirer à bort par ses Escuyers. Puis luy dit: Par dieu cousin, sans ces rames, vous estiez en danger: & par ainsi tous Cheualiers estranges deüroient bien doubter les ioustes de telz pontz: car ceulx qui les gardent y ont leurs cheuaulx faictz & adextrez de longue main, auecq' lesquelz (plus que par leur prouesse) ilz acquierent l'honneur & reputation contre de trop meilleurs Cheualiers qu'ilz ne sont. Et quant à moy, ie tournoyerois auant vn iour entier, que de me mettre en tel hazart, n'estoit pour vous venger si ie puis. Or n'auoit le cheual de Ladasin suyuy son maistre: ains estoit passé de l'aultre part de la riuiere, & le tenoient les Escuyers du Cheualier du pont, qui le menerent dans vne tour plaisante, & forte, assise au meilleu de l'eaue. Parquoy Guilan print son escu, & couchant sa lance, cria au Cheualier du pont, Qu'il se gardast de luy. Lequel vint encontre, se donnants grandz coups de lance: toutesfoys il print si bien à Guilan, qu'il renuersa dans la riuiere homme & cheual ensemble: & luymesmes y feust tombé (car il feut desarçonné comme l'aultre) mais en cheant, son cheual alla d'vn costé, & luy, rencontra quelques posteaulx qui l'arresterent: par l'ayde desquelz il remonta sur le pont, & veid le Cheualier qui auoit trouué moyen de se prendre à la queuë de son cheual: par le moyen duquel tost apres il paruint à bort, & l'aultre cheual vint arriuer vers les Escuyers de Ladasin, qui le prindrent. Ainsi maulgré les deux Cheualiers, ilz feirent eschange de cheuaulx: & à ceste cause Guilan manda au Cheualier, Que s'il vouloit rendre son cheual, & celluy de son compaignon, qu'ilz luy renuoyeroient celluy, que leurs Escuyers a-

uoient

uoient prins, & qu'ilz s'en yroient. Comment? respondit le cheualier à celluy, qui luy porta la parole, pensent-ilz eschapper ainsi legerement d'entre mes mains? Oy bien, dit l'aultre: car ilz ont fait au passaige tout ce que la coustume requiert. Non pas encores, respondit le cheualier, puis que sommes tombez tous deux: ains fault qu'ilz gaignent le pont par l'espée, s'ilz veulent passer. Voulez-vous doncq', dit l'aultre, les faire combatre par force? il me semble qu'il vous doibt assez suffire, de l'ennuy que vous leur auez fait, veu que tous pontz doibuent estre communs pour les passants. Il ne m'en chault, respondit le cheualier, va leur dire qu'il leur fault sentir (par amour ou par force) comme mon espée trenche. Adoncq' remonta à cheual, sans mettre le pied à l'estrier: puis s'approchant de Guilan, luy dit d'vne grand' audace: Cheualier, vous auez longuement fait parler vostre embassadeur: mais deuant que vous m'eschappiez, il vous est force de me dire si vous estes des vassaulx d'vn Roy Lisuart, ou de sa maison. Pourquoy? respondit Guilan. Pleust à Dieu, dit l'aultre, que ie le tinsse maintenant en vostre lieu! car par ma teste, il ne regneroit iour de sa vie. Quand Guilan l'entendit, il feut si marry que rien plus, & luy respondit: En bonne foy, si le Roy Lisuart mon seigneur, estoit en ma place, ie suys seur qu'aysément il vous feroit recognoistre ceste grande presumption: & puis qu'il est absent, & que ie sçay le mal que vous luy voulez, i'ay plus grand' enuie de combatre que ie n'euz oncques contre aultre cheualier. Et si ie puis (comme son subiect & cheualier de sa maison) ie feray que tant bon prince sera exempt desormais du desplaisir que luy pourchassez. Ie ne croy pas cela, dit l'aultre: car deuant qu'il soit myiour, ie vous mettray en tel estat, que luy porterez de mes nouuelles. Toutesfoys auant que vous recepuiez le traictement que meritez, ie veulx que vous sçachiez, qui ie suys, & les presents que ie luy enuoyeray par vous. Trop estoit Guilan desplaisant des propos du cheualier, & n'eust tant differé le combat n'eust esté qu'il promettoit de luy dire son nom: parquoy il se modera vn peu pour escouter ce qu'il luy diroit. Or sçachez, dit le cheualier, que ie suys Gandalod filz de Bersinan, iadis seigneur de Sansuegue: lequel le Roy Lisuart feit mourir meschamment, en la ville de Londres. Les presents que ie luy enuoyeray par vous, seront les testes des quatre cheualiers de sa maison que ie tiens prisonniers: dont l'vn d'eulx est Giontes son nepueu, & vostre main dextre aussi, laquelle ie pendray à vostre col apres vous l'auoir couppée & separée du bras. Par dieu trahistre, respondit Guilan, si tu sçays autant faire que tu te vantes, ce sera beaucoup: mais ie croy que tu mentiras. Ce disant vint ruer sur luy. Lors commença entre eulx deux vn combat aspre, & cruel: car sans prendre allaine ilz se pressoient tant l'vn l'aultre, que Ladasin &

les Escuyers

les Escuyers, qui estoient presents ne pensoient que l'vn des deux peust eschapper la mort. Et neantmoins ilz se maintenoient si bien que l'on n'eust peu iuger qui auoit le meilleur: car ilz estoient promptz cheualiers, hardiz, & vsitez aux armes, telement qu'ilz se sçauoient tant bien garder, que peu de coups les endommageoient iusques à la chair vifue. Et ainsi qu'ilz estoient au fort de leur combat, ilz entendirent sonner vn cor du hault de la tour, dequoy Guilan s'esbahit, pensant que ce feust quelque nouuueau secours à son ennemy: & d'aultre part Gandalod se va souspeçonner de quelque reuolte de captifz, qu'il tenoit en ses prisons. Et à ceste cause chascun d'eulx feit plus d'effort que deuant, de vaincre son compaignon, auant que le secours suruint: & de faict Gandalod vint se lancer sur Guilan, cuydant le desarçonner: mais Guilan le serra si fort qu'ilz tomberent tous deux à terre, roullant l'vn sur l'aultre, sans toutesfoys que les espées leur sortissent des poings, & print si bien à Guilan, qu'il gaigna le dessus. Au moyen dequoy, auant que l'aultre se peust leuer, il luy donna cinq ou six grandz coups d'espée, qui l'estonnerent de sorte, que de là en auant il commença à affoyblir. Neantmoins estant sur bout il se defendoit, & assailloit encores vertueusement, donnant bien à cognoistre le peu de bien qu'il vouloit à son ennemy: lequel le pressa tant, que force luy fut de reculler & tourner le doz: à ceste cause Guilan, qui le voyoit à descouuert, luy donna si grand coup d'espée sur le bras, qu'il le luy separa des costez. Lors de grand' douleur qu'il eut, iecta vn hault cry, fuyant vers sa tour: mais Guilan le deuança, & l'empoignant par le heaulme, le tira si rudement, qu'il le luy arracha de la teste. Puis luy mettant l'espée en la gorge, luy dit: Par dieu, ce sera vous qui yra vers le Roy Lisuart, luy presenter aultres testes, que celles que luy auiez dediées: & si ne me voulez obeyr, la vostre me fera la raison. Helas, respondit Gandalod, i'ayme trop mieulx me rendre à la misericorde d'vn Roy, que de mourir presentement! Lors bailla sa foy à Guilan: puis remonterent à cheual, & Ladasin auecq' eulx. A l'instant ilz entendirent vne grande reuolte dans la tour, & veirent fuyr l'vn des gardes, qu'ilz arresterent pour sçauoir que c'estoit: lequel leur dit, Que les prisonniers auoient trouué moyen d'eulx deslier, & de sortir de la fosse ou l'on les tenoit: puis s'estoient armez, & auoient desia occis la plus part de ses compaignons. Et ainsi qu'il acheuoit son propos, ilz aduiserent aulcuns de ceulx dont il parloit, sur le portail de la tour: & troys ou quatre aultres qui poursuyuoient vn cheualier, & sept halebardiers, lesquelz fuyoient vers vn boys assez prochain. Et quand ceulx qui auoient gaigné la liberté apperceurent Guilan & Ladasin, ilz leur crierent, que pour Dieu ilz meissent à mort les trahistres qui leur estoient eschappez. Parquoy Guilan & son cousin coururent au deuant, & en tuerent quatre: les aultres se sauluerent

uerent de legereté, fors le Cheualier qui fut prins. Lors vindrent les prisonniers saluer Guilan, lesquelz il recogneut tous: & apres quelques propos qu'ilz eurent ensemble, Guilan leur dit: Mes seigneurs, ie ne puis longuement demeurer auecq' vous: car ie suis contrainct d'aller (sans seiourner) trouuer le Roy Lisuart: mais mon cousin Ladasin vous fera compaignie, attendant que vous soyez refraischiz, & apres ie vous prie venir à la court, & amenez quant & vous ces deux Cheualiers que ie vous baille en garde, tant que le Roy Lisuart en ayt ordonné ainsi qu'il luy plaira: & que l'vn de vous demeure pour garder ceste place, iusques à ce que i'en aye pourueu. Ce qu'ilz luy promisrent faire: parquoy les commandant à Dieu, tira l'escu de son col, & le bailla à ses Escuyers, & en prenant celluy d'Amadis (comme il auoit de coustume) les larmes luy vindrent aux yeulx. Dequoy les aultres trop esbahiz, luy demanderent, qui le mouuoit d'ainsi oster l'escu de son col, pour y en mettre vn aultre auecq' tant de regret. Ah, respondit il, cest escu est au meilleur Cheualier du monde! Puis leur recita la maniere comme il l'auoit trouué auecq' les aultres armes d'Amadis, lequel il auoit cherché depuis par toute la contrée sans en auoir nouuelles: dont chascun d'eulx fut tresdesplaisant, doubtant qu'il luy feust suruenu quelque grande infortune. Lors Guilan suyuit son chemin, & feit tant par ses iournées, qu'il arriua (sans aulcun destourbier) en la court du Roy Lisuart: ou l'on sçauoit desia que Amadis auoit mis à fin toutes les aduentures de l'Isle Ferme, & gaigné la seigneurie d'icelle: semblablement comme il s'en estoit party secretement auecq' vne grande tristesse: neantmoins ilz ignoroient tous la cause, sinon ceulx & celles que vous auez peu entendre. Ainsi entra Guilan en la salle, ou le Roy estoit, portant en son col l'escu d'Amadis, qui feut aussi tost recogneu de tous les assistants: parquoy ilz s'approcherent pour entendre ce, que Guilan diroit: mais le Roy le preuint, luy demandant quelles nouuelles il auoit d'Amadis. Sire, respondit Guilan, ie n'en sçay nulles: toutesfoys, s'il vous plaist, ie vous reciteray deuant la Royne, comment i'ay trouué ses armes, & son escu que voicy. Vrayement, dit le Roy, i'en suis trescontent: car puis qu'il estoit son Cheualier, c'est raison qu'elle sçache premier qu'il est deuenu. Ce disant, print Guilan par la main, & le mena ou estoit la Royne. Adoncq' Guilan, ayant les genoulx à terre, luy dit en pleurant: Ma dame, ie trouuay ces iours passez, toutes les armes d'Amadis, auecq' cest escu habandonné pres d'vne fontaine, que l'on nomme, La fontaine de plain champ: dont ie feuz si desplaisant, que des l'heure mesmes i'attachay l'escu à vn arbre, le laissant en la garde de deux damoyselles qui estoient en ma compaignie, tandis que ie feuz par toute la contrée pour m'enquerir qu'il estoit deuenu. Mais ie n'ay peu estre si fortuné de le trouuer, ne d'en auoir nouuelles: parquoy sçachant le merite de tant bon Cheualier, qui n'eut oncques desir que de s'employer à vous faire seruice, ie deliberay puis que ne le vous pouuions amener, de vous apporter (pour tesmoignaige de l'obligation que i'ay à vous, & à luy) ses armes: lesquelles vous commanderez (s'il vous plaist) mettre en lieu eminent, ou chascun les pourra veoir, tant pour auoir nouuelles de luy par les estrangers, qui ordinairement arriuent en ceste court, que pour augmenter la vertu de tous ceulx qui suyuent les armes, prenants exemple sur celluy à qui elles furent: lequel par sa haulte Cheualerie, a acquis le premier lieu entre tous ceulx, qui oncques porterent cuyrasse en dos. Quand la Royne entendit telz propos d'Amadis, oncques dame ne feut plus dolente. Et respondit à Guilan: C'est dommaige de la perte de si bon Cheualier: car ie suis seure que maintz sont auiourd'huy viuants, qui y perdent beaucoup: & vous sçay tresbon gré de ce, que vous auez fait pour luy, & pour moy ensemble: vous asseurant, que ceulx qui se vouldront mettre en queste pour le trouuer, me donneront occasion (& à toutes aultres dames) de leur vouloir bien pour l'amour de celluy, qui tant estoit à leur commandement. Mais si la Royne eut du desplaisir pour ces nouuelles, le Roy & ceulx de sa compaignie n'en eurent guieres moins: toutesfoys ce ne fut rien au pris d'Oriane. Car si au parauant elle eut des angoysses pour la grand' faulte qu'elle auoit faite, à l'heure elles luy redoublerent auecq' vne melancolie si grande, qu'il luy feut impossible de plus demourer là: ains se retira en sa chambre. Et se iectant sur son lict, se print à crier: Ah malheureuse que ie suis! ie puis bien maintenant dire, que toute la fecilité que i'euz oncques, est vn vray fantosme, & mon torment est vne pure verité, veu que si i'ay quelque contentement, est seulement par les songes qui me solicitent la nuict: car en veillant toute austerité afflige mon pauure esprit, de sorte que d'autant que le iour m'est grief martyre, l'obscurité seule m'est plaisir & soulas, pource qu'en dormant ie me voy souuent deuant mon amy: mais le resueil qui me priue de tant d'aise, me fait par trop sentir vostre absence. Ah mes yeulx, non plus yeulx, mais ruysseaulx de larmes & de pleurs, vous estes bien abusez, puis qu'estans clos, vous voyez celluy seul qui vous contente: & descouuertz, tous les ennuys du monde vous viennent offusquer! Au fort, la mort que ie sents prochaine, me deliurera de ceste anxieté: & vous, amy, serez vengé de la plus ingrate qui oncques nasquit. Lors comme furieuse se leua, deliberée de se precipiter du hault des fenestres à bas: mais Mabile, qui l'auoit suyuie, preuoyant tel inconuenient, l'arresta, luy representant l'infamie qu'elle acquerroit, si seulement on sçauoit qu'elle eut eu ce vouloir: & d'auantaige l'asseuroit du brief retour d'Amadis, luy disant: Comment ma dame? ou est la cõstance d'vne fille de Roy, & ceste prudence dõt vous estes tant renommée? Auez-vous desia oublié le mal, qui vous cuyda aduenir par les faulses nouuelles, que Arcalaus apporta à la court

l'année

l'année passée? Et maintenant que Guilan a trouué les armes de mon cousin, est il dit pourtant qu'il soit mort? croyez moy que vous le reuerrez en brief, & qu'il s'en viendra vers vous, aussi tost qu'il aura veu voz lettres. Ce conseil fut tant auctorisé de raisons persuasiues, qu'Oriane appaisa partie de son tourment: & toutesfoys ces nouuelles luy trauailloient tant l'esprit que sans la prudence de Mabile (qui la remettoit souuent) il en feust venu inconuenient merueilleux: mais à la fin elle la sceut si bien auoir, qu'elle se resolut sur ce, que la damoyselle de Dannemarc r'apporteroit. Et ainsi qu'elles estoient en ces termes, on leur vint dire que les cheualiers & damoyselles que Guilan auoit deliurez de prison, estoient arriuez: parquoy Mabile pour tousiours distraire Oriane de sa fantaisie, feit tant qu'elle la mena ou estoit la Royne, à laquelle les deux damoyselles (qui auoiēt gardé l'escu d'Amadis) reciterent le dueil qu'ilz auoiēt veu faire à vn escuyer, quant il cogneut les armes & l'escu, que Guilan trouua sur le bort de la fontaine du plain champ. Or estoit le Roy present, à qui les larmes vindrent aux yeulx, pensant certainement qu'Amadis feust mort. Lors vont entrer Ladasin & ses compaignons, qui amenoient Gandalod prisonnier auecq' l'aultre cheualier: lesquelz ilz presenterent au Roy de par Guilan, luy declairant comme le combat auoit esté faict, & les propos que Gandalod auoit tenuz à Guilan: & aussi comme durāt leur meslée les cheualiers, qui estoient aux basses fosses de sa tour, auoient trouué moyen d'eulx deliurer. Est il vray? dit il à Gandalod, ie feis n'a pas long temps brusler ton pere en ceste ville pour sa grand' trahyson, & tu y seras pendu auecq' ton compaignon, pource que tu auois machiné ma mort. Lors commanda qu'à l'instant l'on les allast attacher aux carneaulx de la ville, vis à vis du lieu ou Bersinan auoit esté bruslé, ainsi qu'il vous a esté recité.

Comme estant le beau Tenebreux en la Roche pauure auecq' l'hermite, y arriua vne nef, en laquelle estoit Corisande, cherchant son amy Florestan: & de ce qu'il leur aduint.

Chapitre IX.

VN iour estant le beau Tenebreux assis pres de l'hermite, ioignant la porte de leur petite maisonnette, le preudhomme luy dit: Ie vous prie mon filz, me declairer le songe que vous feistes, quand vous vous esueillastes en sursault dormant au pres de moy, sur la fontaine du plain champ. Certes mon pere, respondit il, cella vous cela vous diray-ie bien, & vous supplie bien humblement, par apres, me faire entendre, soit à bien, ou à mal ce, que vous en penserez. Apres luy recita le songe ainsi que vous auez entendu : excepté qu'il luy teut le nom des damoyselles. Lors l'hermite demoura long temps pensif, puis en regardant le beau Tenebreux se print à soubzrire, & luy dit : Beau Tenebreux, mon enfant, ie vous sçay bon gré de ce que vous m'auez recité, & vous asseure que vous auez plus d'occasion desormais de vous resiouyr, que vous n'eustes oncques: mais ie veulx que vous entendiez comme ie le sçay. La chambre obscure en laquelle vous vous trouuastes sans en pouoir sortir, signifie ceste grande tribulation ou vous estes maintenant. Les damoyselles qui depuis vous ouurirent la porte, sont aulcunes de voz amyes, qui parlent continuellement de vostre affaire à celle, que si fort vous aymez, enuers laquelle elles moyenneront tant qu'elles vous tireront de ce lieu. Le rayon du Soleil, qui là procedoit, sont letres qu'elle vous enuoye de recôciliation: au moyen dequoy vous me laisserez. Le feu qui enuironnoit ceste dame, demôstre la grand' amour, & ensemble la tristesse qu'elle a pour vostre absence, ainsi que vous auez pour elle. Et par le beau iardin ou vous l'emportastes, la tirant de la flamme, se doibt entendre le plaisir grand que vous aurez tous deux vous entreuoyants. Certes mon enfant, ie sçay, que veu l'habit & l'estat ou nostre seigneur m'a appellé, il me siet tresmal de tenir telz propos : toutesfoys ie pense que ce soit le seruice de Dieu, & que ie ne puis faire mal en conseillant vne personne tant desolée, comme vous estes. Lors le beau Tenebreux se iecta à terre pour luy baiser les piedz, remerciant Dieu de l'auoir appellé en la compaignie de tant saincte personne, qui le sçauoit si bien consoler en son aduersité: le supplyant affectueusement de permettre que ce que luy auoit dit le preudhomme sortist entier effect. Et dit à l'hermite : Mon pere, puis qu'il vous a pleu me faire tant de bien, que de m'exposer ce songe, ie vous prie me dire encores la signifiance d'vn que i'ay songé la nuict precedente que ie partis de l'Isle Ferme. Lors le luy recita de mot à mot. Adoncq' le preudhomme luy respondit: Mon enfant, par cela vous pouez veoir clairement ce, que desia vous est aduenu: car ie vous asseure que le lieu couuert d'arbres ou vous vous trouuastes, & le grand nombre des gents, qui au commencement faisoient si grand' ioye au tour de vous, signifie l'Isle Ferme que vous auez conquise au grand plaisir de tous les habitants d'icelle. Puis l'homme qui vint à vous auecq' la boite pleine d'amertume, est le messaiger de la dame qui vous bailla la letre : & vousmesmes sçauez mieulx que nul aultre, s'il vous donna amertume, ou non par les propos qu'il vous tint. La tristesse que vous veistes apres, aux personnes qui parauant estoient si ioyeux, sont ceulx de l'Isle: lesquelz de present ont grand desplaisir pour vostre absence. Les vestements que vous iectastes, sont les armes que vous auez laissées. Le lieu pierreux, ou vous entrastes enuironné d'eaue : ceste montaigne vous tesmoigne, que c'est. L'homme de religion qui parloit à vous en langaige que vous ne pouiez entendre: ce suis-ie, qui vous enseigne les parolles diuines, lesquelles vous n'entendez, & ne pouez comprendre. Mon pere, respondit le beau Tenebreux, ie sçay certainement que vous dites vray, qui me donne grand' esperance à ce que vous m'auez manifesté de l'aultre: mais le continuel ennuy & melancolie en quoy ie viz, a desia tellement gaigné sur moy, que ie croy que si le bien que vous me promettez, ne se haste, que la mort l'en preuiendra. Toutesfoys l'hermite le sceut si bien remettre, que de là en auãt il feit quelque peu meilleure chere qu'il n'auoit fait: & commença pour diuertir sa tristesse, à pescher quelque foys à la ligne, auecq' deux nepueux du preudhomme, qui luy tenoiẽt compaignie. Neantmoins la plus part du temps il se retiroit en vn lieu à l'escart, ioignant la riue de la mer, lequel estoit vmbragé de maintes sortes d'arbres: & là souuẽt iectoit sa veuë sur la terre ferme, qui luy ramẽteuoit les faueurs ausquelles aultresfoys fortune l'auoit appellé, & le tort que luy faisoit Oriane, ne l'ayant oncques offensée. Las disoit il, auoys-ie merité le traictemẽt d'estre banny sans auoir iamais pensé à meffaire? Certes, amye, si ma mort vous estoit aggreable, vous auez assez d'aultres moyens pour me la donner plus prompte, sans me vouloir ainsi faire viure en langueur! Le seul refus de vostre bonne grace, du premier iour que vous m'acceptastes pour vostre Cheualier, eust esté suffisant pour deslors me faire mourir de mille morts. Assez d'aultres regretz faisoit chascun iour le beau Tenebreux en ce lieu escarté, auquel il prenoit si grand plaisir, que bien souuent il y passoit le iour & la nuict: tant qu'vne foys, se trouuant plus libre d'esprit qu'il n'auoit de long temps esté, feit ceste chançon ensuyuant.

Chançon.

Puis qu'à grand tort la victoire
Meritée on me denye,
Alors que fine la gloire,
Gloire est de finir la vie.

Et aussi par mesme mort
Meurent mes plus grands malheurs,
Mon espoir & mon confort,
Amour mesmes & ses chaleurs.

Mais

Mais tousiours auray memoyre
De perpetuel esmoy:
Car pour fin mettre à ma gloire,
On meurtrist ma gloire & moy.

Insi passoit le temps le beau Tenebreux, attendant que mort, ou meilleure fortune le meissent hors de la misere en laquelle il viuoit. Mais il luy aduint, qu'vne nuict estant couché soubz les arbres (comme il auoit de coustume) enuiron le poinct du iour, il entendit assez pres de luy le son d'vn instrument tresmelodieux, lequel il print tant à plaisir, qu'il l'escouta longuement: esmerueillé, neantmoins, dont il pouoit proceder, cognoissant le lieu si desert, qu'il n'y auoit aultres personnes habitantz que l'hermite, ses deux nepueux & luy: parquoy il se leua, & sans faire bruict s'approcha plus pres, pour veoir que ce pouoit estre. Lors apperceut deux damoyselles ioignant vne fontaine, lesquelles (auecq' le Luc) disoient vne chançon fort plaisante: neantmoins de paour de nuyre à leur plaisir, se tint long temps quoy, sans estre apperceu. Puis se monstra à elles, leur disant: Certes, mes damoyselles, vostre musique m'a fait perdre ce iourd'huy matines, dont ie suis desplaisant. Quand ces femmes l'entendirent parler (sans l'auoir iusques adoncq' aduisé) elles furent trop effrayées. Toutesfoys l'vne plus asseurée que sa compaigne, luy respondit: Mon amy, nous ne pensions vous faire ennuy en nous esbatants ainsi: mais puis que nous vous trouuons si à propos, dites nous (s'il vous plaist) qui vous estes, & comme se nomme ce lieu tant inhabitable. En verité, mes damoyselles, dit le beau Tenebreux, il s'appelle, La Roche paure: en laquelle vit vn hermite là hault, en son petit hermitaige. Quant à moy, ie suis vn pauure homme qui se tient auecq' luy, faisant grande & dure pœnitence pour les maulx & pechez que i'ay faictz. Mon amy, respondirent elles, pourrions-nous trouuer en ce lieu (pour deux ou trois iours seulement) quelque maison à mettre en repos, vne dame riche & puissante, si mal traictée d'amour qu'elle en est presque au mourir? Certes, dit il, il n'y a aultre logis en ceste Roche, que la chambrette ou se retire l'hermite, & vn aultre petit repaire, ou ie dors quelque foys: mais si l'hermite le vous veult prester, ie suis content (pour vous faire plaisir) de coucher ce pendant aux champs comme ie fais communement. Les damoyselles le remercierent affectueusement, & luy donnant le bon iour, se retirerent vers vn pauillon: dedans lequel, le beau Tenebreux aduisa vne tresbelle dame couchée. Lors cogneut que c'estoit celle, dont l'on luy auoit parlé. Puis regardant plus oultre, veid quatre hommes armez, qui se promenoient sur la riue de la mer, faisant le guet pendant que cinq aultres reposoient, & vne nef anchrée, qui luy sembla en bon equipaige. Desia estoit le Soleil paroissant, quand il ouyt sonner la clochette de l'hermitaige, qui le feit retirer à mõt. Et trouua que l'hermite se vouloit vestir pour celebrer la messe: auquel il dit, qu'il y auoit gents nouuellement arriuez en la Roche, & que si c'estoit son bon plaisir, il les yroit voluntiers appeller pour ouyr le seruice diuin. Allez doncques, respondit l'hermite, & ie les attendray. Mais ainsi qu'il descendoit de la Roche, il trouua la dame que les Cheualiers apportoient en l'hermitaige: parquoy il retourna pour ayder à reuestir l'hermite, lequel voyant la dame arriuée, commença la messe. Lors le beau Tenebreux estant entre ces femmes, se va souuenir du temps qu'il estoit en la court du Roy Lisuart, & du plaisir qu'il souloit auoir auecq' la princesse Oriane: & se meit si fort à pleurer, que les damoyselles l'apperceurent, & s'en esbahyrent. Toutesfoys elles pensoient que ce feust pour la contrition de ses pechez, & le voyant ieune, beau, & de belle taille, ne sçauoient que presumer iusques à tant que l'hermite feust deuestu, qu'elles le vindrent saluer: le priant, pour Dieu, qu'il prestast quelque chambrette à leur maistresse, trauaillée de la mer, & de la maladie extreme, pour la faire reposer vn iour ou deux. En verité mes dames, respondit il, il n'y a ceans que deux petites cellules, en l'vne ie me tiẽs (& si ie puis de ma vie femme n'y entrera) & en l'aultre, ce pauure homme (qui fait tant de pœnitence) s'y retire quelque foys pour dormir, & serois trop desplaisant si l'on l'en chassoit oultre son gré. Pere, dit le beau Tenebreux, ne differez pas pour cela à leur faire plaisir. car ie suis trescontent, pour ceste heure, n'auoir aultre logis que soubz les arbres. Et bien, dit l'hermite, de par Dieu soit. Adoncq' le beau Tenebreux les cõduict en sa cabane, ou les damoyselles feirent dresser vn riche lict, pour leur maistresse, laquelle y fut tost apres amenée. Et pource que l'on auoit dit au beau Tenebreux que son mal procedoit de trop aymer, il print plus garde aux gestes d'elle qu'aux aultres: & apperceut que sans cesse elle auoit la larme à l'œil, & le souspir à commandement: parquoy il feit tant qu'il tira à part les deux damoyselles, qu'il auoit trouuées le matin iouants du Luc, lesquelles il pria affectueusemẽt qu'elles luy declarassent l'occasion de tant de mal, que portoit leur maistresse. Mon amy, respondirent elles, si vous la regardez bien, vous la trouuerez parfaictement belle, combien que desia son mal luy ayt amoindry grande partie de sa beaulté. car elle n'a bien ny ioye, pour vn Cheualier qu'elle va chercher en la maison du Roy Lisuart, lequel elle ayme si ardemment, que si Dieu ne donne quelque allegemẽt à sa passion, il est impossible que sa vie puisse estre longue. Quand le beau Tenebreux ouyt nommer le Roy Lisuart, il ne se peut tant contenir, que les larmes ne luy tombassent des yeulx: & eut encores plus d'enuie sçauoir le nom du Cheualier qu'elle aymoit que deuant: à ceste cause les supplya tant qu'il peut, de le luy nommer. Sur

mon Dieu

mõ dieu,respõdirent les damoyselles, à grãd' peine le cognoistriez-vous, car il n'est pas de ce païs:tant y a, qu'il est estimé le meilleur cheualier du monde,apres deux aultres ses parents. Helas mes damoyselles,dit il,pour Dieu faites moy ce bien de le me nommer, & les deux aultres qu'estimez tant. Vrayemét,respõdirent elles,nous en sommes cõtentes,par tel si, que premier vous nous direz si vous estes cheualier, & vostre nom apres. I'en suis contét,dit le beau Tenebreux,tãt i'ay enuie de sçauoir ce, que ie vous demãde. Lors l'vne d'elles luy dit:Le cheualier que ceste dame ayme,a nõ don Florestã, frere du bon cheualier Amadis de Gaule,& de don Galaor, & si est filz du Roy Perion de Gaule,& de la cõtesse de Selãdrie. Vous dites vray,respõdit il,& croy certainement que vous ne pourriez dire tãt de biẽ de luy qu'il n'y en ait d'auantaige. Cõment?dit la damoyselle,vous le cognoissez doncques. Il n'y a pas encores long temps,respõdit il, que ie le veiz en la maison de la Royne Briolanie,pour laquelle Amadis son frere, & son cousin Agraies,cõbatirét Abiseos,& ses deux filz,& y arriua auecq' son frere Galaor,quelques iours apres le cõbat: & pense qu'il soit l'vn des plus beaulx cheualiers du monde. Quant est de sa prouesse, i'en ay ouy parler maintesfoys à don Galaor mesmes,qui s'estoit cõbatu cõtre luy cõme il disoit. Ce cõbat,dit elle,fut cause qu'il laissa ma dame au lieu propre ou ilz se cogneurent. Ie pense dõcq',respõdit le beau Tenebreux, qu'elle a nom Corisande. Vous dites vray,dit la damoyselle. En verité, respõdit il, i'ay maintenant moins pitié de son mal que deuãt: car ie cognois Florestã si saige,& de tãt bon affaire,que ie suis seur,qu'il fera entieremét ce,qu'elle luy cõmãdera. Dieu le vueille,dit elle: mais puis que nous vous auõs satisfait, acquitez vous de vostre promesse, & nous dites qui vous estes. Mes damoyselles, respondit le beau Tenebreux, ie suis vn cheualier, qui aultresfoys ay eu plus de faueur es vanitez du monde que ie n'ay, lesquelles ie paye à present par dure penitẽce:mõ nom est,beau Tenebreux. Par mõ ame,dit l'vne d'elles, vous auez esleu la meilleure voye. Dieu vous doint la grace d'y faire la saluation de vostre ame. Et pource que nostre maistresse n'a besoing d'estre laissée seule en si grande melancolie,nous vous commandons à Dieu,& allons vers elle luy faire passer le temps,auecq' la musique que ce matin auez entendue. Lors se retira le beau Tenebreux,mais il fut incontinent r'appellé: car aussi tost que les damoyselles eurent ioué deux ou troys chançons, elles reciterent à Corisande, tout ce qu'il leur auoit esté dit de Florestan, & comme le pauure qui faisoit penitence, l'auoit veu puis peu de iours. Parquoy elle l'enuoya prier de venir vers elle, & ce pendant elle disoit à ses femmes: Asseurez-vous que cest hermite qui a cognoissance de Florestan, doit estre quelque grãd personnaige deguisé. A l'heure suruint le beau Tenebreux,& elle luy dit: Mon amy,mes femmes disent que vous cognoissez don Florestan, & que l'aymez grandement: ie vous prie(par la foy que vous deuez à Dieu)me dire quelle ac-
cointance

cointance auez eue à luy, & ou vous l'auez veu dernieremẽt. Lors le beau Tenebreux luy en dit encores plus qu'il n'auoit fait aux damoyselles, & qu'il sçauoit biẽ que luy, ses freres, & leur cousin Agraies, auoiẽt esté en l'Isle Ferme: car il les y auoit laissez, & oncques puis ne les auoit veuz. Ah mõ Dieu, dit elle, ie croy que vous auez quelque affinité de parẽtaige ensemble, veu les biens que vous dites de luy! Ma dame, respõdit le beau Tenebreux, ie l'ayme grandemẽt, tãt pour la valeur de luy, que pource que son pere me feit cheualier, qui me rẽd plus obligé à ses enfants: & suis tresdesplaisant des nouuelles que i'ay entẽdues d'Amadis, auãt que i'entrasse en ce desert. Quelles? dit Corisande. Certes, respõdit, venant icy ie rencõtray vne damoyselle à l'entrée d'vne forest, qui chãtoit vne chãçon plaisante à ouyr: mais triste par les propos d'icelle. Lors ie m'enquis d'elle qui l'auoit faite, & elle me respondit, Que c'estoit vn cheualier, à qui Dieu (s'il luy plaist) dõnera plus de ioye qu'il n'auoit quãd il la composa, cõme assez sa chançon le tesmoigne, aussi que sa douleur procedoit par trop aymer. Et pource qu'elle me fut aggreable, ie demouray auecq' la damoyselle tant qu'elle me l'a apprinse: & si m'asseura qu'Amadis l'auoit faite, & luy en auoit mõstré le chãt, au tẽps que plus sa tristesse le maistrisoit. Ie vous prie, dit Corisande, l'apprendre à ces deux damoyselles: car à ce que vous dites, amour l'auoit en telle recõmandation, qu'il m'a à present. Ie le feray pour l'hõneur de vous & de luy, respondit il, encores que ce me soit chose peu cõuenable, veu l'estat auquel ie suys appellé. Lors retira les damoyselles à part, & leur apprint la chançon auecq' le chant d'icelle: ou elles prindrent grãd plaisir, pource que le beau Tenebreux la chantoit d'vne voix piteuse & aisée, qui rẽdoit plus d'armonie & de proprieté au chãt & à la letre, que s'il eust esté en liberté de corps & d'esprit: & la sceurent les damoyselles si bien comprẽdre, que maintesfoys depuis elles la chãterẽt deuãt leur maistresse, laquelle seiourna quatre iours en la Roche pauure, & le cinqiesme s'embarqua: & auãt que partir demãda au beau Tenebreux, s'il se tiẽdroit lõguement en ce lieu. Ma dame, respõdit il, la mort, & non aultre m'en separera. Ie m'esbahys, respõdit Corisande, qui vous meult de ce faire: mais puis que dieu vous dõne ce vouloir, ie luy supplie qu'il vous soit en ayde. Ce disant, entra en sa nef auecq' sa cõpaignie, cõmandãt l'hermite à Dieu: puis faisant haulcer les voiles, le vẽt singla au trauers de sorte, que peu de tẽps apres ilz prĩdrẽt port en la grãd' Bretaigne, & arriuerẽt en la ville de Lõdres, ou pour lors seiournoit le Roy Lisuart. Lequel sçachãt sõ arriuée la receut, & la Royne aussi: laquelle, pour plus l'hõnorer, la feit loger en son palais. Et quelques iours depuis deuisãs ensẽble, la Royne luy dit: Ma cousine, le Roy m'a dõné charge vous dire qu'il vous sçait si bon gré de l'estre venu veoir en ses païs, que si vous auiez quelque affaire de luy, il s'employera pour vous. Ma dame, respõdit Corisande, ie remercie hũblemẽt le Roy & vous: car dieu merci, ie n'ay chose qui m'ĩportune plus, que l'absence de don Flodon Floreſtan, lequel ie penſois trouuer en ceſte court. Ma couſine, dit la Royne, nous n'auons pour ceſte heure aultres nouuelles de luy, ſinon qu'il eſt en la queſte d'Amadis ſon frere: lequel ſ'eſt puis n'a guieres perdu, ſans que nous en ſçachions la cauſe. Lors luy compta, comme il auoit conquis l'Iſle Ferme, & que depuis il ſ'eſtoit deſrobé de ſes compaignõs: meſmes la maniere que don Guilan auoit trouué ſes armes, & la diligence qu'il auoit faite pour ſçauoir ou il eſtoit. Quand Coriſande ſe veid fruſtrée de ſon intention, & qu'elle ſceut la perte d'Amadis, les larmes luy vindrent aux yeulx, diſant: Helas, mon Dieu, que deuiendra monſeigneur & amy Floreſtan? ie ſuis ſeure (veu l'amytié qu'il porte à ſon frere) que ſi l'vn ne ſe trouue, l'aultre ſe perdra, ſans que de ma vie plus ie le veoye! Mais la Royne la reconforta tant, qu'elle print eſperance d'en auoir bien toſt nouuelles. Or eſtoit Oriane ioignant, qui auoit entendu tous ces propos, & l'amytié que Coriſande portoit à don Floreſtan, frere d'Amadis: au moyen dequoy eut plus d'enuye de luy faire honneur, en ſorte qu'elle & Mabile l'accompaignoient ordinairement, prenants grand plaiſir à luy ouyr reciter les amours d'elle & de ſon amy, la cauſe de leur ſeparation, & le trauail que depuis elle auoit enduré eſperant le trouuer. Et comme elle faiſoit ce diſcours, il luy ſouuint du temps qu'elle auoit en la Roche pauure, ou elle trouua vn Cheualier faiſant pœnitence, qui durant ſon ſeiour apprint vne chançon à ſes femmes: laquelle Amadis auoit faite eſtant en grand' melancolie, ainſi que le compaignon de l'hermite luy aſſeura. Ma dame, reſpondit Mabile, ie vous prie, puis que voz damoyſelles la ſçauent, commandez leur de la chanter deuant Oriane: car ie ſeray treſ-ayſe de l'ouyr puis qu'elle eſt faite par Amadis, qui eſt mon propre couſin. Par ma foy, dit Coriſande, i'en ſuis treſcontente: vous aſſeurant que ne vous ſçauroit eſtre plus aggreable qu'à moy, pour la proximité du lignaige, que monſeigneur Floreſtan, & luy ont enſemble. Adoncq' enuoya querir les lucz des damoyſelles, leſquelles ſonnerent & chanterẽt la chançon d'Amadis, ſi melodieuſement, qu'elles donnoient ioye & douleur aux dames qui les eſcoutoient: ioye à l'aureille contente pour la melodie, & douleur à l'eſprit, pour ſentir la paſſion de celluy, qui tãt enduroit. Mais Oriane à qui il touchoit plus, prenoit plus garde aux paroles, qu'à la muſique, cognoiſſant le mal dont elle eſtoit cauſe, & la grand' raiſon que Amadis auoit de ſe lamenter. Lors feut eſpriſe de tel regret, qu'elle ſ'en alla en ſa garderobbe, honteuſe pour les larmes qui luy eſtoient saillies des yeulx en ſi bonne compaignie, dont elle ne ſ'eſtoit peu garder. Toutesfoys ainſi qu'elle ſe retiroit, Mabile (pour couurir ceſte faulte) dit à Coriſande: A ce que ie voy, Oriane ſe trouue mal: parquoy ie ſuis cõtraincte de vous faulſer compaignie pour ceſte heure, & l'aller ſecourir: neãtmoins ſ'il vous plaiſoit ie ſçaurois voluntiers quelles geſtes tenoit celluy qui apprint la chançon à voz damoyſelles, & pourquoy il demouroit en la Roche

pauure

pauure : car il fault dire qu'il ſçauoit lors nouuelles d'Amadis. Adoncq' Coriſande luy recita comme elles l'auoient trouué, & les propos qu'il luy auoit tenuz: mais, diſoit elle, ie ne veiz oncques perſonne tãt triſte ne plus beau, veu les maulx qu'il endure. Tout ſoubdain Mabile va preſumer que c'eſtoit Amadis propre, lequel ainſi deſeſperé auoit choyſi lieu tant ſolitaire, pour n'eſtre veu de nul viuant: & à l'heure meſmes vint vers Oriane qu'elle trouua retirée, pleurant amerement. A laquelle (d'vn viſaige riant) luy dit: Ma dame, en ſ'enquerant on apprend aulcunesfoys plus que l'on ne penſe, teſmoing ce que i'ay ſceu de Coriſande. Le Cheualier tant triſte, qui ſe fait nommer le beau Tenebreux en la Roche pauure, eſt Amadis, ſans aultre : lequel voulant obeyr à ce que luy auez commandé, ſ'eſt ainſi retiré, pour ne ſe monſtrer à vous, ou à aultre perſonne. Pourtant ie vous prie reſiouyſſez vous: car vous le retirerez en brief. Helas, reſpondit Oriane, ſeroit il poſſible? O ſeigneur Dieu, faites moy tant de grace, ſ'il vous plaiſt, que ie le puiſſe tenir entre mes bras deuant que ie meure! & croyez ma couſine, dit elle à Mabile, que ſi ie l'ay vne foys, ie luy donneray tant d'occaſion de me pardonner, que ie ſuis certaine, qu'il oubliera le tort que ie luy ay fait. Puis tout ſoubdain, cõme vne perſonne doubteuſe & craintiue, de perdre ce qu'elle aymoit, ſe meit à faire plus grand dueil que deuant, cryãt: Ah ma couſine, ayez pitié de moy! ie ſuis pire que morte, malheureuſe que ie ſuis! i'ay bien perdu, par ma folie celluy, duquel depend entierement mon bien, ma ioye, & ma vie! Comment, ma dame? dit Mabile, lors que plus l'eſperance vous vient, plus vous vous tourmentez. Aſſeurez vous, ſur ma foy, que ſi la damoyſelle de Dannemarc ne vous en apporte nouuelles, que ie trouueray moyen de ſupplier à ſa faulte : eſtant ſeure que c'eſt luy qui ſe faict nommer le beau Tenebreux, & non aultre, & vous en remettez ſur moy.

Comme eſtant la Damoyſelle de Dannemarc en la queſte d'Amadis, apres maintz grands trauaulx qu'elle eut, trauerſant pluſieurs Iſles eſtranges, elle arriua de fortune en la Roche pauure, ou eſtoit Amadis, que l'on appelloit le beau Tenebreux: lequel elle recogneut, & ſ'en retournerent enſemble vers Oriane.

Chapitre X.

DIx iours entiers ſeiourna la damoyſelle de Dannemarc, auecq' la Royne d'Eſcoſſe, non tant pour ſon plaiſir, ne pour ſe refraiſchir du tourment qu'elle auoit eu en mer, que pour cuyder apprendre nouuelles d'Amadis, au pays ou elle penſoit le trouuer aſſeurément : ſçachant que ſi elle retournoit vers ſa maiſtreſſe, ſans luy en porter nouuelles, qu'elle ne pourroit viure apres vne ſeule heure, veu la lãgueur ou elle l'auoit laiſſée. Toutesfoys, ne pouãt pour l'heure mettre remede à ſon affaire, apres auoir faict toutes diligences à elle poſſibles, ſe delibera de retourner en la grãd' Bretaigne, tant ennuyée que rien plus. Lors feit equipper vne nef, dans laquelle elle ſ'embarqua: mais le ſeigneur de tout le mõde, prenant pitié de ces deux perſonnes tant deſeſperées, voulut monſtrer

 en ceſt

en cest endroit,cõbien il peult en toutes choses, pour faire entendre à son peuple que nul (pour saige ou discret qu'il soit) ne se sçauroit ayder sans son ayde. Car aussi tost que les mariniers eurent leué les anchres, & haulsé les voiles, esperāt tirer à Lõdres: le vēt, l'oraige, & la tēpeste, esmeurēt telement les vagues de la mer, que sans gouuernail ou cõduite, le nauire fut agité auec telle impetuosité, que les mariniers & tous les aultres desesperez de salut, n'attẽdoient que leur sepulture au vētre des poissons. Et ainsi demourerent deux iours & deux nuictz sans sçauoir ou ilz estoiēt, & moins qu'ilz deuoiēt faire. Puis estant la mer appaisée, & la tourmente passée, sur le poinct du iour descouurirent la Roche pauure, ou ilz prindrent port: & pource qu'aulcuns des mariniers, qui cognoissoient le lieu, disrēt à la damoyselle de Dãnemarc, qu'Andalod le sainct hermite y faisoit residence, elle delibera aller ouyr sa messe, & remercier Dieu du biē qu'il leur auoit fait, les tirant de si grād peril: & de fait cõmença à monter en la Roche, accompaignée de Durin & Enil. A l'heure le beau Tenebreux (qui de fortune auoit passé la nuict soubz les arbres, cõme il auoit de coustume) les apperceut: & voyāt qu'ilz venoient vers luy, pour n'estre veu print vne sente, & entra premier en l'hermitaige, ou il trouua que l'hermite vouloit celebrer la messe. Mais il luy dit, Que nouuellemēt estoient arriuez gents, lesquelz mõtoient la Roche, & qu'il seroit bõ de les attendre s'il luy plaisoit, ce que l'hermite eut agreable. Or estoit en ceste saison le beau Tenebreux tāt maigre, deffait, & si hassé de l'ardeur du Soleil, qu'il eust esté mal aysé de le recognoistre pour Amadis: car le continuel pleur qu'il faisoit, luy auoit telement caué le visaige, qu'il n'y restoit que les oz, & la peau. Et ainsi que la damoyselle & sa cõpaignie entroiēt dans la chappelle, il estoit à genoulx faisant sa priere à Dieu, qu'il luy pleust l'oster en brief de ce mõde, ou luy enuoyer quelque cõfort. Sur ce poinct l'hermite cõmença sa messe, durant laquelle le beau Tenebreux ne regarda oncques ceulx qui estoiēt arriuez, tant qu'elle fut acheuée, qu'il iecta sa veuë sur eulx, & recogneut la damoyselle de Dannemarc, & les aultres. Lors luy print vne telle emotion (tant pour sa grande debilité, que pour veoir celle qui luy faisoit ramēteuoir tout son martyre) qu'il se laissa tomber de son hault sur le plancher: parquoy l'hermite pensant qu'il feust mort s'escria: O seigneur tout puissant, s'il vous eust pleu prester plus longue vie à ce pauure homme, & auoir pitié de luy, il estoit pour vous faire encores seruice: mais puis que ie veoy sa fin, ie vous supplie auoir pitié de son ame! Ce disant, les grosses larmes luy cheoyent des yeulx iusques sur la longue barbe chenue qu'il portoit. Puis dit à la damoyselle de Dannemarc: Ie vous prie, damoyselle, par charité commandez à voz escuyers, qu'ilz m'aydent à porter mon cõpaignon en sa chambre: car à ce que ie veoy ce sera le dernier biē que l'on luy pourra iamais faire. Adoncq' Enil & Durin le prindrent sans que de nul d'eulx il feust recogneu. Lors la damoyselle de Dãnemarc demāda à l'hermite qui il estoit: Certes, respondit il, c'est vn cheualier qui fait icy sa

pœnitence

pœnitence. Sur mon Dieu, dit la damoyselle, il a esleu vne vie fort austere & vn lieu bien desert. Il l'a fait, respondit l'hermite, pour se separer des vanitez du monde, & seruir Dieu plus deuotement. Vrayement, dit la damoyselle, puis que vous m'asseurez qu'il est Cheualier, ie le verray auant que partir: & s'il y a quelque chose dans la nef qui luy puisse seruir, ie luy en feray laisser. Ce sera bien faict, respondit il, mais à ce que ie veoy, il est si proche de sa fin, que ie croy qu'il ne vous fauldra ia prendre ceste peine. Lors entra la damoyselle en la chambrette, ou le beau Tenebreux estoit couché, lequel la voyant si pres de luy, ne sçauoit qu'il debuoit faire: car il pensoit que se faisant cognoistre, il transgressoit le commandement de son Oriane, & aussi si elle s'en alloit sans se descouurir, il demeuroit hors de toute esperance. A la fin conclud, que la mort luy seroit moins ennuyeuse, qu'en rien fascher sa dame: & delibera, pour resolution, de ne se manifester nullement à la damoyselle de Dannemarc, laquelle luy disoit: Mon amy, i'ay sceu de l'hermite que vous auez l'ordre de Cheualerie. Et pource que les damoyselles sont obligées grandement aux bons Cheualiers, pour les biens & plaisirs qu'elles reçoipuent communement d'eulx, en les gardant & deliurant de maintz grandz dangers: i'ay bien voulu, auant que partir, vous veoir, pour vous donner des prouisions de ma nef, qui seront necessaires à vostre santé. Toutesfoys il ne luy respondit aulcune chose, & ne faisoit que se plaindre & souspirer: & pource qu'en la cellule ou il estoit y auoit peu de clarté, la damoyselle ne sçauoit s'il se mouroit ou non. Lors s'aduisa d'ouurir vne fenestre, par la clarté de laquelle elle le peut veoir plus à son ayse: mais durant qu'elle le regardoit, il n'osta oncques la veuë de dessus elle: neantmoins il ne disoit mot, ains sans cesse souspiroit, comme vne personne qui a le cœur trop serré, dont la damoyselle auoit tresgrād pitié. Et le recōfortant au mieulx qu'elle pouoit, d'aduéture, apperceut vne cicatrice qu'il auoit au visaige, d'vn coup que Arcalaus l'enchanteur luy feit quand il secourut Oriane: ainsi qu'il vous a esté recité au premier liure. Parquoy luy va tōber en l'esprit, que sans doubte, c'estoit Amadis qu'elle cherchoit, & de fait le recogneut pour tel: & à ceste cause elle trop esbahye s'escria: Ah à dieu, qu'est ce que ie voy! Seigneur, vous estes celluy qui m'a tant fait auoir de trauail pour vous trouuer! Ce disant elle l'embrassa. Helas seigneur, disoit elle, il est bien maintenant saison de pitié, & de pardon à celle laquelle (si par faulx rapport vous a mis en telle extremité) croyez que iustemēt elle en endure vne vie pire que la mort! Puis luy bailla la letre que Oriane luy escripuoit. Tenez, dit elle, vostre amye la vous enuoye, & vous mande par moy, que si vous estes celluy Amadis qui souloit estre, & qu'elle ayme tant que (oubliant toutes les faultes passées) vous veniez trouuer incontinent au chasteau de Myrefleur, ou vous sera faite entiere reparation des douleurs & angoysses, que vous auez souffertes par trop aymer. Or estoit le beau Tenebreux tāt rauy, qu'il

 feut long

feut long temps, ſans pouoir luy reſpondre vn ſeul mot: mais il print la letre, laquelle il baiſoit ſans ceſſe, puis la meit au plus pres de ſon coeur, diſant: O pauure coeur ſi long temps paſſionné (qui as peu reſiſter à telle tempeſte, nonobſtant l'abondance des larmes que tu as ſi continuellement diſtillées, iuſques à venir au poinct de la mort) reçoys à preſent ceſte medecine, laquelle ſeule eſt propre pour ton ſalut: & ſortz de ces tenebres, qui ſi longuement t'ont offuſqué, reprenant tes forces pour ſeruir celle, qui de ſa grace te fait reuiure ! Puis ouurit la letre, qui contenoit:

Letre de Oriane à Amadis.

SI les grãdes faultes commiſes par inimytié (recogneues depuis pour ſe humilier) ſont dignes de pardon, que doibt il eſtre de celles, qui ſont cauſées par trop d'abondance d'amour? Non pourtant, mon loyal amy, ie ne veulx nyer que ie ne merite beaucoup de peine: car ie debuois conſiderer, qu'au temps que les choſes ſont plus proſperes & ioyeuſes, la fortune (qui les eſpie) vient leur apporter triſteſſe & miſere: auſſi me debuoit il ſouuenir de voſtre grand' vertu & honneſteté, laquelle ne ſ'eſt iamais trouuée en faulte, & ſur tout ie ne debuois, pour mourir, ſeparer de mon entendement la ſouuenance de la grand' ſubiection de mon triſte coeur, qui n'eſt procedée, ſinon de celle en laquelle le voſtre meſmes eſt enſerré. Eſtant certaine, que ſi aulcunes flammes y ont eſté refroydies, qu'auſſi toſt le mien ſ'en eſt apperceu: de ſorte que l'enuie qu'il auoit de trouuer repos à ſes mortelz deſirs, a eſté cauſe de les augmẽter. Mais i'ay failly, comme font celles, leſquelles eſtants au plus hault de leur bon heur, & treſcertaines de l'amour de ceulx, deſquelz elles ſont aymées (ne pouant comprendre en elles tant de bien) deuiennent ialouſes & ſouſpeçonneuſes, plus par leur ymagination que par raiſon: offuſcant ceſte claire felicité, de la nuée d'impatience: croyant pluſtoſt le rapport d'aulcunes perſonnes (peult eſtre meſdiſantes) peu veritables & vicieuſes, que celluy de leur propre conſcience & certaine experience. Pourtant doncques, mon loyal amy, ie vous ſupplie affectueuſement recepuoir ceſte mienne damoyſelle (comme de la part de celle, qui recognoiſt en toute humilité la grande faulte qu'elle a commiſe en voſtre endroict (laquelle vous fera entendre mieulx que ma letre, l'extremité de ma vie: dont vous debuez auoir pitié, non pour mon merite, mais pour voſtre reputation, qui n'eſtes tenu cruel ne vindicatif, là ou vous trouuez repentance & ſubiection. Meſmement que nulle poenitence ne ſçauroit venir de vous plus rigoreuſe, que celle que moymeſmes me ſuis ordonnée: & que ie porte patiemment

patiemment: esperant que vous la remettrez, me rendant vostre bonne grace, & ensemble ma vie qui en depend.

ALors nouuelle ioye se vint emparer dãs l'esprit du beau Tenebreux, & s'absenta du tout ceste continuelle melancolie, qui l'auoit si long temps tormenté: & toutesfoys l'ennuy (auquel Oriane estoit attẽdant de ses nouuelles) luy retardoit partie de son plaisir: parquoy pria à la damoyselle de Dannemarc d'aduiser, elle seule, à ce qu'ilz auoient à faire. Car ie me sents, disoit il, si hors de moy, que ie n'ay moyen de pẽser à aultre chose, qu'à la nouuelle restitution de ma vie, que i'ay receue par vostre moyen. Ie suis d'aduis, respondit la damoyselle, puis que ceulx de ma compaignie ne vous cognoissent, de leur dire, que par pitié ie vous veulx faire mettre en terre ferme pour changer d'air: & ainsi fut fait. Neantmoins le beau Tenebreux, auant que partir, declaira à l'hermite, comme la damoyselle l'auoit tant cherché, qu'ilz s'estoient rencontrez leans casuelement (par la bõté de nostre seigneur qui l'auoit adressée) à la Roche pauure. Et à ceste cause, mõ pere, dit il, ie suis cõtraint vous habandonner, & la suyure: vous asseurant que iour de ma vie ne mettray en oubly le bien que vous m'auez fait: car sans vous ie feusse mort & de corps & d'ame. Et puis que par voz deuotes prieres (comme ie croy) il a pleu à Dieu me conseruer, & donner vie iusques icy, ie vous supplie humblemẽt auoir encores souuenance de vostre pauure hoste en voz prieres & deuotes oraisons: & au surplus faire tãt pour moy, de vouloir reformer cy apres le monastere que i'ay ordonné edifier en l'Isle Ferme, ainsi que ie vous ay aultresfoys dit. Ce que le preudhomme luy promit de faire, lequel ayant la larme à l'œil, donna sa benediction au beau Tenebreux, qui sans plus seiourner s'embarqua auecq' la damoyselle de Dannemarc. Lors furent leuées les voiles & singlerent en plaine mer, donnant le vent en la poupe si impetueusement, qu'en peu de iours ilz prindrent port en la grand' Bretaigne: sans que le beau Tenebreux feust cogneu, pour l'heure, de nul aultre, que de la damoyselle. Adoncq' descendirent à terre, & prindrent leur chemin vers Londres & Mirefleur, ou Oriane les attendoit bien resoluë d'amender la faulte, qu'elle auoit faite. Et disoit la damoyselle en cheminant au beau Tenebreux: Mon Dieu, quelle ioye aũra ma dame quãd elle vous verra! Croyez moy, qu'oncques femme ne fut plus desesperée, quãd elle sceut de Durin l'ennuy qui vous surprint en receuant sa letre: ie vous asseure qu'elle cuyda rendre l'esprit, & m'esbahys comme elle a peu iusques icy supporter la passion qu'elle a encores. Et ne doubtez que Mabile & moy estions bien empeschées: car nulle de nous ne sçauoit que mon frere feust venu vers vous: & luy auoit ma dame expressement defendu de ne

 nous le

nous le dire, qui cuyda estre cause de pis qu'il n'est aduenu. Par ma conscience, dit le beau Tenebreux, ie ne feuz oncques en plus grand danger de mort: & m'esbahys ou elle forgea ceste fantaisie, qu'elle auoit contre moy, veu que ie ne pensay oncques à faire chose qui luy deust desplaire:& quand bien ie me feusse tant oublié d'y auoir pensé, si ne meritois-ie vne tant cruelle letre, que celle qu'elle m'escripuit. Car encores que ie ne fasse les demõstrances & hypocrisies que beaucoup sçauẽt faire, si ne laissay-ie de mesurer les biens & graces, que i'ay receues d'elle: & n'estoit point ceste pensée semée en si mauluaise terre, qu'elle ne luy en garde le fruict, tãt que l'esprit aura moyen de faire viure mon cœur, veu que l'vn & l'aultre sont du tout dediez à la seruir,& obeyr. Ah a mon dieu, il me souuient que quand Corisande arriua en nostre pauure hermitaige, ie cuydois bien lors, que ce feust fait de moy! La bonne dame se lamentoit de la passion, qu'elle portoit par trop aymer mon frere Florestan, & ie mourois du desplaisir d'estre à tort ainsi chassé d'Oriane. Quantes peines, quelz trauaulx, quel desmesuré torment, i'ay de long temps souffert en la Roche pauure, sans auoir consolation de crëature viuante, que du bon hermite: lequel me solicitoit de patience! Helas, quelle dure pœnitence pour chose non offensée! Croyez moy, damoyselle m'amye, que i'estois tant pertroublé, que d'heure à aultre ie soubhaitois la mort, & aussi souuent craignois-ie perdre la vie. Mais pensez-vous le desespoir ou i'estoys, lors que ie monstray aux damoyselles de Corisande la chançon, que ie feis en ma plusgrãde tribulation? Et voulant continuer ces doleãces, la damoyselle de Dannemarc luy dit: En bonne foy, à ce que ie veoy, vous auez tous deux enduré beaucoup l'vn pour l'aultre:& pourtant il fault oublier le passé, & amẽder l'aduenir. Ainsi deuisants arriuerent au pres d'vn monastere de femmes, qui estoit au meilleu de la forest à quatre iournées de Londres. Sçauez vous, dit la damoyselle, dequoy ie me suys aduisée? il me semble pour le meilleur que debuez demourer icy pour vous refraischir, & ie m'en iray vers ma dame luy faire entendre de voz nouuelles, puis vous renuoyeray Durin vous dire ce, qu'aurez à faire. Toutesfois ie suis bien d'opiniõ qu'Enil ne vous cognoisse encores non plus qu'il fait, & qu'il demeure auecq' vous pour vous seruir: mais Durin entend desia quelque peu des affaires d'Oriane & de vous, parquoy ne debuez craindre vous descouurir à luy. Lors l'appellerent, & luy dit la damoyselle de Dãnemarc: Mon frere, vous feustes en partie cause de la perte d'Amadis, par la letre que vous luy portastes, & neantmoins à ce que ie puis veoir, vous ne l'auez peu encores recognoistre. Or çà, vous semble il que cest hermite puisse estre mõseigneur Amadis? & neantmoins c'est il sans doubte: mais gardez sur vostre vie qu'il ne soit par vous descouuert à Enil, ou aultre. Quand Durin sceut que sa sœur disoit vray, oncques homme ne fut plus esbahy: & en ces entrefaites entrerent dans la religion ou la damoyselle appella Enil, & luy dit: Enil, ie te ie te prie tenir compaignie au cheualier, iusques à ce qu'il se soit vn peu renforcé, & ce pendant nous irons mon frere & moy à quelque affaire que nous auons. Par saincte Marie, respondit Enil, ie luy obeyray en tout ce qu'il luy plaira me commander. Lors s'en partirent & demoura le beau Tenebreux en l'abbaye pour l'occasion que vous auez entendue.

Comme Galaor, Florestan, & Agraies partirent de l'Isle Ferme pour aller chercher Amadis, duquel ilz ne peurent auoir nouuelles pour diligence qu'ilz feissent: au moyen dequoy ilz retournerent tous à la court du Roy Lisuart.

Chapitre XI.

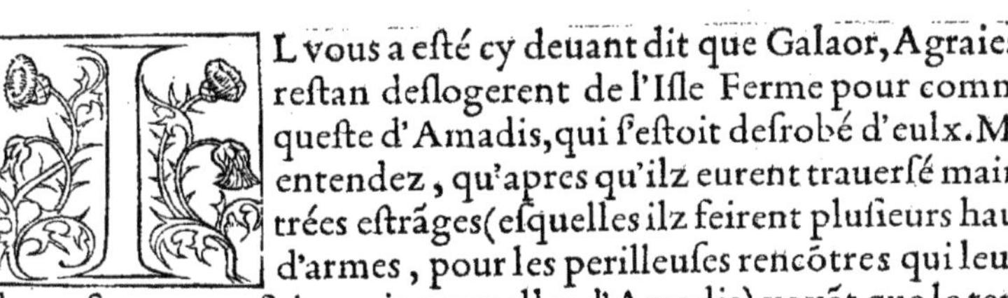

IL vous a esté cy deuant dit que Galaor, Agraies, & Florestan deslogerent de l'Isle Ferme pour commencer la queste d'Amadis, qui s'estoit desrobé d'eulx. Maintenāt entendez, qu'apres qu'ilz eurent trauersé maintes contrées estrāges (esquelles ilz feirent plusieurs haults faicts d'armes, pour les perilleuses rencōtres qui leur suruindrent, sans toutesfois auoir nouuelles d'Amadis) voyāt que le temps s'approchoit qu'ilz auoient promis l'vn à l'aultre d'eulx trouuer en la court du Roy Lisuart, delibererent retourner arriere: & de fait le propre iour sainct Iean, ilz arriuerent tous de grād matin en vn hermitaige (assez pres de Londres) qu'ilz auoient choysi. Et le premier qui y suruint fut Galaor, puis Agraies, & peu apres Florestan, accompaigné de Gandalin. Lors feurent ioyeux de se veoir ensemble en bonne santé: mais si desplaisans, pour le peu qu'ilz auoient fait en ceste entreprise, que les larmes leur vindrent aux yeulx: au moyen dequoy Gandalin faisant office de bon & loyal seruiteur, leur dit: Par dieu mes seigneurs, tous voz pleurs ne sçauroient faire trouuer celluy que vous desirez, si n'est par vne aultre bonne diligēce que vous pourrez nouuellement entreprendre. Et combien que desia vous en ayez fait grand debuoir, ſi ne debuez vous vous ennuyer: ains le querir mieulx que iamais, veu que ſçauez aſſez ce qu'il euſt fait pour vous particulierement, ſi la fortune euſt auancé l'occaſion. Maintenant doncques c'eſt à vous à faire le ſemblable: car ſi le perdez ainſi, ce ne ſera ſeulement la perte du plus gentil cheualier du monde, mais du meilleur parent que vous ayez: & d'aduantaige, vous en pourrez eſtre tous blaſmez. Pourtant mes ſeigneurs, ie vous ſupplie (pour l'honneur de Dieu) faiſant enuers luy le debuoir de frere, d'amy, & de compaignon, recommencez ſa queſte, ſans y eſpargner voz perſonnes, ne la longueur du temps. Ceſte remonſtrance faiſoit Gandalin en pleurant ſi fort, qu'il faiſoit grand' pitié aux trois cheualiers: qui conclurent, qu'apres auoir eſté à la court, ſ'ilz n'auoiēt nouuelles d'Amadis, de faire nouuelle pourſuyte, & circuir tout le monde auant que de ne le trouuer: & en ceſte deliberation (apres auoir ouy la meſſe) deſlogerent de l'hermitaige, & ſe meiſrent au chemin de Londres. Mais ainſi qu'ilz approchoient pres de la ville, aduiſerent le Roy, qui eſtoit deſia aux champs, accompaigné de maintz haults hommes, & bons cheualiers: car il celebroit ce iour en toute magnificence, pource qu'en vn ſemblable il auoit eſté couronné Roy pacificque de la grand' Bretaigne, qui eſtoit l'occaſion principale que pluſieurs cheualiers eſtoient venuz vers luy pour le ſeruir. Leſquelz aduiſant de loing Galaor & ſes compaignons venir vers eulx, les monſtrerent au Roy, & ce pendant ilz ſ'approcherent. Et pource que Floreſtan n'auoit oncques veu telle aſſemblée, Galaor luy dit: Mon frere, voicy le Roy. Or eſtoient ilz tous troys deſarmez par la teſte: parquoy aulcuns de la trouppe les recogneurent incontinent, non pas Floreſtan. Toutesfois le Roy les embraſſa, leur demandant ſ'ilz faiſoient bonne chere. Lors Floreſtan meit pied à terre pour luy baiſer les mains, ce qu'il luy refuſa. Et pource que c'eſtoit le gentilhomme du monde, qui mieulx reſſembloit à Amadis, & qu'aultresfois il auoit ouy parler de luy: va ſouſpeçonner que c'eſtoit ſon frere, & dit à Galaor: Ie croy que ceſtuy ſoit voſtre frere don Floreſtan. Sire, reſpondit Galaor, c'eſt il vrayement, qui a bon deſir de vous faire ſeruice. Ah, dit le Roy, pleuſt à Dieu qu'Amadis feuſt maintenant icy pour vous veoir tous troys enſemble! Comment ſire? reſpondit Galaor, n'en auez vous point ouy de nouuelles? Non, dit le Roy: & vous quoy? Sire, reſpondit il, nous l'auons tous troys quis vn an entier, ſans faire aultre choſe que perdre noz pas, & penſions le trouuer en voſtre court: parquoy, veu ce que vous me dites, i'eſpere moins de luy que iamais. Et non pas moy, dit le Roy, car ie croy que noſtre ſeigneur ne l'auoit point appellé en tant de perfections pour l'habandonner aīſi: qui me fait eſtimer, que nous aurōs de bref quelque choſe certaine de luy. Et comme il acheuoit ce propos, entrerēt en la ville, dont la Royne & les aultres dames furent incontinent aduerties, & en eurēt tant d'aiſe que merueilles, ſpecialement Olinde amye d'Agraies: laquelle recentement auoit

auoit esté aduertie, comme il estoit entré dessoubz l'arc des l'oyaulx amants, & l'attendoient en aussi bonne deuotion, que Corisande faisoit Florestan. Lors Mabile pensant faire plaisir à Oriane, courut l'en aduertir: mais elle la trouua retirée en sa chambre, tenant sa teste appuyée sur l'vne de ses mains, en lisant dans vn liure, & luy dit: Ma dame, ne voulez vous pas venir veoir Galaor, Agraies, & Florestan, qui sont presentement arriuez? Quand la princesse entendit qu'elle ne parloit point d'Amadis, nouueau desplaisir se vint enfermer dãs son coeur, par telle cruaulté qu'elle ne sceut que deuenir: & luy vindrent les larmes aux yeulx auec telle abondance, que la parole luy faillit. Toutesfoys à la fin, ne sçachant dissimuler son torment, respondit à Mabile: Ma cousine m'amye, comment voulez vous que ie les aille veoir? En bonne foy, ie n'ay maintenant l'esprit assez arresté pour sçauoir desguiser, ou faindre en leur presence ce, que ie doibs: d'aduantaige i'ay les yeulx trop enflez à force de pleurer, & qui pis est, il seroit impossible que ie puisse regarder ceulx que ie ne veiz oncques qu'en la compaignie de vostre cousin, que i'ay tant offensé. A ceste parole le coeur luy cuyda partir, & s'escria: Mon Dieu comme permettez-vous plus viure ceste malheureuse, tant digne de mort? Ah, amy, ie sents maintenãt au double vostre absence, voyant retourner sans vous Galaor, & les aultres que vous auez aymez cõme vousmesmes: lesquelz sçachants l'iniure & lasche tour que ie vous ay fait, auront iuste cause de procurer ma ruyne, à laquelle ie consents de bon coeur, puis que si imprudemment i'ay moyenné la vostre. Lors tomba du hault d'elle, mais Mabile la soustint, en luy disant: Ma dame, voulez-vous tousiours continuer en ces estranges façons de faire? I'entendz bien qu'à la fin vous publierez, à vostre aduantaige ce, que vous auez desiré tenir si secret. Est ce la constance que vous debuez auoir, mesmes attendãnt de iour en iour bonnes nouuelles de la damoyselle de Dannemarc? Helas, respondit Oriane, vous en parlez bien à vostre ayse! Est il possible qu'elle le puisse trouuer, ayant seulement charge de le chercher en Escosse, veu que ses freres ont quasi tournoyé tout l'occident, sans en ouyr nouuelles? Vous vous abusez, dit Mabile, il peult estre qu'ilz l'ont trouué, mais il s'est celé d'eulx: ce qu'il ne fera iamais à vostre damoyselle, sçachant qu'elle entend le secret de vous & de luy. Et pourtant, confortez vous iusques à son retour, puis faites comme vous l'entendrez: & pour cest heure allons (s'il vous plaist) vers la Royne qui vous demande. Et bien, respondit Oriane, Dieu me doint ce qu'il luy plaira. Adoncq' laua ses yeulx & son visaige, & s'en alla en la chambre de la Royne, ou desia estoient arriuez les troys Cheualiers: lesquelz, la voyant venir, luy feirent la reuerance. A l'heure le Roy tenoit Galaor par la main, auquel il disoit: Regardez ie vous prie cõme vostre grãd' amye Oriane est empirée depuis que vous ne la veistes. En bõne foy, sire, respõd Galaor, vous dites vray, & vouldrois bien luy pouoir causer tãt de bien, que d'estre cause de luy faire recouurer

recouurer ſa bonne ſanté. De ceſte parole ſe ſoubzrit Oriane, diſant à Galaor: Dieu eſt celluy ſeul,qui dōne le ſalut & confort aux perſonnes. Ainſi quand il luy plaira il me reſtituera le mien,& le voſtre pareillemēt qu'auez tant perdu,perdant voſtre frere Amadis. Et à la miēne volunté,que le trauail que vous auez prins à le chercher es pays loingtains, euſt rapporté aulcun fruict, tant pour le bien de vous & des voſtres, que pour le ſeruice du Roy,auquel il eſtoit du tout adonné.Ma dame,reſpondit Galaor,ie me fie en Dieu que nous en aurons de briefbonnes nouuelles:pource que c'eſt le Cheualier que ie veiz oncques reſiſtant plus virilement à tous dangers extremes.Dieu le vueille,dit Oriane,mais ie vous prie faites approcher de nous don Floreſtan, à ce que ie le puiſſe veoir à mon ayſe: car on m'a dit que c'eſt le Cheualier du monde qui reſſemble mieulx à voſtre frere Amadis.Parquoy Galaor l'appella, & vint ſaluer Oriane, laquelle le print par la main, & ſ'aſſeirent eulx trois. Lors ſembla à la princeſſe veoir propremēt celluy,lequel abſent elle auoit iour & nuict deuāt les yeulx, & à ceſte cauſe cōmença à bleſmir & à changer couleur. Or ſ'eſtoit Mabile ſemblablemēt retirée auecq' Olinde,pour dōner plus de moyen à Agraies de parler priuément à elle:& de fait les voyant en lieu ſi commode,il les vint ſaluer,puis à leur requeſte ſ'aſſeit au meilleu d'elles, en prenant ſecretement la main d'Olinde.Et elle qui d'ardeur languiſſoit pour luy,auoit tāt d'ayſe que rien plus,eſtant certaine de ſa loyaulté par l'eſpreuue qu'il auoit faite,paſſant ſoubz l'arc des loyaulx amāts:en recognoiſſance dequoy voluntiers luy euſt fait encores meilleure chere, ſi elle euſt oſé.Mais la preſence de tāt de teſmoings, leur oſtoit la familiarité qu'ilz ſe feuſſent dōnez l'vn à l'aultre,meſmes la facilité & liberté de parler:tellement qu'il failloit que les yeulx ſeulz ſuppliaſſent à ce deffault,à quoy ilz ſ'employoiēt ſelon les affections de leurs cœurs paſſionnez.Et ainſi qu'ilz eſtoient à ces plaiſants termes,fut ouy de la chambre la voix d'vne perſonne pleine d'affliction: parquoy le Roy voulut ſçauoir que c'eſtoit.Sire,reſpōdit vn Eſcuyer,c'eſt Gandalin,& le Nain qui ont aduiſé l'eſcu & les armes d'Amadis,& font le plus eſtrange dueil qu'il eſt poſſible.Comment?dit le Roy,Gandalin eſt il ceans?Oy Sire,reſpondit Floreſtan, il y a bien deux moys, que ie le trouuay au pied de la mōtaigne de Sanguin,qui cherchoit ſon maiſtre:& pour ce que ie luy diz que ie l'auois deſia quis d'vne part & d'aultre, il feut contēt de ſ'en venir auecq' moy.En bōne foy,dit le Roy,i'ay touſiours eſtimé Gandalin tel, que maintenant il ſe manifeſte:car c'eſt l'Eſcuyer que ie veiz oncques,qui mieulx ayme ſon ſeigneur. Quand Oriane entendit ce propos,meſmes que Gandalin eſtoit de retour ſans Amadis, elle ſe trouua en telle perplexité,qu'elle cuyda ſ'eſuanouyr entre les bras de don Floreſtan: lequel ignoroit la cauſe de ſon mal,& de paour d'effrayer le Roy & la cōpaignie, appella Mabile, laquelle ſe doubta auſſi toſt de l'inconuenient. Parquoy laiſſant Agraies ſeul auecq' Olinde, vint vers Oriane, & la feit

ſecretement

ſecretement retirer en ſa chãbre, & coucher ſur ſon lict, ou elle ne demoura guieres: mais ſe leuant comme preſque forcenée, dit à Mabile: Ma couſine, vous ſçauez que depuis que nous ſommes en ceſte ville, il ne ſ'eſt paſſé iour que nous n'ayons quelque nouuelle faſcherie. A ceſte cauſe, ie ſuys deliberée de me retirer, pour quelque tẽps, en mon chaſteau de Mirefleur: car le cœur me dit qu'en changeant d'air, ie changeray de malheur, & que mõ eſprit trouuera quelque repos. Ma dame, reſpõdit Mabile, ie ſuis bien de ceſt aduis, à fin que quand la damoyſelle de Dannemarc retournera, vous puiſſiez plus priueémẽt parler à elle, & dõner plaiſir à celluy qu'elle amenera auecq' elle, ſe Dieu plaiſt, ce qui ſeroit difficile (voire quaſi impoſſible) faire en ce lieu. Pour Dieu dõcques, dit Oriane, ne differõs plus: car ie ſuis ſeure que le Roy & la Royne ſerõt bien contẽts de nous dõner congé. Or entendez, que ce lieu de Mirefleur eſtoit vn petit chaſteau treſplaiſant, ſitué à deux lieues de Londres, baſty en crouppe de mõtaigne, & circuit d'vn coſté de la groſſe foreſt, & d'aultre de pluſieurs vergers couuerts d'arbres, & de toutes fleurs: auecq' ce enuirõné de maintes & groſſes fontaines, qui l'arrouſoient de toutes parts. Et pource qu'vne fois le Roy (y eſtant à la chaſſe auecq' la Royne) voyãt que ſa fille y prenoit plaiſir, il luy en feit preſent, & depuis elle y feit baſtir vn monaſtere de femmes à vn traict d'arc pres, ou quelquesfoys elle ſ'alloit recréer. Mais pour trop n'eſlongner mon propos, eſtant l'entrepriſe d'Oriane cõclue, elle vint demãder ſon congé au Roy & à la Royne, lequel luy fut facilement accordé: & à ceſte cauſe delibera partir le l'endemain de grand matin. Et pource que Galaor & ſes compaignons vouloiẽt ſemblablemẽt retourner en la queſte d'Amadis, trouuant le Roy à propos, luy dirẽt: Sire, ce nous ſeroit vne iniure trop grande de differer plus longuement d'aller chercher Amadis, & auſſi que mes cõpaignons & moy auons iuré ne ſeiourner en nul lieu premier que n'en ayons nouuelles: à ceſte cauſe il vous plaira eſtre cõtent que deſlogeons demain, pour faire noſtre debuoir. Mes amys, reſpõdit le Roy, ie vous prie retardez encores pour quelques iours, & ce pendant ie feray partir trente des cheualiers de ceãs, qui iront cõmencer le voyage: car i'ay neceſſairemẽt beſoing de telz perſonnaiges que vous eſtes, pour vn affaire qui m'eſt ſuruenu, lequel m'importune de beaucoup, en biens & honneur. C'eſt vne bataille, que i'ay aſſignée contre Cildadan Roy d'Irlande, lequel eſt fort & puiſſant prince. Et pour vous faire entẽdre la cauſe de ceſte guerre, Cildadã a eſpouſé l'vne des filles du Roy Abies, qu'Amadis deffit en Gaule. Et cõbien que de tout temps le Royaulme d'Irlãde ſoit tributaire aux Roys de la grãd' Bretaigne: neantmoins, pour auoir occaſion de querelle, ce Cildadã refuſe le payemẽt, & me mãde qu'il mettra en bataille cẽt de ſes cheualiers cõtre pareil nombre des miẽs par tel conuenãt, que ſ'il eſt vaincu, il redoublera le tribut que ie luy demãde, aultremẽt d'icy en auant il en demourera frãc & exempt, ce que ie luy ay accordé. Ainſi, mes

amys, ie

amys,ie vous prie sur tout tant que vous m'aymez, ne m'habandõnez à ce grãd besoing,sçachãt asseureemẽt que mes ennemys sont forts, & deliberez de me fascher: mais se Dieu plaist auecq' vostre bon secours,& le droit que nous auõs sur eulx,nous en viẽdrõs au dessus:puis vous yrez chercher Amadis cõme vous auez deliberé, & prẽdrez auec vous tãt de cheualiers de ceans qu'il vous plaira.Quãd ilz entẽdirent la requeste que le Roy leur faisoit,il n'y eut celluy d'eulx, qui ne feust content luy obeyr voyãt la necessité si grãde,encores que la queste d'Amadis retardast:&de faict,ilz luy promisrẽt de ne l'habandonner. Durãt ces propos, Mabile enuoya querir Gandalin: car elle vouloit parler à luy auãt que d'aller à Mirefleur, lequel vĩt à elle:& aussi tost qu'il la veid, il luy feut impossible se garder de pleurer,n'elle semblablemẽt. Puis ayants aulcunemẽt deschargé leurs cœurs à force de larmes,Gãdalin parla le premier,disant à Mabile: Las,ma dame, quel tort vous a moyenné Oriane,non seulemẽt à vous,mais à tout vostre lignaige ensemble,vous faisant perdre le meilleur cheualier du mõde?Ah quelle ingratitude du seruice que vous luy auez fait,& pis encores enuers celluy qui oncques ne l'offensa,en fait n'en pẽsée! parquoy ie puis biẽ dire, que Dieu employa tresmal en elle la grand' beaulté & aultres excellẽces, dõt il la pourueut,puis qu'elles sont gouuernées & maistrisées par si grãde trahison:& toutesfois ie m'asseure biẽ que nul aultre,y a tãt perdu qu'elle. Gãdalin mon amy,respõdit Mabile,ie te prie oste cela de tõ entẽdement: car tu faulx par trop,attendu que tout ce que ma dame Oriane a fait,a esté pour l'ennuy & desplaisir qu'elle eut d'vne parole que l'on luy rapporta assez legierement:par laquelle elle a eu quelque occasion de ialousie,pensant estre oubliée de ton maistre, & que l'affection qu'il luy portoit feust tournée en vn aultre. Neãtmoins elle n'eust iamais estimé,que sa letre(escripte en cholere)eust porté telle cõsequence, ne que tant de mal en deust venir: mais elle feit ceste faulte,cõe vne personne transportée par trop aymer,qui luy est biẽ pardõnable pour la repentãce qu'elle en a. O Dieu,dit Gãdalin, cõme le bon entendemẽt de ma dame & le vostre s'oublierẽt alors,estimãts que mõ maistre pẽsast seulemẽt à faire vne si grãd' faulte cõtre celle,qu'auãt que d'ennuyer,il s'enterreroit vif soubz la terre! Et pour Dieu,ma dame,declairez moy,s'il vous plaist,la racine de ce mal,& quelle fut la malheureuse parole qui troubla ainsi la vertu & l'esprit de vous toutes,pour faire mourir le plus parfait cheualier qui nasquit oncques. Ardan le nain(respondit Mabile,cuydant parler à l'aduãtaige d'Amadis)fut cause de tout ce mal. Lors luy recita au long le propos des troys pieces de l'espée,que vous auez entendu au premier liure. Et soys certain Gandalin, dit elle, que la damoyselle de Dannemarc, ne moy ne peusmes oncques oster la fantaisie à Oriane, qu'elle ne feust habandonnée, en sorte qu'elle se voyant contrariée de la damoyselle de Dannemarc & de moy, se cacha de nous: & à nostre desceu luy escripuit la fascheuse letre, que

Durin

Durin luy porta, par laquelle est suruenu le comble de ce malheur. Dont depuis elle s'est assez de foys repentie : car des l'heure qu'elle a esté aduertie de la perte d'Amadis, elle a receu tant d'ennuy & de malayse, qu'il est impossible de plus : & neantmoins nous en sommes quasi bien ayses, puis qu'elle n'a crainct de donner encores pis à celluy qui tant de bien a merité. Tout ce discours escoutoit Oriane, laquelle estoit en sa garderobbe: & voyant qu'ilz changeoient de propos, sortit comme si elle ne les eust escoutez. Et ainsi qu'elle vouloit parler à Gandalin, les larmes luy vindrent aux yeulx, & commença à trembler si fort, qu'elle se laissa tomber du hault d'elle sur le plancher, cryant: Gandalin mon amy, si tu es tel enuers ton maistre que tu doibs, venges en moy maintenant le grand mal qu'il endure iniustement. Ma dame, respondit il, que vous plaist il que ie fasse? Ie te prie, dit elle, tue moy, & puis qu'à si grand tort ie suis cause de sa mort: tu ne doibs par raison differer ceste vengeance, attendu que ie suis seure qu'il eust fait d'aduantaige pour toy. Ce disant perdit la parole, & sembloit qu'elle trespassast. Lors Mabile, accoustumée à telles deffaillances, la secourut de remede propre, tant qu'elle reuint à soy, & s'escria en destordant ses mains: Ah a Gandalin, tu me fais grand tort de tant retarder ma fin! pleust à Dieu que ton pere feust en ta place: ie suis seure qu'il se mettroit en plus de debuoir que tu ne fais! Ma dame, respondit Gandalin, Dieu me gard de telle desloyaulté, ie serois bien le plus meschant du monde d'y penser seulement: & plus encores d'executer deux si grandes trahisons enuers vous & mon seigneur, lequel ne viuroit vne seule heure apres. Et n'eusse iamais pensé que tant mauluais conseil eust trouué lieu en vostre esprit, pour l'incertitude que vous auez de la mort de mon maistre: lequel a peu endurer le mal, que vous luy auez fait sans mourir: car la mort ne vient sinon quand il plaist à Dieu l'enuoyer. Ainsi est il aysé à presumer, veu les graces qu'il luy auoit faites des le iour qu'il nasquit, que pour tort que vous luy auez fait, il n'a permis encores qu'il meure. Maintes aultres raisons & remonstrances feit Gandalin à Oriane, qui donnerent grande allegeance à son martyre: au moyen dequoy elle luy dit: Gandalin mon amy, ie suis deliberée partir demain matin, pour aller à Myrefleur attendre la mort ou la vie, selon les nouuelles qui me suruiendront par la damoyselle de Dannemarc. Et pource que i'y feray long seiour, ie te prie, soubz vmbre de veoir Mabile, nous venir souuent visiter: car il me semble que ma tristesse amoindrist quand ie te voy. Ma dame, respondit Gandalin, ie suis prest à vous obeyr comme il vous plaira me commander. Ce disant, print congé d'elle, & ainsi qu'il se retiroit passa ou estoit la Royne, laquelle le feit appeller, puis elle luy dit: Gandalin mon amy, pourquoy auez-vous habandonné vostre maistre? Ma dame, respondit il, ç'a bien esté à mon tresgrand regret. Lors luy recita comme il partit de l'hermitaige, & les regretz &

lamentations qu'il feit, mesmes les gestes qu'il tenoit quand il le retrouua au fond de la vallée : qui esmeut la Royne à telle pitié, qu'elle pleuroit à chauldes larmes. A quoy Gandalin prenant garde, luy dit : Ma dame, vous auez raison de vous douloir de la perte de mon seigneur : car il vous estoit seruiteur treshumble. Mais bon amy & protecteur, respondit elle, & plaise à nostre seigneur de nous en enuoyer de brief nouuelles, qui nous puissent resiouyr! Et ainsi qu'ilz deuisoient, Gandalin iecta l'œil sur Florestan, qui parloit à Corisande, laquelle Gandalin ne cognoissoit, mais elle luy sembla l'vne des plus belles dames qu'il eust oncques veue: à ceste cause il supplia à la Royne luy dire qui elle estoit : ce qu'elle feit, & l'occasion pour laquelle elle estoit venue en la grand' Bretaigne: aussi l'amytié qu'elle portoit à Florestan, lequel elle auoit longuement attendu à la court. Si elle l'ayme, dit Gandalin, elle peult bien dire, que son amour est employé en celluy, en qui est toute bonté & prudence, & tel en Cheualerie qu'à grand' peine pourroit elle trouuer en tout le monde son second : & plus vous diz-ie, ma dame, que si vous le cognoissiez comme moy, vous n'estimeriez nul aultre Cheualier plus que luy: car il est de tresgrãd cœur, & de plus haulte entreprinse. Il le semble bien, respondit la Royne: aussi est il de tant bonne race, & parent de si gentilz Cheualiers qu'il est impossible qu'il ne soit tel que vous dites. Ce pendant Florestan entretenoit s'amye, laquelle il aymoit de tresgrand' amour, & non sans cause: car elle estoit belle en toute perfection, riche dame, & aliée des plus grosses maisons de la grand' Bretaigne. Laquelle apres le retour de Florestan, ayant encores fait quelque seiour en la court, se delibera de partir : & prenant congé du Roy & de la Royne, choysit son chemin pour retourner en ses pays. Deux iours entiers la conduict Florestan, lequel luy promit qu'aussi tost qu'il auroit nouuelles d'Amadis, & la bataille passée d'entre les Roys Lisuart, & Cildadan, s'il demeuroit vif, il yroit la trouuer, pour se tenir auecq' elle vn bien long temps : puis la commandant à Dieu, retourna à la court. Mais entendez que Oriane, qui n'auoit mis en oubly sa deliberation de Myrefleur, partit le lendemain des le poinct du iour, pour y aller auecq' sa compaignie : ou elle ne feit long seiour, qu'elle ne s'apperceust de l'amendement de sa conualescence, & auecq' ce luy creut l'espoir de veoir celluy, qu'elle desiroit tant. Et pource que le Roy auoit ordonné que durant qu'elle seroit en ce lieu de Myrefleur, la porte feust continuellement gardée, & que nul n'y entrast : Oriane preuoyant (pour l'affection grande qu'elle en auoit) la venue d'Amadis, enuoya dire à l'Abbesse, qu'elle luy enuoyast les clefz des iardins de son monastere, pour aller quelque foys à l'esbat : ce qu'elle feit. Or estoient ilz contiguz au chasteau, mais cloz de haultes murailles. Et ainsi qu'vn iour Oriane s'y promenoit, accompaignée seulement de Mabile, voyant le lieu fauorisable & accommodé à son intention si Amadis estoit de retour : va telement

ment penser à luy, & au plaisir qu'elle recepuroit par sa presence, qu'elle commença à dire, parlant à soymesmes d'Amadis: Ah mon seul espoir, mon bien, & mon entier refuge, que n'estes vous icy auecq' moy, puis qu'à present i'ay le moyen de vous dõner, & de recepuoir aussi, l'aise & iouyssance que nous auons desiré par tant de foys l'vn de l'aultre? au fort, ie n'en partiray, tant que i'aye satisfait entierement au mal, que par trop d'imprudence ie vous ay pourchassé, ains vous attendray. Et si Dieu ou fortune permettent que vous y soyez en brief, ie vous prometz, mõ amy, de vous donner le seur contentement, que vostre feruente amour vous a promis de si long temps: mais si mon malheur empesche vostre prompt retour, vostre absence seule aura la fin de moy. Pourtant ie vous supplie auoir pitié de ceste pauureté, & me secourir: car ie languis, & vis en trop d'amertume. Et puis que iusques icy m'auez esté obeyssant, sans iamais me contredire, maintenant que la necessité est telle, ie vous prie par celle puissance que vous m'auez donnée sur vous, de me venir deliurer de la mort, que ie sents prochaine, & ne tardez: aultrement, vostre demeure vous appreste vn repentir par mon trespas. Ainsi transportée parloit, comme si Amadis eust esté present, lors que Mabile luy interrompit sa pensée, & changeant Oriane propos, luy dit: Ma cousine, puis que nous auons les clefz de ce lieu, il vault mieulx que Gandalin en fasse faire vnes aultres semblables: à ce que vostre cousin estant de retour, puisse entrer & sortir de ceans toutesfoys qu'il luy plaira. C'est bien aduisé, respondit Mabile. Et ainsi qu'ilz deuisoient, suruint l'vn des portiers, qui dit à Mabile: Ma dame, là dehors est Gandalin, qui veult parler à vous. Laissez-le entrer, respondit Oriane: car il a esté long temps nourry auecq' nous, & si est frere de laict d'Amadis, que Dieu gard. Dieu le vueille, dit le portier: ce seroit trop de dommaige si tant bon & vertueux cheualier auoit mal. Lors alla querir Gandalin, & ce pendant Oriane dit à Mabile: Ie vous prie voyez comme vostre cousin est aymé & estimé de tous, mesmes des personnes simples, qui ont tant peu cognoissance de vertu. Il est vray, respondit Mabile. Doncques, dit Oriane, que voulez-vous que ie fasse sinon mourir? ayant esté cause de la ruyne de celluy, qui valloit mieulx que nul aultre viuant, & qui m'aymoit plus que soymesmes. Ah, que malheureuse fut l'heure que ie nasquis oncques, puis que par ma folie & legiere suspition ie luy ay fait tant de tort! Ma dame, respondit Mabile, ie vous prie oubliez telz propos, & ayez seulement esperance: car tout ce que vous dites & faites ne sert de rien pour vostre remede. A l'heure entra Gandalin, à qui Oriane commanda se seoir aupres d'elle: & apres quelques propos qu'ilz eurent ensemble, elle luy recita comme elle auoit enuoyé la damoyselle de Dannemarc chercher Amadis: auquel elle auoit escript vne letre, contenant ce qu'auez entendu, & les parolles de creance qu'elle luy auoit aussi chargées de luy

 dire,

dire. Pourtant, dit la princesse, à ton aduis me pardonnera il? Ma dame, respondit Gandalin, il semble que vous cognoissiez mal le cœur de luy: car ie suys seur, que pour la moindre parole qui soit dans la letre, il se mettroit en pieces pour vous, si vous le luy commandiez: par plus forte raison vous pouez estimer, s'il sera ayse de vous venir veoir. Et croyez, puis que la damoyselle de Dannemarc a entreprins de le trouuer, qu'elle en viendra à bout sur toutes les personnes du monde: car ie ne pense (attendu qu'il s'est caché de moy) que nulle aultre qu'elle, le peult iamais trouuer. Par ainsi, ma dame, vous debuez desormais viure en bonne esperance, & vous resiouyr plus que n'auez fait cy deuant, à fin qu'à son retour il ne vous trouue si empirée de vostre beaulté. Comment Gandalin? respondit elle en riant, te semble-ie maintenant si laide? Mais vous, ma dame, dit il, qui vous estes eslognée de chascun, pour n'estre veue? C'est à fin, respondit Oriane, que si ton maistre vient, & que pour ma laideur il me voulsist fuyr, ie le puisse arrester ceans prisonnier. Pleust à Dieu, dit il, qu'il y feust desia, & en liberté de l'aultre prison ou il est pour vostre amour! Il y a bien d'aultres nouuelles, respondit Oriane, nous auons tant fait que sa cousine & moy auons recouuert les clefz de ces iardins, par lesquelz, à son retour, il nous pourra venir veoir ceans, toutesfoys qu'il vouldra: & fault que tu en fasses contrefaire deux pareilles, qu'il gardera. En bonne foy, dit Gandalin, c'est saigement aduisé. Adoncq' la princesse luy bailla les clefz, & sans seiourner à Mirefleur, retourna à Londres, ou il executa sa commission si diligemment, que le l'endemain il vint trouuer Mabile: à laquelle il bailla les clefz contrefaites, qui les feut incontinent monstrer à Oriane, luy disant: Voicy desia bon commencement, pour recompencer le mal que vous auez fait à vostre Amadis. Mien? respondit Oriane, pleust à Dieu qu'il feust icy! ie le pourrois bien dire mien, voulsist il, ou non. Or sus, sus, n'entrons point de fiebure en chauld mal, dit Mabile: mais voyons ceste nuict si Gandalin a bien besongné, & si les clefz pourront ouurir les huys. Ie vous en prie, respondit Oriane. Et pour l'heure meisrent fin à leur propos, attendant le temps commode pour paracheuer leur entreprinse: & de faict, enuiron la mynuict (que chascun est plus endormy) elles se leuerent secrettement, & descendirent en la court. Le temps estoit lors couuert, & à ce moyen l'obscurité dominoit: parquoy Oriane commença à s'effrayer, & dit à Mabile: Ie vous prie tenez moy la main, car ie meurs de paour. Non, non, ie vous defendray bien, respondit elle, ne suys-ie pas cousine du plus hardy cheualier du monde? Mais encores qu'Oriane tremblast, elle se print à rire, & luy dit: Allons doncq' puis que ie suys en vostre garde: ie m'asseureray desormais soubz la grand' proesse que vous auez aux armes. Puis que si bien vous me cognoissez, respondit Mabile, marchons hardiment, & vous verrez comme i'acheueray ceste aduenture:

ture: à laquelle si i'y faulx, ie iure que de l'an ie ne porteray escu au col, ne donneray coup de lance. Lors se meisrent à rire si fort qu'on les pouoit ouyr aysément: & à mesme instant arriuerent à l'huys, ou essayerent la premiere clef, laquelle se trouua merueilleusement propre, & la seconde aussi: parquoy ilz l'ouurirent sans difficulté, & entrerent au verger. Lors dit Oriane, à Mabile: Ma cousine, ce n'est rien fait, si nous ne faisons plus fort. Comment pourroit retourner vostre cousin, si vne foys nous l'auions mis ceans, veu la haulteur de ceste closture? I'y ay desia aduisé, respondit elle: il luy sera facile par le coing de ceste muraille, contre laquelle luy appuyerons ceste piece de boys, & auecq' l'ayde que nous luy ferons, il montera aysément à mont: mais il fault que ceste premiere ayde vienne de vous, car vous en aurez seule le proffit. Nous verrons que ce sera, dit Oriane, & pour meshuy retirons nous, & allons dormir: ce qu'elles feirent. Et ainsi qu'elles se mettoiēt au lict, Mabile embrassant Oriane, luy dit: Ma dame, pleust à Dieu que le Cheualier, pour lequel nous faisons de si belles entreprinses, feust maintenant en ma place, à la charge de m'en aller dormir hors d'icy, pour n'ouyr les plaintes du mal qu'il vous feroit! Ma cousine, respondit elle, s'il y estoit, i'endureroys beaucoup auant que me plaindre de luy. Et tant continuerent ce plaisant deuis, qu'amour les aguillonna si fort, que tout amoureux lecteur peult penser qu'il leur restoit, pour les faire endormir iusques au lendemain matin, qu'elles s'en allerent à la messe: & au retour trouuerent Gandalin desia arriué de Londres, lequel elles menerent au iardin, & luy compterent comme elles auoient essayé les clefz, & les propos que Mabile tenoit en les essayant. Par ma foy, ma dame, respondit il, vous me faites souuenir du mal que ie dis de vous à mon seigneur, pensant le reconforter: mais il me cuyda à l'heure eschiner, & si feiz tost apres dure pœnitence de ceste menterie, pource que ie m'endormis, & à mon resueil ie ne trouuay bride ne selle à mon cheual: car mon maistre s'en estoit allé, & les auoit cachées pour me garder de le suyure. Parquoy le voyant perdu, & qu'il se cachoit de moy pour les propos que ie luy auois tenuz de vous, ie me trouuay en telle melancolie, que ie me feusse tué si i'eusse eu glaiue pour ce faire. Gandalin mon amy, respondit Oriane, il n'en est besoing que tu l'excuse, ie sçay qu'il m'ayme sans faintise: parquoy ie te prie ne me ramenteuoir plus le mal dont ie suis cause, si tu ne me veulx presentement faire partir l'ame du corps: car tu sçaiz que ie ballance entre la mort & la vie, selon les nouuelles que r'apportera la damoyselle de Dannemarc.

Comme eſtant le Roy Liſuart à table, ſe vint preſenter vn Cheualier eſtrange armé de toutes pieces, qui le deffia: des propos que Floreſtan eut auecq' luy, & comme Oriane feut conſolée, pour les bonnes nouuelles, qu'elle eut d'Amadis.

Chapitre XII.

Stant le Roy Liſuart à l'iſſue de ſon diſner, ainſi que Galaor & don Floreſtan prenoient congé de luy, pour aller conduire Coriſande: entra en la ſalle vn Cheualier eſtrange, armé de toutes pieces, fors d'armet & de ganteletz. Lequel ſe meit à genoulx deuant le Roy, & luy preſentant vne letre ſeéllée de cinq ſeaulx, luy dit: Sire, commandez lire ce cartel, ſ'il vous plaiſt ſçauoir la cauſe de mon arriuée vers vous. Lors le Roy print la letre & la leut: & pource qu'elle portoit creance, il reſpondit au Cheualier: Amy, vous pouez dire voſtre charge quãd il vous plaira. Adoncq' le Cheualier ſe leua, & dit aſſez hault: Roy Liſuart, ie te deffie, & tous tes alliez, de par les puiſſantz princes Fomongomad Geant du lac bruſlant, Cartadaque ſon nepueu Geant de la montaigne defendue, Mandafabul ſon beau frere Geant de la tour vermeille, don Quedragant frere du feu Roy Abies d'Irlande, & d'Arcalaus l'enchanteur: leſquelz te quelz te mãdent tous par moy, qu'ilz ont iuré la mort de toy, & des tiens: Et pour ce faire, ilz se trouuerõt en l'ayde du Roy Cildadan, pour estre du nõbre des cent Cheualiers, qui te ruyneront assurément. Toutesfoys si tu veulx bailler tõ heritiere Oriane, à la belle Madasime fille du tresrédoubté Famõgomad, pour la seruir de damoyselle, ilz te laisserõt viure en paix, & serõt tes amys: car ilz la marierõt auecq' le prince Basigãt, lequel merite bien estre seigneur de tes païs, & de ta fille aussi. Pourtãt Roy Lisuart, essliz de ces deux conditions la meilleure: la paix, comme ie te deuise, ou la plus cruelle guerre qu'il te sçauroit venir, ayant affaire à princes tant puissantz, & redoubtez. Quãd le Roy l'eut longuemẽt escouté (pour mõstrer, qu'il faisoit peu de cas de telles menaces) il se soubzrit, & luy respõdit: Par dieu Cheualier, ceulx qui vous ont donné telle cõmission, me cognoissent tresmal: car i'ay tout le tẽps de ma vie plus estimé la guerre perilleuse, que la paix honteuse, d'autant que ie serois grandement reprehensible enuers Dieu le createur, qui m'a constitué Roy sus tant de peuple, si par faulte de cœur ie le souffrois oultraiger. Parquoy vous en retournez leur dire, Que i'ayme trop mieulx auoir tout le tẽps de ma vie la guerre, qu'ilz demandẽt & à la fin mourir en cõbatant, que de leur accorder la paix: qui seroit tãt à mon desauantaige. Et pource que ie desire sçauoir au long leur vouloir, ie feray partir vn Cheualier des miens, qui yra auecq' vous, lequel leur fera au long entẽdre mon intẽtion: & toutesfoys ie ne sçay si selon leurs statuz, tous ambassadeurs, ou messagers sont en seureté deuers eulx, ainsi qu'entiers les princes Chrestiẽs. Sire, dit le Cheualier, s'il vous plaist qu'il viẽne auecq' moy, ie le prẽdray en ma charge, & le cõduiray iusques au Lac brusiant, qui est en l'Isle de Mongaze, ou ilz sont assemblez auecq' les aultres cẽt, pour vous venir trouuer: vous asseurãt, que là ou est don Quedragant, il ne souffre tort estre fait à créature viuãte. Vrayemẽt, respõdit le Roy, il mõstre en cela qu'il est gẽtil prince: mais dites-moy, s'il vous plaist, vostre nom. Sire, respondit il, ie suis nõmé Landin, nepueu de don Quedragant, qui suis venu auecq' luy, vẽger la mort du Roy Abies d'Irlande mon oncle, toutesfoys nous n'auõs peu encores rencõtrer celluy qui le tua, & si ne sçauons s'il est mort ou non. Ie vous en croy, respondit le Roy, que pleust à Dieu que sceussiez certainemẽt qu'il feust vif, & il feust icy! car tout le demourant yroit bien. Sire, dit Landin, ie sçay bien pourquoy vous le dites, vous l'estimez le meilleur Cheualier du monde: neantmoins i'espere me trouuer en la bataille, qui vous est preparée, & y faire tel effort à vostre desauantaige, que vous changerez peult estre d'opinion. Par nostre dame, respõdit le Roy, il m'en desplaist, i'aymerois trop mieulx qu'eussiez le vouloir de demourer en mon seruice: tant y a, que vous trouuerrez là qui vous sçaura assez respondre. Et vous, dit le Cheualier, maintz aultres, qui vous poursuyuront iusques à vostre mort honteuse, comme ie suis seur. Quand Florestan l'entendit parler si brauement, & au desaduantaige d'Amadis, la chola cholere luy monta au visaige, & dit à Landin : Cheualier, ie ne suis natif de ce pays, ny vassal du Roy, ainsi pour chose que vous luy ayez dit, ie n'ay occasion de respondre, mesmes qu'il y a icy present tant de Cheualiers meilleurs que moy, sur lesquelz ie ne vouldrois entreprendre. Toutesfois puis que ne pouez trouuer Amadis, qui est (comme i'estime) vostre grand proffit, ie suis prest de vous combatre, & desmeller la querelle que vous auez à luy. Et à fin que me cognoissiez mieulx, ie suis son frere Florestan, lequel vous offre ce combat, par telle conuention que si ie vous puis vaincre, vous serez tenu de vous deporter de la querelle que vous auez cõtre luy, & si vous me deffaites, vengez sur moy partie de vostre cholere. Tant y a que vous ne debuez trouuer estrange le debuoir, auquel ie me soubzmetz: car ie n'ay moins d'occasion de soustenir sa querelle cõtre vous (luy absent) que vous auez celle du Roy Abies, duquel vous estes nepueu: estãt tout seur qu'il est bien en la puissance de mõ seigneur Amadis, de me vẽger, si fortune permettoit qu'eussiez aduãtaige sus moy. Seigneur Florestan, respõdit Landin, à ce que ie voy vous auez enuie de combatre: mais ie ne vous puis satisfaire, n'ayant aulcun pouoir sur moy pour l'affaire auquel par aultre ie suis delegué: aussi que i'ay promis, auant mon partement, aux seigneurs qui m'ont appellé en leur cõpaignie, de n'entreprẽdre (auant la bataille) chose qui me puisse retarder d'y assister & faire mon debuoir : & pourtant tenez moy à present pour excusé, iusques apres la bataille, lors ie vous prometz accepter le combat que vous demandez, & plustost n'y puis entẽdre. Par dieu, dit Florestan, vous parlez en gentil Cheualier: car ceulx qui ont telles charges que vous auez à present, doibuẽt oublier & desnier leur propre volunté, pour satisfaire à ceulx, de par qui ilz sont enuoyez, aultremẽt ilz seroiẽt à blasmer veu, qu'encores que vous vinssiez au dessus de ce cõbat à vostre hõneur, le leur (peult estre) en retarderoit pour vostre demeure & empeschemẽt, attẽdu qu'ilz se reposent tous soubz vostre charge: à ceste cause ie suis content de differer iusques au tẽps que vous demandez, & pour n'y faillir apres, voila mon gaige. A l'instant iecta ses gants, & Lãdin le gãtelet: parquoy (de leur consentemẽt) feut le tout remis au trenteiesme iour d'apres la bataille. Puis Landin demãda cõgé au Roy, qui luy bailla vn Cheualier nommé Filipinel, pour aller auecques luy deffier les Geants, ainsi que Landin auoit fait de leur part. Et pource que la court se trouuoit troublée pour tãt mauluaises nouuelles, le Roy voulant faire resiouyr la compaignie, dit à Galaor: Il m'est souuenu, beau sire, de vous faire presentemẽt vne chose qui vous dõnera du plaisir. Lors feit appeller Leonor sa petite fille, auec toutes ses damoyselles, qui toutes estoient habillées d'vne mesme pareure, portans chapeaulx de fleurs sur leurs testes: ausquelles il cõmanda de dãcer aux chãçons, ainsi qu'ilz faisoient, souuẽt. Et vous ma mignonne, dit il à Leonor, cõmencez par celle que Amadis feit pour l'amour de vous, estant vostre Cheualier. Lors chanta la ieune princesse:

Chançon.

Chançon.

Leonor, doulce rosette,
Blanche par sus toute fleur,
Rosette fraische & doulcette,
Pour vous suys en grand' douleur.

Ie perdis ma liberté,
Quand me mis
A regarder la clarté,
Qui soubzmis
M'a au mal qu'ont voz amys:
Lequel pour grand bien i'accepte,
L'ayant pour telle valeur.
Rosette fraische, & doulcette,
Pour vous suys en grand' douleur.

De tout aultre que ie puis veoir
N'ay vouloir,
Estant seulement à vous:
Mais bien voy que mon debuoir
Est d'auoir
Souffrance, par dessus tous.
Soit doncq' amour en courroux,
Et s'il veult tresmal me traitte,
Son mal prendray pour bon heur.
Rosette fraische, & doulcette,
Pour vous suys en grand' douleur.

Encores que mon mal se monstre
A vous dame,
C'est en aultre qu'il rencontre,
Et reclame
L'occasion de sa flamme:
Celle seule a la recepte,
De m'oster de ce malheur.
Rosette fraische, & doulcette,
Pour vous suys en grand' douleur.

Et puis

T puis qu'il vient si à propos, je vous veulx faire entendre pour quelle occasiõ Amadis feit ceste chançon. Vn iour estãt la Royne deuisant auecq' Oriane, Mabile, & Olinde (entrant Amadis en sa chambre) appella sa fille Leonor, & luy dit, Qu'elle l'allast prier d'estre son cheualier, & que de là en auãt il la seruist, sans porter affection à nulle aultre qu'à elle. La petite princesse, pensant que sa mere dist à bon essient, se leua, & de bien bõne grace vint faire ceste requeste à Amadis: parquoy toutes les dames se meisrent à rire. Lors Amadis la prenãt entre ses bras, luy dit: Ma petite dame, si vous voulez que ie soye vostre cheualier, faites moy present de quelque ioyau, pour recognoissãce que vous estes ma maistresse, & que ie suys vostre. Ie n'ay, respondit elle, que vous donner, sinon ce fermeillet d'or que ie porte sur ma teste. Lequel soubdainement elle destacha, & le luy bailla: dont chascun recommença à rire, voyant comme naifuement elle donnoit foy aux paroles d'Amadis, qui pour l'amour d'elle feit depuis ceste chançon. Et la chanta Leonor, & ses compaignes, ainsi qu'auez entendu, qui donnerent grand plaisir à toute la compaignie: puis feirent vne grande reuerence, & retournerent ou estoit la Royne. Lors le Roy retira à part Galaor, Florestan, & Agraies, qui pourchassoient leur congé, pour aller cõduire Corisande, & leur dit: Mes amys vous estes les troys personnes du monde, ausquelles i'ay plus de fiance. Vous sçauez la bataille que i'ay accordée auecq' le Roy Cildadan, qui se doibt dõner la premiere sepmaine du moys d'Aougst: en laquelle se trouueront contre nous maintz fortz Geans, qui tous sont gents de sang, & de cruaulté. Parquoy ie vous prie de n'entreprendre, d'icy en auant, chose qui vous destourbe de me tenir compaignie, aultrement vous me feriez trop grande faulte: pource que par vostre ayde, i'espere en Dieu, que l'orgueil & oultrecuydance de mes ennemys succumbera, & demourerons vaincqueurs, & eulx perduz & deffaictz. Sire, respondit Galaor, il n'est besoing de priere, ou commandemẽt en nostre endroit, pour nous trouuer en lieu tant recommãdé: car encores que nous eussiõs du tout perdu l'enuye que nous auons de vous faire seruice, le desir de combatre contre telz personnages ne seroit pourtant diminué enuers nous, veu que la fin, en laquelle doibuent tendre tous bons cheualiers, est de se trouuer en telles entreprinses, ou ilz peuuẽt acquerir loz & reputation. Ainsi, Sire, asseurez-vous que nostre retour sera brief vers vous, & ce pendant vous debuez parler particulierement à voz aultres cheualiers, pour les animer & entretenir au bon vouloir qu'ilz ont de vous seruir: ce que le Roy eut aggreable, & leur donna congé. Adoncq' s'en allerent à la cõduicte de Corisande, comme ie vous ay desia recité. Or auoit Gandalin entendu tous ces propos, & veu comme les troys cheualiers estoiẽt partiz: parquoy il s'en alla à Mirefleur, le faire entẽdre à Oriane & Mabile, lesquelles furẽt tresdesplaisantes

de ce

de ce nouueau deffiement de Geants contre le Roy. Lors dit Oriane à Gandalin: En bonne foy, puis que Corisande a maintenant Florestan à son commandement (veu le grand amour qu'elle luy porte) elle doibt estre bien ayse, & Dieu l'y vueille longuement tenir: car c'est vne tressaige & vertueuse dame, & qui le merite bien. Ce disant se print à pleurer & en souspirant s'escria: Helas, Seigneur Dieu, pourquoy ne permettez-vous que ie veoye encores mon seigneur Amadis vn seul iour? Ie vous supplie me faire ce bien, ou plus ne me laisser la vie, pource que mon ame s'en lasse. Et à l'instant deuint si triste, qu'elle feit grand' pitié à Gandalin, lequel toutesfoys dissimula, faignant n'estre content de ce propos, & luy respondit: Ma dame, vous ne debuez trouuer mauluais, si desormais ie ne me monstre plus deuant vous: car i'ay tousiours eu espoir que mon seigneur Amadis seroit en brief de retour, & vous oyant tenir telz propos, me faites perdre ce bien, sans lequel ie ne vouldrois viure. Gandalin mon amy, dit elle, ie te prie, ne te courrousse point. Ie te iure ma foy, si ie pouois monstrer meilleur visaige, ie le ferois voluntiers, mais ie ne puis aultrement faire: car mon cœur qui est en continuelle tristesse, ne le vouldroit nullement permettre, & n'estoit le reconfort que tu m'as donné, ie t'asseure que ie n'auroye l'effort de me pouoir soustenir sur piedz, tant ie me treuue ennuyée, mesmes de ceste guerre qu'à entreprins mon pere: laquelle ie doubte merueilleusement, pour l'absence de ton maistre. Ma dame, respondit Gandalin, il ne sera ia si bien caché qu'il n'en ayt nouuelles: & si suis tout seur, que quelque defense que luy ayez faite, il ne fauldra à s'y trouuer, sçachant que c'est chose de trop d'importance au Roy, & à vous: non qu'il se presente deuant vostre personne, mais il se fera cognoistre en lieu ou il vous fera seruice, en esperance que vous luy pardonnerez la faulte qu'il n'a faite ny pensée. Dieu vueille, dit Oriane, que ta parole soit veritable. Et ainsi qu'ilz estoient sur ces propos, vint vne damoyselle, dire à Oriane: Ma dame, la damoyselle de Dannemarc est arriuée, qui vous apporte de beaulx presents. Lors craincte, & esperance vindrent telement saisir le coeur de la princesse, que sans pouoir dire vn seul mot, commença à trembler: dequoy Mabile s'appercepuant, respondit à la damoyselle: M'amye, faites la entrer seule. La damoyselle retourna la faire venir: mais croyez que ce pendant Mabile, & Gandalin ne sçauoient quelle contenance tenir, doubtans des bonnes ou mauluaises nouuelles que la damoyselle de Dannemarc apportoit. Laquelle entra tost apres, auecq' vn visaige de personne aise, & non faschée: & faisant la reuerence à Oriane, luy presenta vne letre de la part d'Amadis, luy disant: Ma dame, mon seigneur Amadis se recommande treshumblement à vostre bonne grace, lequel i'ay troué, comme vous pourra asseurer la letre par luy escripte de sa propre main. Oriane print la letre: & ainsi qu'elle la cuydoit ouurir, elle sentit en son esprit

vne telle

vne telle ioye, que tous les mouuements de ſon corps demourerēt ſans pouoir remuer, pour ne vouloir faire aultre office que de participer à ceſte heureuſe nouuelle: telement que Oriane, tomba du hault d'elle. Mais tout ſoubdain elle fut releuée, & ouurit la letre: dās laquelle elle trouua l'aneau qu'elle enuoya à Amadis par Gandalin, lors qu'il combatit Dardan à Vindiliſore, & le recogneut auſſi toſt. Parquoy en le baiſant, dit aſſez hault: O aneau diuinemēt gardé! benoiſt ſoit celluy, qui oncques te feit tant fortuné, donnant de main en main tout le plaiſir que l'on pourroit ſouhaitter! Puis le meit en ſon doigt, & commença à lire la letre. Et quand elle veid les gracieuſes parolles d'Amadis, & le remerciement qu'il luy faiſoit de la ſouuenance qu'elle auoit eue de luy, par laquelle il eſtoit retourné de mort à vie: oncques femme ne feut plus ayſe, & leuant les yeulx en hault, ſ'eſcria: O Dieu du ciel & de la terre, reparateur de toutes choſes, loué ſoit voſtre ſainct nom, quand il vous a pleu me regarder en pitié, par la diligence de ceſte damoyſelle! Adoncq' ſe retira à part, & print la damoyſelle de Dannemarc par la main, luy diſant: Ie vous prie, belle dame, dites moy comme vous l'auez troué, le temps qu'auez eſté enſemble, & le lieu ou vous l'auez laiſſé. Par ma foy, ma dame, reſpondit la damoyſelle, au partir de vous i'arriuay en Eſcoſſe, ou ie ſeiournay quelques iours ſans en auoir nouuelles: au moyen dequoy (quaſi deſeſperée de ſatisfaire à voſtre vouloir) ie m'embarquay pour retourner vers vous: mais il pleut à noſtre Seigneur nous enuoyer vne ſi forte tempeſte en mer, que maulgré tous noz mariniers, la nef fut poulſée en la Roche pauure, ou eſtoit mon ſeigneur Amadis. Lequel de prime face nous ne cogneuſmes, car il auoit changé de nom, d'habitz & de viſaige: & cuyda mourir en noſtre preſence, ſans qu'il fuſt quaſi ſecouru d'aulcun de nous. Toutesfoys à la fin i'aduiſay vne playe qu'il a au viſaige, laquelle Arcalaus luy feit aultresfoys, par laquelle i'euz tant de ſuſpition ſur luy, qu'à la fin il ſe declaira à moy. Et continuant ſon propos, luy recita entierement tout ce, qu'auez entendu au commencemēt de ceſte hyſtoire. Lors amour & pitié traictoient le cœur de la princeſſe d'vne ſi eſtrange ſorte, qu'elle pria à la damoyſelle ne luy compter plus des trauaulx d'Amadis: mais ſeulement comme à preſent il ſe portoit. Ma dame, reſpondit elle, ie l'ay laiſſé dans la foreſt, attendant de voz nouuelles. Et comment luy en pourrons-nous ſecretement faire ſçauoir? dit Oriane: car ſi vous retournez ſi ſoubdain vers luy, l'on ſ'en pourra doubter. Pour ceſte occaſion, reſpondit la damoyſelle, i'ay amené quant & moy Durin: lequel ie renuoyeray quand il vous plaira, faignant que i'ay oublié partie des preſents que i'apportois à Mabile. C'eſt tresbiē aduiſé, dit la princeſſe. Puis elle luy compta comme Coriſande leur donna la premiere eſperance que Amadis n'eſtoit pas mort, & que c'eſtoit il qui ſe faiſoit nommer le beau Tenebreux. Il eſt vray, reſpondit la damoyſelle, & ſe nomme encores ainſi: & ſi n'a deliberé (à ce qu'il m'a dit) chāger de nom, que premier il

ne vous

ne vous ait veue, si vous ne luy commandez. Ce sera doncq' bien tost, dit Oriane, car sa cousine & moy auons desia donné ordre comme il pourra venir ceans, quand il luy plaira, sans estre d'aulcun apperceu. Nous auons la clef de ce iardin (par lequel le chemin luy sera aysé & couuert) laquelle nous luy enuoyerons par Durin: pourtant appellez-le, pour luy dire ce, qu'Amadis aura à faire à son arriuée. Adoncq' s'approcha Durin, & Oriane luy monstrant le iardin, luy dit: Amy Durin, voys-tu ce verger? il fauldra qu'Amadis y entre par le coing de ceste muraille, & estãt dedans, voicy les clefz de l'huys pour venir ceans: lesquelles tu luy porteras, & luy feras entendre ce que ta sœur te dira de ma part. Puis se retira les laissant ensemble, & entra en vne grande salle: & aussi tost enuoya dire à la damoyselle, qu'elle luy apportast les presents que la Royne d'Escosse enuoyoit à Mabile, & à elle, ce qu'elle feit. Mais en les desployant, comme estant surprinse, elle s'escria: Iesus, ma dame, i'ay oublié ceulx de Mabile, ou nous auons couché ces iours passez, & si Durin n'y retourne, ilz sont en danger d'estre perduz! Or sçauoit Durin l'entreprinse, & à ceste cause il commença à faire le retif: & d'aultre part Mabile, faignãt estre tresmarrye, luy dit: Durin mon amy, voulez-vous pas me faire ce plaisir, de retourner querir ce que vostre sœur a oublié? Ma dame, respondit il, ie feray ce qu'il vous plaira: mais par ma foy ie serois cõtent qu'il vous pleust donner ceste commission à quelque aultre, pour le mal que nous auons enduré sus ce malheureux chemin. Mon amy, ie vous en prie, dit elle, & soyez seur que ie le recognoistray. En bonne foy, respondit Oriane, ce sera raison. I'entendz bien que c'est, dit Durin, encores vous mocquez-vous de moy. De ceste parole chascun se meit à rire, voyant le mal contentement qu'il auoit de retourner arriere. Or bien, dit il, puis qu'il fault que i'aye ceste coruée, ie partiray demain au matin. Adoncq' chascun se retira, & s'en alla Durin à Londres veoir Gandalin, auquel il feit entendre tout ce que vous auez entẽdu: puis s'en partit pour retourner vers Amadis en l'abbaye ou il attendoit nouuelles d'Oriane. Toutesfois (auant que partir) Gandalin l'aduertit de dire à Enil son cousin, qu'il meist peine de bien seruir le beau Tenebreux, & que durant le temps qu'ilz seroient ensemble, il s'enquist aussi des nouuelles d'Amadis: & luy mandoit Gandalin tel propos, pour luy faire encores plus descognoistre celluy, au seruice duquel il estoit, à fin qu'Amadis eut moyen de conduire plus secrettement ses affaires.

Comme le beau Tenebreux,

enuoya faire faire vn nouueau harnoys à Londres, par Enil son escuyer, & des aduentures qui luy aduindrent en allant à Mirefleur, veoir Oriane.

Chapitre XIII.

MAis pour trop ne nous eslongner de ce qu'il aduint au beau Tenebreux, entendez, Qu'apres quelque seiour qu'il feit au monastere, ou le laissa la damoyselle de Dãnemarc, attẽdant nouuelles d'Oriane, il se trouua dispos pour porter harnoys: & à ceste cause enuoya Enil luy achepter cheuaulx & armes, auecq' vn escu de sinople, semé de Lyons d'or sans nombre. Lequel retourna vers luy le propre iour que Durin arriua en l'abbaye, ou il fut bien receu du beau Tenebreux: qui luy demanda en la presence d'Enil, ou il auoit laissé la damoyselle de Dannemarc sa sœur. Mon seigneur, respondit il au partir de vous elle oublia aulcuns des presents que la Royne d'Escosse enuoyoit à ma dame Mabile, lesquelz ie viens chercher. Puis s'adressant à Enil, luy dit: Enil, vostre cousin Gandalin se recommande bien fort à vous. Quel? Gandalin? respondit le beau Tenebreux. Mon seigneur, dit Enil, c'est vn mien cousin, qui a seruy longuement vn Cheualier nommé Amadis de Gaule. Adoncq' le beau Tenebreux, sans plus enquerir, retira Durin à part: lequel luy recita entierement tout ce qu'il auoit charge de luy dire de la part d'Oriane, & comme elle l'attendoit à Myrefleur, bien deliberée de luy faire bon recueil: semblablement l'ordre qu'elle auoit mise à le faire entrer, & sortir quand il luy plairoit, sans estre apperceu: & aussi comme ses freres, Galaor, Florestan, & Agraies, seiournoient à la court, attendants la bataille qui debuoit estre en brief, entre les Roys Lisuart & Cildadan d'Irlande: mesmement la deffiance que Famongomad, & aultres Geants & Cheualiers, auoient enuoyez au Roy, s'il ne leur vouloit bailler Oriane, pour estre damoyselle de Madasime, pour la marier (peu apres) à Basigant, filz aysné d'icelluy Famongomad. Quand le beau Tenebreux entendit tel discours, le coeur luy creua quasi de grand despit: proposant en soymesmes, que la premiere entreprinse qu'il feroit (apres auoir veu sa dame) feroit de trouuer Famongomad, & le combatre, pour venger l'iniure qu'il vouloit faire à Oriane. Apres que Durin luy eut le tout fait entendre, print congé de luy pour aretourner à Myrefleur, le laissant en l'abbaye, bien deliberé de là en auant, d'abaisser l'oultrecuydance des Geants: louant Dieu, toutesfoys, du bien qu'il luy auoit fait d'auoir recouuert la bonne grace d'Oriane, de laquelle dependoit entierement sa vie & tout son honneur. Puis le lendemain auant l'aube du iour s'arma des armes que Enil luy auoit apportées, & montant à cheual print le chemin de Myrefleur: mais il ne fut guieres eslongné, que sentant le plaisir qui luy estoit promis & prochain, donnant carriere, se meit à voltiger son cheual, si dextrement que Enil en feut esbahy, pensant qu'il n'eust oncques esté que Hermite, & luy dit: Mon seigneur, attendant que ie puisse iuger de l'effect, & effort de vostre couraige, ie puis bien dire que ie ne veis iamais Cheualier plus adroit que vous, ne qui mieulx meine vn cheual à la raison. Enil mon amy, respondit le beau Tenebreux, les coeurs magnanimes des personnes, font les choses bonnes, & hardies entreprinses, non pas l'apparence exterieure: doncques ayant dit ton aduis de la contenance, iuges apres du couraige, selon ge, selon qu'il meritera, & que tu verras. Ainsi chemina tout le iour le beau Tenebreux, deuisant auecq' Enil de propos de gaudisserie: car l'obscurité qui l'auoit troublé par le passé, estoit passée, & reluysoit en son esprit le desir de trouuer celle, qui le faisoit viure. Parquoy venant sur le tard, il se logea chez vn ancien Cheualier, lequel luy feit grand recueil & bonne chere: toutesfoys le lendemain il deslogea. Et pource qu'il ne vouloit de là en auant estre cogneu, il meit, au partir du logis, son armet en sa teste, sans l'en oster que pour se refraischir: & chemina de là en auant sept iours entiers sans aduẽture trouuer, iusques au huyctiesme iour ensuyuãt, qu'il arriua au pied d'vne montaigne, & veid venir vers luy, du long d'vn sentier, vn Cheualier monté sur vn puissant roussin, qui se monstroit tant grand & de si forte taille, qu'il sembloit quasi vn Geant. Lequel s'approchant, cria au beau Tenebreux: Cheualier, ie vous defendz le passaige, premier que ie sçache de vous, ce que i'ay enuie d'entendre. Assez tost le cogneut le beau Tenebreux (encores qu'il ne l'eust oncques veu) car l'escu qu'il portoit estoit d'azur à trois Fleurs d'or, qui luy feit souuenir d'auoir veu le semblable en l'Isle Ferme, & que c'estoit à don Quedragant. Dont il fut desplaisant, tant pource qu'il auoit deliberé ne combatre premier qu'il eust trouué Famongomad, que pour ne faillir à ce que Oriane luy auoit mandé par Durin: & doubtoit fort tel empeschement, sçachant que Quedragant estoit l'vn des meilleurs Cheualiers du monde: toutesfoys il s'appareilla pour la iouste. Ce que voyant Enil, luy dit: Mon seigneur, ie croy que vous voulez combatre ce diable. Il n'est pas diable, respondit le beau Tenebreux: mais l'vn des plus roides Cheualiers que l'on sçache, duquel i'ay aultresfoys bien ouy parler. Adoncq' s'approcha Quedragant, qui luy dit: Cheualier, il conuient que vous me diez, si vous estes de la maison du Roy Lisuart, ou non. Pourquoy? respondit le beau Tenebreux. Pource, dit il, que ie suis ennemy mortel de luy, & de tous les siens: & n'en cognoistray nul, que ie ne fasse mourir de malle mort, si ie puis. Si grand despit eut le beau Tenebreux de s'ouyr ainsi menacer, mesmes le Roy Lisuart, & tous ses Cheualiers, qu'il respondit à Quedragant: Vous estes doncq' de ceulx, qui auez deffié vn si bon Roy. Ie suis bien celluy, dit il, qui fera toute l'iniure qu'il sera possible à luy & aux siens. Et comme vous nommez vous? respondit le beau Tenebreux. Don Quedragant, dit il. Par dieu don Quedragant, respondit le beau Tenebreux, encores que vous soyez gentil Cheualier, & de hault lignaige, si auez vous entreprins vne tresgrande folie, deffiant ainsi le plus puissant & meilleur Roy du mõde: car tout Cheualier prudent, doibt seulemẽt tendre aux choses qui luy sont possibles, veu que depuis qu'ilz passent les bornes de leur pouoir, c'est à eulx plus vraye folie que hardiesse. Quant à moy, ie ne suis vassal du Roy à qui vous auez querelle, n'aussi de ses païs: neantmoins i'ay tousiours eu enuie de luy faire seruice, & partant vous me pouez cõpter du nombre nõbre des deffiez,&auoir cõbat à moy, si en auez enuie, sinõ suyuez vostre chemin. Par dieu, dit Quedragãt, ie croy que le peu de notice que vous auez de moy, vous fait parler tant brauemẽt: neãtmoins ie desirerois bien sçauoir vostre nom. L'on m'appelle, respõdit il, le beau Tenebreux: mais ie pẽse que pour le peu de renõmée qui est encores en moy, vous me cognoistrez cõme parauãt. Et cõbiẽ que ie soye estrãger, si ay-ie entẽdu n'a guieres que vous cherchez Amadis de Gaule: toutesfois ie croy que c'est vostre proffit de ne le trouuer, veu ce que i'ay ouy parler de luy. Cõmẽt? dit Quedragant, estimez-vous plus que moy celluy, à qui ie veulx tant de mal? Par dieu vous en repentirez, & vous defendez si vous auez le cœur assez bon. Encores, respõdit le beau Tenebreux, que cõtre vn aultre ie feusse cõtent pour ceste heure m'excuser du cõbat, si veulx-ie bien l'entreprendre cõtre vous, pour la menace & oultrecuidance dõt vous vsez enuers moy. Ce disant, coururẽt l'vn cõtre l'aultre de si grãd' roideur, que le cheual du beau Tenebreux cuida donner du nez à terre: & luy, fut nauré d'vn esclat au tetin droit, & don Quedragãt desarçõné, & blessé griefuemẽt dãs les costes. Neãtmoins il se releua legieremẽt, & print son espée, courãt cõtre le beau Tenebreux, lequel il surprint tãdis qu'il s'amusoit à redresser son armet: & auãt qu'il se dõnast de garde, Quedragãt luy tua sõ cheual soubz luy: mais le beau Tenebreux le sentant tõber, meit prõptemẽt pied à terre. Lors trop despité de si lasche tour, dit à Quedragant: Cheualier, vous n'auez pas fait grãdz armes, ayãt ainsi vilainemẽt tué mon cheual. Il vous debuoit assez suffire de mõstrer cõtre moy ce, que sçauez, nõ pas enuers vne beste: ce nõ obstãt i'ay bõne esperãce que le tort que vous luy auez fait, & à moy aussi, redõdera sur vostre teste. Dõ Quedragãt ne luy respõdit mot, mais se courãt de son escu, vint charger le beau Tenebreux, qui luy monstra en peu d'heure, cõme il sçauoit rẽdre, ce qu'on luy prestoit: & à les ouyr cõbatre, on eust iugé, que plus de dix cheualiers estoiẽt de leur meslée. Lors se ioignirẽt de si pres qu'ilz se saisirent au corps, taschãts à ruer l'vn l'aultre par terre, ce qui leur feut impossible: parquoy sans prẽdre alaine cõmencerẽt leur premier cõbat, & à charger l'vn l'aultre à grãdz coups d'espée si viuemẽt, que les escuyers regardãts tãt cruel cõbat, estimoiẽt qu'il feust impossible, que tous deux ne mourussent par la main l'vn de l'aultre. Et ainsi se maintindrent depuis tierce, iusques à vespres, sans eulx reposer ne parler ensemble: mais à l'heure don Quedragant, se trouua si recreu que le cœur luy faillit, & cheut en la place. Au moyẽ dequoy le beau Tenebreux se iecta sur luy, & ainsi qu'il luy arrachoit le heaulme pour luy couper la teste, Quedragãt prenãt air, cõmẽça à respirer: dequoy le beau Tenebreux s'apperceuãt (encores qu'il feust prest de lascher le bras, pour satisfaire à la vẽgeãce qu'il vouloit prendre sus son ennemy) arresta son coup, demourant l'espée preste à razer ce, qu'elle rẽcõtreroit au deualler. Et dit à Quedragãt: Il est bien tẽps que tu pẽses de tõ ame: car c'est fait de toy. Quãd Quedragant se gant se cogneut en tel dãger,il feut si estõné,qu'il respõdit au beau Tenebreux: Helas ie vous supplie,aumoins,que ie ne meure sans confession! Si tu veulx plus viure,dit le beau Tenebreux,rẽds toy vaĩcu,& me prometz de faire ce,que ie te cõmenderay.Ie feray volũtiers tout ce qu'il vous plaira,respõdit don Quedragãt,combiẽ que ie ne soye vaincu:car celluy n'est vaincu,qui sans mõstrer couardie s'est defendu iusques à perdre alaine, & tõber aux piedz de son ennemy:ains celluy seul est vaincu, qui par faulte de cœur,laisse à faire son deuoir.Vrayement,dit le beau Tenebreux, vous dites la pure verité,& suys tresaise d'auoir apprins cela de vous.Or me iurez que vous ferez mon cõmandemẽt:ce que feit Quedragãt. Adoncq' le beau Tenebreux appella les escuyers pour en estre tesmoings, puis dit: Ie veulx qu'au partir d'icy:vous alliez en la court du Roy Lisuart,de laquelle vous ne partirez, qu'Amadis (que vous cherchez) n'y soit arriué. Lors vous mettrez en sa mercy, luy pardõnãt la mort de vostre frere le Roy Abies d'Irlãde: car à ce que i'ay entẽdu,eulx deux de leur propre volunté se deffierẽt,& eurẽt combat ensemble,telemẽt que ceste vẽgeãce ne se doibt pourchasser. D'auantaige,ie veulx que vous deportiez du deffiement que vous auez fait au Roy, & à ceulx qui le seruent, sans que d'icy en auant, vous portiez armes cõtre nul d'eulx.Ce que Quedragãt promeit de faire, combiẽ que ce feust à son tresgrãd regret.Lors cõmanda à ses escuyers luy preparer vne lictiere,pour le porter à Lõdres,suyuãt sa promesse.D'aultre part le beau Tenebreux,qui s'estoit saisi du cheual de dõ Quedragãt,pour le sien qui estoit mort,bailla ses armes à Enil,& suyuit son chemin: sur lequel aduisa quatre damoyselles,qui chassoiẽt auecq' vn esmerillõ,lesquelles auoiẽt veu le combat precedãt,& ouy tous les propos des deux cheualiers:& à ceste cause elles s'adresserent au beau Tenebreux, le priant affectueusement de venir loger en leur chasteau, ou il luy seroit fait tout l'hõneur dont elles se pourroiẽt aduiser,pour l'amour du Roy à qui il desiroit faire tant de seruice.Ce qu'il ne refusa:car il estoit las du grãd trauail,qu'il auoit soustenu tout le iour. Et aussi tost qu'il feut arriué au logis,ellesmesmes le desarmerent pour veoir s'il estoit fort nauré: mais il n'auoit aultre playe que celle du tetin,qui estoit peu de cas. Trois iours entiers y seiourna le beau Tenebreux,puis s'en partit cheminant tout le iour sans trouuer aduẽture:& la nuict ensuyuant se retira en vn petit logis,qui estoit sur son chemin,duquel il deslogea le lendemain de grãd matin: & enuirõ le midy se trouua sur vn tertre,& descouurit la ville de Lõdres,& le chasteau de Mirefleur,ou estoit sa dame Oriane. Lors feut surprins de tresgrand' ioye: toutesfois il faignit ne cognoistre la cõtrée ou il estoit, & demanda à Enil s'il la cognoissoit.Oy biẽ mõ seigneur,respõdit Enil,voila la ville de Londres,ou est à present le Roy Lisuart.Par dieu,dit le beau Tenebreux,ie serois biẽ marry que luy,ou aultre me cogneust, tãt que mes œuures l'ayent merité,& que par armes ie me soys fait desirer en telle cõpaignie.Pourtãt

va t'en

va t'en veoir cest escuyer Gădalin, duquel Durin te feit n'a guieres les recommendations:& t'enquiers saigement de ce, que l'on dit de moy: aussi quand se donnera la bataille du Roy Cildadan. Cōment? respondit Enil, vous laisseray-ie tout seul? Ne te chaille, dit il, i'ay souuẽt accoustumé d'aller ainsi: toutesfois deuant que tu partes, ie veulx que nous regardions ensemble quelque lieu, ou tu me puisse retrouuer à ton retour. Adōcq' marcherent plus oultre, & aduiserent aussi tost sur le bort d'vne riuiere, deux pauillons tenduz, & au meilleu vne tresbelle tente. A l'entrée de laquelle estoient plusieurs cheualiers & dames, qui s'esbatoient, & dix aultres cheualiers armez, qui les gardoiẽt:& n'y auoit pauillon, ou il n'y eust cinq escuz penduz, & autant de lances. Lors le beau Tenebreux, craignant d'estre destourné de son entreprinse, voulut euiter le cōbat:& print son chemin à gaulche. Ce que voyant les cheualiers l'appellerẽt, luy disant, qu'il failloit qu'il dōnast vn coup de lance pour l'amour des dames. Mais il leur respōdit, qu'à l'heure il n'en auoit enuie. Car, disoit il, vous estes fraiz & beaucoup:& moy seul & fort trauaillé. Par dieu, dit l'vn d'eulx, ie croy que c'est de crainte de perdre vostre cheual. Et pourquoy le perdroys-ie? respondit le beau Tenebreux. Pource, dit le cheualier, qu'il seroit à celluy, qui vous abbatroit:& si suys seur que vostre perte seroit plus certaine, que le gaing que vous feriez sur nous. Puis qu'ainsi est, respōdit il, i'ayme mieulx m'en aller, que de me mettre en ce hazard: ce disant passa oultre. Vrayemẽt, disrent les cheualiers, à ce que nous voyons, voz armes sont plus defendues par belles paroles, que par grandz faictz d'armes, telement qu'elles seront encores assez entieres pour mettre sur vostre sepulture, & vesquissiez vous cent ans & plus. Vous m'aurez en l'estime telle qu'il vous plaira, respondit le beau Tenebreux: car pour cela ma bōté n'en diminuera en rien. Pleust à Dieu, dit vn qui s'auança, que vous eussiez enuie de rompre seulement vn bois contre moy! Ie vouldrois estre reputé trahistre, ou ne mōter d'vn an sur cheual, si vous alliez meshuy chercher logis sur le vostre. Seigneur, respōdit il, c'est ce que ie doubte, & qui m'a fait destourner du droit chemin. Lors se prindrent tous à rire, & à le gauldir, disant: Voyez le vaillant champion! il s'espargne pour la bataille! Mais pour tout cela le beau Tenebreux n'en feit cas, ains suyuit son chemin iusques à ce, qu'il vint sur le bort d'vne riuiere: mais ainsi qu'il vouloit passer oultre, il entendit vne voix qui cryoit: Arrestez cheualier arrestez. Adoncq' tourna la teste pour regarder que c'estoit, & veid vne damoyselle bien en ordre montée sur vn pallefroy, qui venoit à luy, laquelle à son arriuée luy dit: Cheualier, en ceste tente est ma dame Leonor, fille du Roy Lisuart, auecq' ses damoyselles, qui vous prient toutes maintenir la iouste cōtre ses cheualiers, & mōstrer que vous voulez faire quelque chose pour l'amour des dames. Comment? respōdit il, la fille du Roy est elle là? Oy certes, dit la damoyselle. Par dieu, dit le beau Tenebreux, ie serois desplaisant d'auoir querelle à ses cheua-

 liers: car

liers: car plustost leur vouldroys-ie faire seruice pour l'honneur d'elle. Toutesfois puis qu'il luy plaist que ie fasse aultrement, i'en suys content: par tel si qu'ilz ne me demanderõt que la iouste seulemẽt. A l'heure print ses armes, & s'en alla droit aux pauillons, & la damoyselle marcha deuant pour en aduertir les cheualiers: parquoy ne tarda guieres, que celluy qui premier auoit menacé le beau Tenebreux de luy faire perdre son cheual, se presenta pour donner le premier coup de lãce, lequel il recogneut aussi tost: car il l'auoit marqué lors, qu'il le gauldissoit, & feut tresaise d'auoir occasion de s'en venger. A ceste cause coucherent l'vn contre l'aultre, & donnants des esperons à leurs cheuaulx, se donnerent si grandz coups de lances, que le cheualier brisa son bois en esclatz: & le beau Tenebreux le poulsa si rudement, qu'il le iecta sus le champ, & se rompit l'vne des hanches auecq' trois de ses costes: dont de douleur demoura tout estourdy. Ce pendant Enil courut prendre son cheual, & le beau Tenebreux retourna vers celluy qu'il auoit abbatu, auquel il dit: Seigneur cheualier, si vostre parole est veritable, vous ne tomberez d'vn an de cheual: & ainsi l'auez vous promis si vous ne conquestiez le mien. Ce disant entendit qu'vn aultre cheualier luy cryoit: Cheualier, gardez vous de moy. Parquoy il laissa l'aultre, & mettant la lance en l'arrest, donna des esperons à son cheual: & courut de si droit fil, vers celluy qui l'auoit deffié, qu'il le desarçõna comme le premier, & autant en feit au tiers & au quart, auant que rompre sa lance: de tous lesquelz il feit prendre les cheuaulx, & les attacher à vn arbre. Lors s'en voulut aller, quand Enil (qui auoit veu qu'vn aultre cheualier s'apprestoit) luy dit: Encores n'auez-vous pas fait, voicy le cinqiesme qui vient à vous. Adoncq' le beau Tenebreux tourna visaige & veid vn cheualier venir à luy qui portoit quatre lances, lequel à son arriuée luy dit: Seigneur cheualier, ma dame Leonor, ayant cogneu le grand debuoir que vous auez fait contre ses cheualiers, & que vostre lance est rompue, vous enuoye ces quatre, & vous prie, tant qu'elles dureront, ne les espargner contre les aultres qui viennent venger leurs compaignons. Ie remercie humblement la fille du bon Roy, respondit il, & vous prie luy dire, que pour l'honneur d'elle, ie feray tant que ie viuray ce qu'elle me commandera: mais pour ses cheualiers qui restent ie ne m'arresterois, ou auancerois d'vn pas, tant ie les ay trouuez oultrecuidez, m'ayant voulu contraindre passant chemin, combatre oultre mon gré. Lors print l'vne des lances, & aussi tost veid le cinqiesme cheualier courir cõtre luy: parquoy baissa prõptement sa veue, & couchant son boys courut encontre, & l'attaignit de si grãd' force, qu'il le desarçõna cõme les aultres, sans rompre iusques sur le dernier, lequel se maintint mieulx que nul des aultres: car auãt que le beau Tenebreux le peust abbatre, il en feit voler deux lances en esclatz, mais à la troisiesme il luy feit perdre les estriers & tomba à terre. Et pource qu'il se tint si ferme, & mieulx que nul des dix, ie vous veulx dire qui il estoit.

Ie vous

Ie vous aduise qu'il se nommoit Nicoran du pont craintif, qui en ce temps estoit l'vn des meilleurs coureurs de lance du Royaulme de la grand' Bretaigne. Apres que le beau Tenebreux les eut ainsi tous abatus, il enuoya leurs cheuaulx à la princesse Leonor, luy priant d'aduertir ses Cheualiers, que de là en auant ilz feussent plus gratieux à ceulx qui passeroient leur chemin, ou qu'ilz apprinssent à mieulx se tenir à cheual qu'ilz n'auoient fait: car il pourroit suruenir tel Cheualier qui les feroit aller à pied comme ilz le meritoient. Ce messaige feit tant de honte aux Cheualiers, qu'ilz ne respondirent aulcune chose: mais s'esbahyssoient d'auoir esté tous desarçonnez par celluy qu'ilz auoient en si peu d'estime, & ne pouoient penser qui il estoit: car ses armes estoient encores incogneues. Et disoit Nicoran: Par dieu si Amadis viuoit, ie iugerois que ce feust il, & ne sçache aultre qui se feust ainsi party de nous. Ce n'est il point, respondit Galise: car il n'eust couru contre nous, qui sommes ses amys. N'auez-vous pas veu, dit l'aultre, comme aussi il refusoit la iouste? asseurez vous, que c'est il sans aultre. Pleust à Dieu! dit Giontes nepueu du Roy Lisuart, nostre honte seroit bien couuerte: mais qui qu'il soit, Dieu le garde de mal. Il auoit cheualeureusement conquis noz cheuaulx, & si nous les a renduz par grand' courtoisie. Le diable le puisse emporter, respondit Lasamor, il m'a rompu la hanche, & les costes: combien que i'en soys cause, pource que moymesmes me suis pourchassé ce mal, & entreprins premier le combat. Ainsi s'eschappa d'eulx le beau Tenebreux, & s'en alla son chemin, ioyeux de la bonne fortune qu'il auoit eue, tenant encores l'vne des quatre lances entiere. Or faisoit il trop chauld, & auoit grand soif, & à ceste cause aduisant de loing vn Hermitaige, y print le chemin, tant pour remercier Dieu de sa victoire, comme pour y boyre s'il y auoit dequoy: & arriuant à la porte, trouua trois pallefroys de damoyselles, sellez & bridez, que deux Escuyers tenoient. Adoncq' meit pied à terre, & entra au dedans, ou il n'apperceut aulcun. Parquoy apres auoir fait oraison, sortit hors, & veid les trois damoyselles qui se refraichissoient sur le bort d'vne fontaine bien vmbragée: vers lesquelles il s'en alla, & à son arriuée les salua. Lors elles luy demanderent, s'il estoit de la maison du Roy Lisuart. Mes damoyselles, respondit il, ie vouldrois bien estre tel, pour meriter si bonne compaignie: mais ie vous prie me dire, ou vous tirez au partir d'icy. Droit à Myrefleur, dirent les damoyselles, ou nous trouuerons vne nostre tante, qui est Abbesse du monastere, qui est là: & ma dame Oriane fille du Roy Lisuart. Et pource qu'il fait chauld, comme vous voyez, nous sommes contrainctes d'attendre la frescheur, & ferez bien de faire comme nous. Puis qu'il vous plaist, respondit il, ie vous feray doncques compaignie: car ceste fontaine me semble assez propre pour se refraischir, & sçauez-vous comme elle se nomme? Non, dirent elles, toutesfoys il y en a vne aultre encores plus belle au fons de ceste vallée, que l'on appelle, La fontaine des trois canalz.

canalz. Lors luy monſtrerent le lieu, combien qu'il le ſceuſt mieulx qu'elles : car maintesfoys il y feut à la chaſſe,& auoit deſia arreſté que ce ſeroit, ou Enil le viendroit trouuer à ſon retour de Londres. Et ainſi qu'ilz deuiſoient, apperceurent, ſus le chemin qu'il eſtoit venu vne charrette, que douze cheuaulx traynoient, & deux Nains qui les conduyſoient : dans laquelle eſtoient enchaiſnez pluſieurs Cheualiers armez, leurs eſcuz attachez le long des ridelles, & parmy eulx dames & damoyſelles, qui cryoient, pleurant tendrement: deuant leſquelz marchoit vn Geant, armé de lames de fin acier, portant en ſa teſte vn armet luyſant à merueilles. Or paroiſſoit il ſi grand, qu'il eſtoit eſpouentable à veoir, & cheuaulchoit vn puiſſant cheual noir, tenãt en ſon poing d'extre vn eſpieu, dõt le fer auoit de longueur plus d'vne braſſée : & le ſuyuoit apres (derriere la charrette) vn aultre Geant, encores plus monſtrueux que le premier, deſquelz les damoyſelles de la fontaine eurent tant de paour, qu'elles ſ'en fuyrent cacher dans les buyſſons. A l'heure le Geant qui marchoit premier (voyant que les dames qui eſtoient dans la charrette, ſ'arrachoiẽt les cheueulx, & sembloit à les veoir tourmenter, qu'elles ſe voulſiſſent deffaire de leurs propres mouuements) dit aux Nains: Si vous ne faites taire ces garſes, par dieu, pendars, ie feray mille pieces de voz entrailles : car ie les veulx contregarder viſues pour les ſacrifier au dieu que i'adore. Quand le beau Tenebreux l'entendit, il cogneut par ces propos, que c'eſtoit Famongomad : qui auoit couſtume de coupper les teſtes à tous ceulx qu'il pouoit prendre, & eſpandre leur ſang deuant vne idole qu'il auoit au Lac Bruſlant, par le conſeil de laquelle il ſe gouuernoit en ſes affaires. Et bien qu'il n'euſt lors aulcun vouloir de combatre, tant pour ne faillir de ſe trouuer à Myrefleur (ſuyuãt ce que Oriane luy auoit mãdé) que pour autant qu'il ſe ſentoit encores las & trauaillé par l'effort qu'il auoit ſouſtenu contre les dix Cheualiers, congnoiſſant les perſonnes qui eſtoient dans la charrette, entre leſquelz eſtoit Leonor fille du Roy, ſes damoyſelles, & les dix Cheualiers qu'il auoit abbatuz: il delibera, toutesfoys, de mourir, ou de les deliurer, ſçachãt l'ennuy que porteroit Oriane, de la perte de ſa ſoeur, laquelle Famõgomad & ſon filz ſurprindrent, & tous ceulx de ſa cõpaignie, quaſi auſſi toſt que le beau Tenebreux les eut laiſſez, & les auoiẽt ainſi liez & garrotez dans la charrette, pour puis apres les faire mourir cruellement. A ceſte cauſe, il dit à Enil, qu'il luy baillaſt ſes armes. Mõ ſeigneur, reſpõdit il, ne voyez-vous pas venir ces diables à nous? Pour dieu fuyõs & nous cachõs d'eulx, puis vous armerez à voſtre ayſe: car pour toute la richeſſe de Lõdres, ie ne vouldrois les attẽdre. Ie feray mieulx ſi ie puis, dit le beau Tenebreux, premier i'eſſaieray la fortune, & auec l'ayde de noſtre ſeigneur (encores qu'ilz te ſemblẽt diables) tu les verras occire par vn ſeul Cheualier: car leur vie eſt ſi deſplaiſante à dieu, qu'il m'en donnera l'effort, & vẽgeray (cõme i'eſpere) les cruaultez miſerables, qu'ilz font de iour en iour. Helas Seigneur, dit Enil vous

vous perdez bien à vostre essient! veu que si vingt des meilleurs cheualiers du Roy Lisuart auoient entreprins ce que vous cuydez faire, ilz n'en viendroient à leur honneur. Ne te chaille, respondit il, si ie laissoys passer deuant mes yeulx vne telle aduenture, sans me mettre en debuoir, ie ne seroys digne de me trouuer iamais entre les gents de bien, & de vertu, & en aduienne ce qu'il pourra aduenir. Ce disant laissa Enil pleurāt, & marcha le long de la coste, dont il pouoit veoir Mirefleur à son ayse: parquoy le souuenir d'Oriane se presenta deuant luy, & commēça à dire: O ma dame & seul espoir, oncques ie n'entreprins effort que par vostre moyen ie n'aye executé: & maintenant que ie vous sents si pres de moy, & pour chose qui tant vous importune, ne me laissez à ce grād besoing! Lors luy sembla que sa force luy feust du tout redoublée, & postposant toute crainte, alla vers la charrette, & dit aux Nains: Demourez pendars, par dieu vous mourrez tous, & voz maistres aussi. Quand le Geant l'ouyt parler de menace, il entra en telle fureur, que la fumée luy sortoit par les yeulx, en sorte qu'il sembloit qu'il les eust en feu, & cōmença à bransler si fort son espieu, qu'il le doubla quasi en deux. Puis respondit au beau Tenebreux: Malheureux infortuné, qui t'a donné la hardiesse de comparoistre deuant moy? Mais il ne feit semblant de l'ouyr: ains baissa sa visiere, & mettant la lance en l'arrest, donna des esperons à son cheual, & attaignit le Geant vn peu plus bas, que la ceinture, de telle force que faulsant les lames de son harnoys, la lance luy entra dedans les trippes, par si grand' roydeur que le trauersant oultre, rencontra l'arçon, & rompit les sangles du cheual, renuersant homme & selle tout en vn moment. Toutesfois deuant que le Geant tombast, il coucha son espieu, & cuidāt attaindre le beau Tenebreux, donna au trauers des flans de son cheual: parquoy le sentāt nauré à mort, meit pied à terre legierement. Et combien que Flamongomad feust semblablement blessé à mort, de grand' raige qu'il sentit, se releua: & print à deux mains le tronçon de lance qui luy estoit demouré dans le corps, & le lança si impetueusement cōtre le beau Tenebreux, qu'il le cuyda faire cheoir: & tant s'efforça à darder ce coup, que les trippes luy sortirent du ventre, tombant à la renuerse. Lors commença à crier: Basigant mō cher filz, vengez la mort de vostre dolent pere, si vous pouez! A ce cry s'approcha Basigant, tenant vne pesante hache, de laquelle il cuyda attaindre le beau Tenebreux: mais il se destourna, & passa le coup de telle roydeur, que s'il l'eust frappé il en eust fait deux parts. Lors le beau Tenebreux, prompt & dispos, aduança le bras, & attaignit le Geant, en sorte qu'il luy couppa la moytié de la iambe, combien que pour la grand' fureur ou il estoit, n'en sentist aulcune chose: ains haulça la hache, laquelle luy tourna au poing, de bonne fortune pour le beau Tenebreux, qui receupt le coup sur son escu, dans lequel elle entra si auant, que le Geant ne l'en peut retirer. Et ainsi qu'il s'y efforçoit, se soubleua sus ses estriers, pour auoir plus de force. Au moyen

moyen dequoy les nerfz de la iambe qu'il auoit entamée luy faillirent, dont il sentit telle douleur, que (ne se pouant tenir arçonné) il donna du nez à terre: & en tombant, le beau Tenebreux luy rua vn aultre coup sur le bras droit, dont il fut contraint habandonner la hache, & la laisser au pouoir de son ennemy. Ce nonobstant il auoit tant de cœur qu'il se releua, & tira son espée, longue à merueilles, de laquelle il iecta de toute sa puissance sur le beau Tenebreux: & s'y efforça telemét que le sang luy sortoit par ses playes en si grande abondance, qu'il se trouua desnué de tout pouoir, & tomba quant & le coup, qui rencontra le rocher, dont l'espée se rompit en deux parts. Ce que voyant le beau Tenebreux, se tira à costé, & feit tant qu'il arracha la hache de son escu, de laquelle il donna sur le heaulme du Geant si grand coup, qu'il le luy feit sortir de la teste: mais le Geant tenant encores partie de son espée, luy raza tout le hault de l'armet, auec la peau & les cheueulx de la teste, & s'il eust baissé son coup il la luy eust abbatue. Lors ceulx de la charrette penserent que le beau Tenebreux feust nauré à mort, & luy mesmes se trouua si estourdy, qu'il cuydoit estre à la fin de ses iours: parquoy se voulant venger, luy donna aultre si grand coup de hache, qu'il luy aualla l'aureille, auecq' la moytié du visaige, dont il rendit l'esprit. Or estoient durant ce combat la princesse Leonor, & ceulx de sa compaignie, priants Dieu deuotement pour le beau Tenebreux: lequel se voyant despesché de Basigant, retourna vers Famongomad, qui auoit veu mourir son filz, dont il faisoit tel dueil, qu'il sembloit qu'il deust enrager. Et combien que luy mesmes feust pres de la mort: neantmoins il auoit osté son heaulme hors de sa teste, tenant sa playe à deux mains, pour estancher son sang, à ce qu'il peust eslongner sa vie pour plus despiter Dieu & ses sainctz: n'ayant regret à sa mort (cõme il disoit) que pour n'auoir destruict en son temps toutes les eglises, ou il auoit oncques entré. Et cryoit tãt qu'il pouoit: Ah a Dieu des Chrestiés, tu as tant fait que mon filz & moy (puissans pour deffaire ensemble cent des meilleurs cheualiers du monde) soyons occis par vn paillard foyble & malheureux! Et comme il vouloit continuer ces blasphemes, le beau Tenebreux luy aualla la teste de dessus les espaules, disant: Tien, reçoy le payement des cruaultez que tu as faites à maintes personnes. Et luy donnant du pied contre le ventre, dit: Or va à tous les dyables. Adoncq' print l'armet de Basigant, & iecta le sien qui estoit rompu. Lors Enil luy amena le cheual de Famongomad, sur lequel il monta: puis vint deslier les prisonniers, & faire la reuerence à la princesse Leonor, laquelle le remercia de son bon secours, aussi feirent tous ceulx de sa compaignie. Or auoient les Geants attaché tous leurs cheuaulx au cul de la charrette: parquoy le beau Tenebreux alla querir celluy de la princesse, & la monta dessus, commandant aux aultres de prendre chascun le sien, & d'eulx en aller à Londres, mener au Roy Lisuart les corps des deux Geants, & le cheual de Basigant, qui luy seroit propre pour la bataille du

Roy

Roy Cildadan. Mais les Cheualiers luy respondirent: Seigneur, que dirons qui nous a fait ce bien? Vous direz au Roy, dit il, que c'est vn Cheualier estrange, qui s'appelle, le beau Tenebreux: & luy declairez amplement la cause du combat que i'ay eu contre ces Geants, aussi la bonne enuie que i'ay de luy faire seruice, soit contre le Roy Cildadan, ou aultre. Adoncq' furent mis les deux corps dans la charrette: toutesfoys ilz estoient si grãds, que les iambes leur traynoient contre terre, plus d'vne toise de long, & prenants congé du beau Tenebreux, s'en allerent le chemin de Londres, louans Dieu, & le bon Cheualier qui les auoit preseruez de mort. Mais en allant, Leonor, & les petites damoyselles, qui estoient auecq' elle (oubliãts leur peril passé) feirent chappeaulx de fleurs, qu'elles meisrent sur leurs testes en entrant dans la ville. Lors le peuple esmerueillé de veoir les Geants, suyuit la charrette iusques au chasteau, pour entendre qui auoit fait si grands faictz d'armes. Or sçauoit desia le Roy, l'arriuée de sa fille, & qu'elle amenoit quant & elle deux Geants morts: parquoy il descendit à la court, auecq' la Royne, & maintz Cheualiers, dames & damoyselles, pour veoir que c'estoit. Ce que la princesse Leonor luy recita, auecq' tout ce que vous auez cy deuant entendu, dont chascun feut esmerueillé. Et ainsi qu'elle acheuoit son propos, suruint don Quedragant, lequel se rendit prisonnier es mains du Roy, de la part du beau Tenebreux: qui augmenta l'enuie aux assistants de cognoistre celluy, qui nouuellement faisoit tant de Cheualerie, & disoit le Roy: En bonne foy ie m'esbahis qui il peult estre: mais y a il nul de vous qui le cognoisse? Et il luy feut respondu que non: fors, que Corisande, amye de don Florestan, auoit trouué en la Roche pauure (à ce qu'elle auoit aultresfoys recité à maintz) vn Cheualier malade, qui se nommoit le beau Tenebreux. Pleust à dieu, dit le Roy, qu'il feust en ceste compaignie! croyez moy qu'il ne partiroit d'auecq' nous, pour chose qu'il me voulust demander.

Comme apres que le beau Tenebreux eut acheué ses aduentures, il se retira à la fontaine des trois canalz: & de là print le chemin de Myrefleur, ou il trouua Oriane, auecq' laquelle il demeura huict iours entiers. Et au mesme temps arriua à la court du Roy Lisuart, vn gentilhome ancien, portant deux ioyaux singuliers, pour esprouuer les loyaulx amants: lesquelz Amadis & Oriane delibererent essayer, sans estre cogneuz du Roy, ny d'aultre.

Chapitre XIIII.

Pres que la princeſſe Leonor, & ſa ſuyte eurent prins congé du beau Tenebreux, il ſ'en retourna vers les damoyſelles qu'il auoit trouuées en la fontaine : leſquelles ayant veu la victoire, qu'il auoit eue, eſtoient ſorties des buiſſons, & venoient au deuant de luy. Lors il commãda à Enil de ſ'en aller à Londres vers Gandalin, & que durant ſon ſeiour il luy feiſt faire aultres ſemblables armes que les ſiennes: car elles eſtoient rompues, & briſées des coups qu'il auoit ſouſtenuz aux combatz precedents: auſſi qu'il ne failliſt à eſtre de retour à la fontaine des trois canalz, au huyctieſme iour enſuyuant. Adoncq' Enil ſ'en partit, & d'aultre part le beau Tenebreux (commandant les damoyſelles à Dieu) chemina au trauers de la foreſt, & elles droict à Myrefleur: ou elles arriuées, compterent à Oriane & à Mabile, le perilleux combat, & glorieuſe victoire qu'auoit eu en leur preſence vn Cheualier nommé le beau Tenebreux. Quand Oriane ſceut pour vray qu'il eſtoit ſi pres de ſon chaſteau, ioye, & extreme plaiſir accompaignez de plus grand deſir, vindrent entrer en l'eſprit d'elle : de ſorte que iuſques à ce qu'elle le tint entre ſes bras, ne perdit la veue du chemin de la foreſt, par lequel il debuoit arriuer. A l'heure eſtoit le beau Tenebreux deſcendu de cheual, ioignant vn petit ruiſſeau, attendant la nuict : car il ne vouloit eſtre apperceu en entrant à Myrefleur. Lors oſta ſon armet, & ſe coucha ſur l'herbe: & auſſi toſt luy va ſouuenir des mobilitez de fortune, & du grand deſeſpoir, auquel (puis peu de temps) il ſ'eſtoit trouué, preſt à ſe donner la mort de ſes propres mains: & que Dieu par ſa ſeule bonté, & miſericorde, ne l'auoit ſeulement remis en ſon premier bien, mais en plus d'honneur, de gloire, & de contentement qu'au parauant, ſe voyant ſi prochain de l'aiſe qu'il debuoit receptuoir auecq' ſon Oriane. En ceſte penſée demeura le beau Tenebreux, iuſques apres Soleil couchant, qu'il monta à cheual, & vint au lieu que Durin luy auoit enſeigné: ou il le trouua auecq' Gandalin, qui l'attendoient pour luy prendre ſon cheual. Adoncq' meit pied à terre, puis leur demanda que faiſoient les dames. Mon ſeigneur, reſpondit Gandalin, elles ſont de l'aultre part de la muraille de ce iardin, ou elles vous attendent il y a ia plus de quatre heures. Aydez moy doncq' à monter, dit il. Ce qu'ilz feirent: & eſtant au deſſus de la muraille, voyant de l'aultre part Oriane & Mabile (ſans auoir patience qu'elles luy baillaſſent quelque ayde pour deualler) ſe lança du hault à bas : & ainſi qu'il vouloit mettre le genoil à terre, pour faire la reuerance à la princeſſe, le courut embraſſer, & le baiſant ſe cuyda paſmer entre ſes bras. Mais qui ſçauroit penſer le bien qu'ilz ſe donnoient l'vn à l'aultre? Amadis trembloit comme la fueille, ſans qu'il euſt pouoir de dire vn ſeul mot, & ne faiſoit que ſouſpirer, tenant ſa bouche ſerrée contre celle de ſon Oriane : laquelle, quaſi tranſie, le regardoit d'vn œil, qui les faiſoit tous deux viure & mourir enſemble. Ainſi ſe tindrent plus d'vn

d'vn grand quart d'heure, & iusques à ce que Mabile se soubzriant, dit à Oriane: Ma dame, aumoins auant que mon cousin trespasse, que nous le voyons s'il vous plaist. En enda, respondit Oriane, vous me le laisserez, & puis vous l'aurez à vostre aise. Lors Amadis saluant Mabile, luy dit: Ma cousine, ce n'est pas du iourd'huy que vous sçauez de combien ie suys vostre. Oy bien, respondit elle, mais ma dame vous veult auoir seule. Helas, dit elle, n'ay-ie pas raison, veu que moy seule l'ay cuidé faire perdre par ma faulte? & puis que Dieu vous a r'amené, croyez, mon amy, que le malayse, & les pleurs que vous auez iectez (pour la faulte que ie feiz) vous seront maintenant recogneuz, & recompensez. Ma dame, dit Amadis, vous ne me feistes oncques que bien & faueur, & si i'ay eu quelque tribulation, i'en ay esté cause, non vous: ainsi iustement i'ay enduré tout ce que i'ay eu. Las mon amy, respondit Oriane, quand ie pense l'estat auquel vous trouuerent Corisande, & la damoyselle de Dannemarc, & l'abondance des larmes & pleurs que continuellement sortoient de voz yeulx (à ce qu'elles me dirent) ie vous asseure que i'en ay encores l'esprit troublé! Ma dame, dit il, les larmes dont vous parlez n'estoient point pleurs: car long temps au parauant l'arriuée de Corisande en la Roche pauure, la sourse en estoit espuisée: mais c'estoit vn humeur procedant de mon cœur, lequel tant continuellemẽt ardoit en vostre amour, qu'estant contraint par l'effort de la flamme, faisoit monter aux yeulx l'eau que nature mettoit au tour de soy, pour la conseruer & luy donner vie: & croy que si plus guieres la damoyselle de Dannemarc eust arresté, à m'apporter le secours que ie receuz d'elle, au lieu des pleurs qui distilloient par mes yeulx, l'ame mesmes s'en feust sortie. Mon amy, dit la princesse, ie sçay bien que i'euz grand tort de vous escrire la letre que Durin vous porta: mais il vous debuoit lors souuenir que toutes femmes sont fragiles, & de legiere creance, specialement es choses ou elles sont affectionnées, & que force d'amour les transporte souuent, & rend souspeçonneuses ainsi que i'ay esté contre vous: parquoy d'autant plus que mon offense est grande, vous acquerrez plus de merite en me pardonnant beaucoup: ce que ie vous supplie, estant preste d'en recepuoir telle punition qu'il vous plaira me donner, & de vous satisfaire à vostre discretion. Helas ma dame, dit Amadis, c'est à moy à vous demander pardon: car quand ie feusse mort pour l'amour de vous, ce m'eust esté mort tresaggreable. Tant ya que ie vous puis asseurer, ie n'eusse iamais resisté à si grãd mal que i'ay souffert, n'eust esté que mon martyre se trouuoit si allegé (sçachant l'ayse que vous preniez en icelluy) qu'il se renforçoit d'heure à aultre, sans qu'il feust en la puissance de mort, de le pouoir terminer. Laissons telz propos pour meshuy, dit Mabile, vous auez eu tous deux tort, pensez de l'amender: & pour euiter le serain (qui vous pourroit faire mal) retirons-nous à couuert. Vous n'estes pas hors de propos, respondit

Oriaue. Lors fut conduict Amadis en ſa chambre, & auſſi toſt Mabile & la damoyſelle de Dannemarc (ſçachants qu'elles leur faiſoiēt plaiſir de les laiſſer ſeulz) ſortirent, faignants entendre à aultres affaires. Adoncq' la princeſſe pria Amadis de ſe ſeoir dans vne chaiſe couuerte de veloux, qui eſtoit à vn coing, & demeura debout appuyée ſur luy, pour plus à ſon ayſe le baiſer & accoller: au moyen dequoy luy ſuruaincu d'extreme paſſion amoureuſe, ſ'eſgara en ſon honneſte façon, auançant l'vne de ſes mains ſur le petit teton d'Oriane, & l'aultre vers la partie à luy plus affectée. Dont Oriane preſque honteuſe, en ſ'eſtendant ſur luy pour n'eſtre veue au viſaige, luy dit: Mon amy, ie croy que l'hermite de la roche pauure ne vous a pas apprins cela. Ma dame, reſpondit il, ie vous ſupplie pardonner à ma temerité, prenant pitié de moy, & puis que le lieu & le temps nous ſont tant fauorables, ne me ſoyez plus contraire qu'eulx: mais me continuez le bien, duquel de voſtre grace ie prins poſſeſſion, quand ie vous deliuray des mains d'Arcalaus. Mon amy, reſpondit elle, vous ſçauez que ie ſuys tant voſtre, que vous n'eſtes point plus à vouſmeſmes, que ie ſuys: toutesfois comme eſt il poſſible pour le preſent, voyant voſtre couſine & la damoyſelle de Dannemarc ſi pres de nous? Las, dit Amadis, iuſques icy elles ont eſté cauſe de ma vie, & maintenant (que plus elles m'ont aydé) eſtimez-vous qu'elles voulſiſſent ma mort? Aſſeurez-vous ma dame, qu'elles ont deſia tant de cognoiſſance de noz affections (meſmes la damoyſelle de Dannemarc) que ſi elles ne les ont veues ſortir leur effect, elles en ont peult eſtre preſumé d'aduantaige: pourtant ie vous ſupplie (en vous acquitant de voſtre promeſſe) me ſecourir. Ce diſant, laſcha telement la bride à ſes paſſions, que nonobſtant les belles remonſtrances que luy faiſoit Oriane, il eut d'elle ce que plus il deſiroit, gouſtants enſemble du doulx fruict, que premier ilz ſemerent en la foreſt, tandis que Gandalin eſtoit au pourchas des viures: ainſi que vous auez peu entendre au premier liure. Et combien que Oriane en eut au commencement fait refuz, Amadis la traicta ſi gratieuſement que deuant que partir de ce lieu, ilz delibererēt enſemble de continuer durant qu'ilz en auroient l'opportunité, ſans (de là en auant) eulx deffier de Mabile, ou de la damoyſelle de Dannemarc. Huict iours entiers ſeiourna Amadis à Mirefleur auecq' Oriane, menants vie autant delectable qu'ilz euſſent ſceu ſoubhaiter: pendant leſquelz il ne feut veu de nul, ſinon de ceulx qui auoient eſté moyen de le r'appeller, comme il vous a eſté dit. Car ſur iour il ſe tenoit enfermé auecq' les dames, & venant le ſoir ſortoient au iardin, ou ſouuent apres maintz propos amoureux, Amadis eſtaignoit l'ardeur de ſa flamme (par le doulx accueil que luy faiſoit Oriane) au chant des oyſillons: qui en ſe deſgoiſant, rendoient teſmoignage du plaiſir que recepuoient ces deux amants, ſoubz la couuerture des petitz arbriſſeaulx, dont le lieu eſtoit aſſez opulent. Or alloit &

retournoit

retournoit Gandalin chascun iour de Londres à Myrefleur, pour apporter nouuelles de la court: telement qu'vne foys entre aultres, il dit à Amadis, Que le harnoys qu'il auoit enuoyé faire faire par Enil, seroit en brief paracheué. Aussi que le Roy estoit en grand' doubte pour la bataille qu'il auoit entreprinse contre le Roy Cildadan: car la plus part de ceulx à qui il auoit affaire, estoient Geants cruelz, & sans raison, & que pour ceste cause il auoit arresté Galaor, Florestan, Agraies, & don Galuanes, pour luy estre aydants. Lesquelz (disoit Gandalin) sont si marriz du bien que l'on dit du beau Tenebreux, au desaduantaige d'Amadis, que sans la promesse qu'ilz ont faite au Roy, de n'entreprendre combat, ou voyaige deuant la bataille, ilz feussent ia en chemin pour l'aller combatre: & disent secrettement, que s'ilz eschappent vifz, qu'ilz essayeront à le trouuer pour eulx esprouuer à luy. En bonne foy, respondit Amadis, ilz me verront plustost, si dieu plaist: mais ce sera aultrement qu'ilz n'esperent, pourtant retournes à la court, & t'enquiers s'il est depuis rien suruenu. Lors s'en partit Gandalin, qui s'en alla à Londres, ou il trouua le Roy qui se mettoit à table: & ainsi que l'on leuoit les nappes, entra vn gentilhomme tresancien, accompaigné de deux Escuyers, vestuz d'vne mesme pareure. Ce vieillard estoit tondu, & auoit tout le poil blanc, pour son grand aage, lequel se vint mettre à genoulx deuant le Roy, & le saluant en langaige grec (dont il estoit natif) luy dit: Sire, la haulte renommée estendue en tous endroictz du monde, des Cheualiers & dames qui sont en vostre court, a esté cause de m'y faire adresser, pour veoir si en icelle ie pourray trouuer, ce qu'en soixante ans i'ay quis en toutes aultres contrées prochaines & loingtaines, sans y rien proffiter. Pourtant, tresillustre prince, ie vous supplie auoir aggreable, que (pour mettre fin à mon trauail) ie fasse faire vne espreuue aux Cheualiers, dames, & damoyselles, qui sont en ceste compaignie: laquelle ne sera (cõme i'estime) à vous ny à aultre ennuyeuse, ne desplaisante. Lors les seigneurs presents desirants de veoir chose nouuelle, requisrent au Roy de luy donner la permission qu'il demandoit: ce qu'il accorda facilement. Adoncq' l'ancien gentilhomme print, de l'vn de ses Escuyers, vn coffret de iaspe qu'il portoit, lequel auoit de longueur enuiron trois couldées, & vne palme de large, & estoit garny d'or à ouuraige damasquin la plus excellente du monde, & l'ouurit: puis en tira vne espée, si estrange que l'on n'en veid oncques vne telle, laquelle auoit la gueine faicte de deux os clers & vertz comme fine esmeraulde, telement qu'au trauers on pouoit veoir la lame, non pas semblable aux aultres: car la moytié se monstroit pollie à merueilles, & l'aultre ardente & rouge comme feu, & pendoit à vne ceinture faite de pareille estoffe que le forreau, si proprement que l'on la pouoit aiséement ceindre. Lors le gentilhomme la pendit à son col pour tirer du coffret vn cœuurechef, la moytié duquel estoit semé de fleurs tant fresches, & vertes, comme si on les eust cueillies à l'instant : & l'aultre moytié estoit couuerte d'aultres violettes, aussi flaistries & seiches, que si elles eussent esté dix ans au Soleil: & toutesfoys les vertes & seiches procedoient (ce sembloit) d'vne mesme racine, dont le Roy esbahy luy demanda comme cella se pouoit faire. Sire, respondit le vieillard, ceste espée ne peult estre tirée du fourreau, si n'est par le Cheualier qui entre tous loyaulx amants, mieulx aymera s'amye : & aussi tost qu'il l'aura es mains, la part qui brusle deuiendra claire & nette comme le reste, telement que la lame sera toute d'vne mesme couleur. Semblablement si ce coeuurechef (tant couuert de fleurs) est mis sur la teste de dame, ou damoyselle, qui ayme son amy, ou mary en pareil degré : les fleurs flaistries & seiches reprendront leur couleur vifue & belle. Et entendez, sire, que ie ne puis estre Cheualier, sinon par la main de ce parfaict amant, qui desgueinera l'espée, ne prendre armes, que par celle qui meritera ce precieux coeuurechef. A ceste cause i'ay depuis soixante ans quis en maintes contrées estranges ceulx, par qui ie doibs receuoir Cheualerie: mais i'ay iusques icy trauaillé en vain, & poursuyuãt mon voyaige (quasi pour mon dernier refuge) suis venu en vostre court: estimãt que tout ainsi qu'elle precelle en excellence celles de tous Empereurs & Roys, i'y pourray trouuer ce, qu'en toutes aultres i'ay failly. Ie vous prie, dit le Roy, faites moy entendre, comme ce feu, qui est en la moytié de l'espée, ne brusle son fourreau. Sire, respondit le vieillard, entre Tartarie & les Indes, y a vn bras de mer, si ardent, que l'eaue (qui est verte à merueille) brusle ainsi que si elle estoit sur le feu, & au dedans d'icelle se nourrist vne espece de serpents, plus grands que Crocodiles, qui vollent legierement pour les longues æsles qu'ilz ont: mais ilz sont si infaictz, que toutes personnes les fuyent à leur possible. Toutesfoys quand on en peult trouuer quelqu'vn mort, on le prise beaucoup, pource qu'ilz sont proffitables à plusieurs medecines: & ont ces serpents vn os, qui les prend depuis le col iusques à la queuë, lequel est si gros, que sur icelluy est formé tout le corps, qui est verd comme le voyez en ce fourreau, & garniture: & pour autant qu'ilz sont nourriz, comme i'ay dit, en ceste mer ardente, nulle aultre ardeur de feu les peult endommager. Or auez-vous, sire, entendu l'estrangeté de ceste espée, & de sa gueine : maintenant ie vous diray des fleurs de ce coeuurechef. Du mesme païs de Tartarie, il y a aussi vne Isle (quinze mille en mer) en laquelle se trouuent deux arbres (sans plus) telz qu'il n'est memoyre qu'en tout le monde il y en ayt de semblables: & est ceste Isle circuye, par le plus estrange & dangereux gouffre qui soit en toutes les aultres mers. Au moyen dequoy (combien que les fleurs de ces deux arbres soient rares & precieuses) il n'y a homme, tant hardy, qui ne doubte trop d'en aller cueillir : & quand quelque fol s'y aduenture, & il en peult apporter, asseurez vous, sire, qu'il les vend ce qu'il luy plaist ; car entre aultres singularitez qu'elles ont, si on les contregarde,

iamais ne

iamais ne perdent la verdeur & vifue couleur que vous pouez veoir en ce linge. Et puis que ie vous ay declairé l'excellence de ces deux ioyaux, il vous plaira, sire, entendre qui ie suis, & comme ie les ay recouuertz. Ie croy que vous auez maintesfoys ouy parler d'Apolidon, qui de son temps feut l'vn des meilleurs princes de la terre, lequel embellist de maintes singularitez l'Isle Ferme, ainsi que chascun sçait: mon pere estoit son frere, Roy de Ganor, lequel aymant la fille du Roy de Canonie m'engendra en elle. Et comme ie peruins en aage suffisant pour estre Cheualier, mon pere me pria, que puis que i'auoys esté conceu auecq' la plus parfaicte & loyalle amour, que oncques feut aultre prince: ie ne voulsisse aussi recepuoir Cheualerie, que par la main du plus loyal amant qui feust au monde, ne prendre armes sinon de dame, ou damoyselle qui aymeroit son mary, ou amy, en telle perfection que le Cheualier. Ce que ie luy promis & iuray, pensant aysément accomplir son vouloir, trouuant mon oncle Apolidon, & Grimanese sa femme, vers lequel me transportay: toutesfoys mon infortune feut telle, que ie trouuay Grimanese morte, au moyen dequoy Apolidon sçachant l'occasion de mon arriuée vers luy, feut tresdolent. Car Dieu auoit appellé à soy Grimanese: & ailleurs mal aysément pourrois-ie trouuer (comme il me dit) ce que i'auois promis à mon pere, duquel la succession m'estoit interdite si ie n'estois Cheualier, selon que le statut de son Royaulme ordonnoit: & à ceste cause il me commanda retourner à Ganor, & que dedans l'an ensuyuant ie le vinsse trouuer: durant lequel temps il essayeroit à trouuer remede à ma folle entreprinse, ce que ie feiz. Lors me bailla ceste espée & coeuurechef, par lesquelz ie puis cognoistre ceulx que ie cherche, me disant: puis que i'auois esté si legier de promettre que i'y trauaillasse de là en auant, en sorte que trouuant le loyal Cheualier & dame, i'accomplisse ce, que mon pere m'auoit commandé. Et voyla, sire, la raison de ma longue queste: à ceste cause, s'il vous plaist, vous esprouuerez premier l'espée, & voz Cheualiers apres. Et semblablement la Royne & ses dames verront comme il leur prendra du coeuurechef, & celluy ou celle qui acheuera les aduentures, aura le ioyau sien, moy le proffit & repos, dont i'ay tant de besoing: & vous, sire, l'honneur entre tous aultres Roys & princes, ayant trouué en vostre court, ce qu'en toutes celles ou i'ay esté, est defaillant. Adoncq' le vieillard fina son propos: lors n'y eut celluy, qui ne demourast couuoiteux à veoir l'espreuue. Et à ceste cause, supplierent le Roy d'octroyer la requeste à l'estranger, mais il ne se laissa long temps importuner: car luymesme en auoit aussi bonne enuie que nul d'eulx, combien qu'il le remeist au cinqiesme iour ensuyuant, auquel temps se debuoit celebrer la feste sainct Iaques, & pour plus la manifier auoit mandé grand nombre de ses Cheualiers. Par ainsi, disoit le Roy, d'autant que ma court sera ample, d'autant y aura il plus de moyen de faire l'espreuue. A quoy chaſcun ſ'accorda. Tout ce diſcours entendit Gandalin, lequel de fortune eſtoit(n'y auoit pas encores vne heure) arriué à Londres. Mais auſſi toſt que la concluſion feut arreſtée, il remonta à cheual, & ſ'en alla à Myrefleur, ou il trouua le beau Tenebreux, iouant aux eſchetz auecq' Oriane: laquelle le voyant retourné ſi ſoubdain, luy demanda qu'il y auoit de nouueau en court. Ma dame, reſpondit il, ie ſuis ſeur que vous ſerez bien aiſe d'entendre que c'eſt. Et quoy? dit Oriane. Adoncq' Gandalin luy recita les propos du vieil gentilhomme, & les merueilles de l'eſpée & du cœuurechef: pareillement comme le Roy auoit remis à en faire l'eſpreuue au iour Sainct Iaques prochain. Et ainſi qu'il faiſoit ce long diſcours, le beau Tenebreux deuint plus penſif qu'il n'auoit de couſtume, dont Oriane ſ'apperceut: toutesfoys elle n'en feit ſemblant, iuſques à ce que Gandalin & la compaignie ſe feut retirée, qu'elle vint ſ'aſſeoir ſur les genoulx du beau Tenebreux. Puis le baiſant & accollant, luy dit: Mon amy, ie vous prie me dire à quoy vous auez tant reſué, pendant que Gandalin nous comptoit les nouuelles de Londres. Par ma foy ma dame, reſpondit le beau Tenebreux, ſ'il plaiſoit à Dieu executer ma penſée, vous & moy ſerions toute noſtre vie en plus de repos, que nous n'auons eſté: car le cœuurechef ſeroit voſtre, & l'eſpée mienne: ainſi ſuſpition & ialouſie, n'auront iamais lieu enuers nous. Comment mon amy? dit elle, doubtez vous que ie ne le gaigne, ſ'il eſt gaignable, par bien aymer? Non, ma dame, reſpondit il, mais ie craignois, pource que l'eſpreuue ſ'en doibt faire à la court du Roy voſtre pere, que feiſſiez difficulté de l'entreprendre: & toutesfoys ie me fais fort de vous y conduyre, & r'amener (ſ'il vous plaiſt) ſans que ſoyons cogneuz de nul qui nous veoye. Mon amy, dit elle, vous ſçauez que ie vous complairay toute ma vie, & que vous pouez diſpoſer de moy, en ſorte que ie doubte plus le peril ou tomberoient ces damoyſelles, ſi nous eſtions cogneuz, que le noſtre: & me ſemble qu'il ſeroit bon d'en auoir l'opinion d'elles, auant que de l'entreprendre. Tout ce qu'il vous plaira, ma dame, reſpondit le beau Tenebreux. Lors appella Mabile, & la damoyſelle de Dannemarc, qui deuiſoient auecq' Gandalin, auſquelles ilz declairerent ce qu'auez entendu. Et combien qu'indubitablement le danger feuſt grand: neantmoins les damoyſelles, voyants, que ceulx à qui il touchoit le plus, en auoient(ce ſembloit)trop d'enuie, teurent ce qu'elles en penſoient: & reſpondirent à Oriane, Que vrayement elle n'auroit de ſa vie, tant d'occaſion de conqueſter le plus precieux ioyau du monde. Bien, dit la princeſſe au beau Tenebreux, faites doncques ainſi que vous l'entendrez. Ie vous diray, reſpondit il, comme nous nous pourrõs ſauluer. I'enuoyeray Enil(qui encores peu me cognoiſt)dire au Roy qu'vn Cheualier eſtrange, auecq' ſ'amye, veulent eſprouuer les ioyaux, ſ'il luy plaiſt de leur donner ſeureté, qu'il ne leur ſera dit ne fait rien oultre leur gré: puis i'y cõduiray ma dame, deguyſée,

ſée d'accouſtrements eſtranges, ayant deuant ſon viſaige vn linge, ou creſpe bien delié: par lequel elle pourra veoir au trauers vn chaſcun, & ſi ſera de tous incogneue: & moy armé de toutes pieces, iuſques à la viſiere baiſſée, la conduiray. Par ma foy, dit Mabile, voſtre entreprinſe eſt grande: mais i'ay vn accouſtrement que ma mere m'enuoya dernierement par la damoyſelle de Dannemarc, le plus nouueau du monde, qui ſera propre à ceſt affaire: & ſ'il plaiſt à ma dame, nous le luy eſſayerons preſentement. Lors Mabile le feut querir: puis elle & la damoyſelle de Dannemarc l'en accouſtrerent, en ſi eſtrange façon, qu'elles ſe meiſrent toutes à rire, tant elles trouuerent la princeſſe deſguiſée: & leur ſembla ayſé ce, que le beau Tenebreux auoit entreprins. Au moyen dequoy, à l'inſtant il commanda à Gandalin, d'aller achepter quelque bien belle hacquenée, pour porter Oriane: & qu'il ne faillist de l'amener au pied de la muraille du chaſteau de Mirefleur, la nuict que ſe feroiét les eſpreuues des ioyaulx: & auſſi qu'il aduertiſt Durin de luy amener des le ſoir, ſon cheual à l'édroit ou il eſtoit deſcédu quãd il entra au iardin. Car ie partiray, dit il, ceſte nuict, pour aller à la fontaine des trois canalz, ou Enil me doibt venir trouuer: lequel ira vers le Roy pourchaſſer noſtre ſaufcõduit. Lors ſ'en partit Gãdalin qui feit entierement ce, qu'il auoit en charge. A ceſte cauſe venant le ſoir, le beau Tenebreux print congé des dames qui le conduirent iuſques au pied de la muraille du iardin, & deuallãt de l'aultre part, trouua ſon cheual que Durin tenoit, ſus lequel il mõta, prenant le chemin de la foreſt: & enuiron l'aube du iour arriua à la fontaine, ou peu apres ſuruint Enil, qui luy apporta les armes qu'il auoit fait faire, deſquelles il ſ'arma, puis demãda quel les nouuelles il y auoit à la court. Mon ſeigneur, reſpondit Enil, chaſcun parle de voz prouesses: & n'y a celluy qui n'ait grãd deſir de vous cognoiſtre. Puis tombant de propos en propos, vint à parler du vieil gentilhomme, qui auoit apporté l'eſpée & le cœuurechef. Par dieu, dit le beau Tenebreux, il y a plus de quatre iours qu'vne damoyſelle m'en a aduerty, par conuenãt que ie la meneray à la court pour faire ceſte eſpreuue, pourtant ie ſuys contraint d'y aller: toutesfois tu ſçais combien i'ay deſir de n'eſtre encores cogneu du Roy, ou d'aultre, tant que mes faictz leur donnẽt meilleure cognoiſſance de moy qu'ilz n'ont. A ceſte cauſe il te fault retourner à Londres, dire au Roy, que ſ'il luy plaiſt de donner ſeureté à vne damoyſelle, & à moy, Qu'il ne nous ſera dit ne faict choſe quelconque oultre noſtre gré, que nous irons faire l'eſpreuue que demande l'eſtranger. Mais ne faultz auſſi à faire entẽdre à la Royne, & à toutes ſes dames, comme la damoyſelle me contraint la y conduire, ſuyuant ce que luy ay promis, & que aultrement ie n'y feuſſe allé: & apres que tu auras fait mon commandement, ne faultz à eſtre icy de retour la nuict precedente, que ſe doibuent monſtrer les ioyaulx. Ce pendant ie m'en iray querir la damoyſelle, qui ſe tient loing d'icy: & ſelon le rapport que tu nous feras, ie la y conduiray, ou ray, ou retournerons arriere. Adoncq' f'en partit Enil, & le beau Tenebreux print le chemin de Mirefleur, ou il arriua qu'il estoit iour failly, & trouua Durin qui l'attendoit pour prendre son cheual. Lors monta sus la muraille & entra au iardin, ou estoit Oriane & les aultres damoyselles, desquelles il feut tresbien recueilly: mais quand Mabile le veid arriuer, elle luy dit: Comment mon cousin? vous estes plus riche que vous n'estiez au matin: auez vous fait quelque nouuelle destrousse? Vous n'entendez pas que c'est, respondit Oriane, il a esté querir ses belles armes, pensant forcer la prison ou nous le tenons. Est il vray? dit Mabile, si vous deliberez de nous combatre pensez y bien deuant: car vous aurez prou affaire. Et ainsi se gauldissants, arriuerent en la chambre de la princesse, ou son soupper luy fut apporté: car de tout le iour il n'auoit beu ne mengé, craignant estre descouuert.

Comme la damoyselle de Dannemarc feut enuoyée à Londres, sçauoir quelle responce Enil auoit obtenue du Roy, sur le saufconduit que demandoit le beau Tenebreux: lequel depuis y mena Oriane, esprouuer les ioyaulx estranges.

Chapitre XV.

Stant le beau Tenebreux de retour à Mirefleur, il feit aussi tost entendre à Oriane, comme Enil estoit allé à la court suyuant ce qu'ilz auoient conclud le iour precedent. Lors la princesse affectionnée d'en sçauoir la responce, & aussi pour pourueoir de longue main à la seureté de leur entreprinse, enuoya la damoyselle de Dannemarc vers la Royne, luy faire entendre, qu'elle se trouuoit vn peu mal disposée: au moyen dequoy, elle ne se pouuoit encores mettre en chemin, pour retourner vers elle. Ainsi s'en partit la damoyselle, & ne retourna qu'il ne feust bien tard: car

car elle attendit l'arriuée de la Royne Briolanye : au deuant de laquelle le Roy estoit allé pour la recepuoir, & venoit à la court auecq' cent Cheualiers, pour faire commencer la queste d'Amadis, suyuant l'aduis de Galaor & Florestan · & si auoit deliberé ne partir d'auecq' la Royne Brisene, premier qu'ilz fussent de retour, ne de porter pareure que de drap noir, ne ses femmes semblablement, tant qu'il feust trouué : car tel accoustrement auoit elle lors qu'il la feit Royne, & point ne le changeroit de sa vie s'il estoit perdu. A vostre aduis, dit Oriane, est elle telle qu'on l'estime? Si Dieu m'ayde, respondit la damoyselle, vous exceptée, c'est la plus belle femme, & de la meilleure grace que ie veiz oncques, & qui a eu grand desplaisir quand elle a sceu vostre maladie : & vous mande par moy qu'elle vous viendra faire la reuerance, aussi tost qu'il vous sera aggreable. Vrayement, dit Oriane, i'ay plus de desir de la veoir, qu'aultre que ie sçache. Ma dame, respondit le beau Tenebreux, croyez qu'elle merite bien que vous luy faciez honneur, encores qu'à tort vous ayez aultresfoys eu de l'ennuy pour l'amour d'elle. Mon amy, dit la princesse, pour Dieu ne parlons iamais de melancolies passées : car ie suis seure que ie pensoys faulsement. Encores le penserez vous mieulx, respondit il, par le tesmoignaige que vous en porteront les ioyaux que nous gaignerons si Dieu plaist : lesquelz diuertiront d'icy en auant les mauluaises fantasies que vous auez eues sur moy, si elles vouloient retourner en vous, augmentant en mon endroict la seruitude que ie vous porte & doibs. Mon amy, dit Oriane, ie m'asseure bien que le cœuurechef vous fera croyre, que le tort qu'auez receu de moy, n'est procedé que par l'extreme amour que ie vous porte. Nous verrons, dit la damoyselle de Dannemarc, qu'il en aduiendra. Le Roy a octroyé à Enil ce qu'il a demandé pour vous deux. Et ainsi passerent le temps Oriane & ceulx de sa compaignie, iusques au iour qu'il faillut partir pour aller faire l'espreuue, dont vous auez ouy parler : qu'elle se leua sur le mynuict, se faisant accoustrer comme le beau Tenebreux auoit deuisé : & luymesmes s'arma de toutes pieces, puis passerent le iardin, & vindrent ou Gandalin tenoit les cheuaulx prestz. Lors monterent dessus, prenants le chemin de la forest droict à la fontaine des trois canalz. Adoncq' Oriane pensant à l'entreprinse qu'elle faisoit, preueoit l'inconuenient & danger, non seulement si elle estoit descouuerte, mais que si elle failloit à gaigner le cœuurechef, Amadis auroit iuste cause de doubter d'elle : & perdroit, par ce moyen, la reputation qu'elle auoit acquise enuers luy. Adoncq' commença de se repentir, & à trembler si fort, que le beau Tenebreux s'en apperceut, qui luy dit : Ma dame, si i'eusse pensé que vous eussiez eu tant de malaise de ce voyaige, ie vous iure dieu que plustost i'eusse choysi mourir, que de vous auoir mise en chemin : & à ceste cause, reprenons, s'il vous plaist, le chemin de Myrefleur. Ce disant tourna bride : toutesfoys Oriane, ne, considerant que par elle se differoit vne espreuue tant recommandée, changea propos, & luy respondit: Mon amy, ie vous supplye ne prendre garde à la paour qu'a eue vne femme au meilleu de ce grand boys, mais à la vertu qui est en vous. Trop se repentit le beau Tenebreux de luy auoir tenu tel propos, doubtant l'auoir faschée, & luy dit: Ma dame, puis que vostre discretion a suruaincu ma folie, pardonnez moy. Ie vous asseure, que ie ne pensoye dire chose, qui vous deust tourner à desplaisir. Et mettant fin à ces propos, arriuerent ioignant la fontaine, estant encores vne heure deuant le iour: ou ilz n'y eurent long temps seiourné, que Enil y suruint, dont ilz furent tresayses. Lors le beau Tenebreux dit à Oriane: Ma dame, voicy l'Escuyer que ie vous auois promis enuoyer vers le Roy Lisuart, lequel nous fera saiges de la responsе de luy. Par ma foy, mon seigneur, respondit Enil, il vous a donné toute la seureté que demandez, & si vous aduise, que l'espreuue se commencera ce iourd'huy, au sortir de la messe. Tant mieulx, dit le beau Tenebreux, nous n'auons, par ainsi, que tarder. Adoncq' luy bailla son escu & sa lance, & sans oster son armet, cheminerent la voye de Londres. Desia le peuple auoit entendu que le Cheualier qui auoit vaincu les Geants, debuoit arriuer le matin: parquoy chascun estoit attendant sa venue. Et ainsi qu'il trauersoit la ville pour venir au logis du Roy, ilz disoyent l'vn à l'aultre: Dieu garde de mal le beau Tenebreux, car il est digne de grand' louange: & bien heureuse se doibt tenir la dame, de laquelle il est seruiteur. Or pouoit Oriane entendre ces propos, dont elle estoit tant ioyeuse que merueilles, pour se sentir dame & maistresse de celluy, qui estoit aymé & honoré de tant de gents. Puis vindrent descendre au Palais, ou ilz trouuerent le Roy, la Royne, les dames, & grand nombre de Cheualiers desia tous assemblez en vne grand' salle, pour faire l'espreuue des ioyaulx du vieillard. Et aussi tost qu'ilz sceurent l'arriuée du beau Tenebreux, le Roy se leua, & auecq' sa compaignie le feut recepuoir: parquoy le beau Tenebreux se mettant à genoulx, luy voulut baiser les mains. Mais le Roy le soubzleua, luy disant: Mon grand amy, vous soyez le tresbien venu ceans, auecq' telle seureté que la sçauriez demander: car vous m'auez autant fait de seruice, pour vn commencement, qu'aultre Cheualier feit oncques à Roy n'à prince. Le beau Tenebreux ne luy respondit mot, ains s'enclina seulement pour le remercier: puis sans habandonner Oriane, qu'il tenoit par la main, vindrent vers les dames, lesquelles ilz saluerent humblement. Vous pouez penser, si la ieune princesse auoit lors craincte d'estre descouuerte, se voyant en telle compaignie: car la Royne sa mere s'adressa à elle la regardant fermement au visaige, combien qu'elle l'eust couuert d'vn linge. Et luy dit: Damoyselle, ie ne sçay qui vous estes, car ie ne vous veiz oncques que ie sçache. toutesfoys, pour l'amour de ce Cheualier (en la garde duquel vous estes) qui a tant fait de seruice au Roy, asseurez vous qu'il vous sera fait ſait ceans, tout l'honneur qu'il ſera poſſible. Dequoy le beau Tenebreux la remercia : mais Oriane, ſans dire mot, auoit touſiours la teſte baiſſée. A l'heure le Roy & tous ſes cheualiers ſe retirerent à vn coſté, la Royne & ſes femmes de l'aultre. Et en ces entrefaites le beau Tenebreux tenant Oriane, vint ſupplier le Roy, que luy & ſa dame demouraſſent au meilleu de la ſalle : car ilz n'eſtoient deliberez de toucher à l'eſpreuue, ſinon au cas que tous les aſſiſtãts y euſſent failly. Ce que le Roy luy octroya, qui premier vint prendre l'eſpée, laquelle eſtoit ſur la table, ou le vieil gentilhomme nommé Macandon l'auoit miſe : & la deſgueina le Roy vne paulme ſans plus. Parquoy Macandon luy dit: Sire, ſ'il n'y a en voſtre court de plus amoureux que vous eſtes, ie ne m'en iray de ceans ſi content que i'ay eſperé. Puis print l'eſpée, & la remeit ſur la table : car ainſi le failloit-il faire à chaſcune eſpreuue. Lors Galaor la print, mais il feit encores moins que le Roy. Ce que voyant Floreſtan, Galuanes, Grumedan, Brandoyuas, & Landin, y eſſayerent tous l'vn apres l'aultre : & toutesfoys nul d'eulx ne la peut deſgueiner ſi auant que Floreſtan, qui la tira vn pied, ou plus: puis la print Guilan le penſif, & paſſa Floreſtan d'enuiron demy pied, telement qu'il vint iuſques à la moytié. Par dieu, dit lors Macandon, ſi vous aymiez encores autant que vous faites, l'eſpée ſeroit voſtre. Apres luy vindrent plus de cent cheualiers, qui tous n'y feirent rien ou peu: dont Macandon ſe gaudiſſant, les appelloit hereticques en amour. Lors Agraies qui ſ'eſtoit eſpargné pour le dernier, eſtant ſeur (ſe luy sembloit, veu la grande amour qu'il portoit à ſa dame Olinde) que l'aduenture luy eſtoit dediée, & non à aultre, ſ'aduança : & en regardant ſ'amye, print l'eſpée, laquelle il tira hors du fourreau à troys doigtz pres. Et comme il ſ'efforçoit pour l'auoir du tout, le feu ſortit de la lame ſi ardent, qu'il luy bruſla partie de ſes veſtements : dont il feut contraint de la laiſſer, fort ioyeux neantmoins, d'auoir plus fait que nul des aultres. Vrayement, dit Macandon, vous eſtes loyal cheualier, & auez quaſi eu occaſion d'eſtre content, & moy ſatiſfait. Puis ſ'approcherent Palomir & Dragonis, leſquelz eſtoient le iour de deuant arriuez à la court, & ne feirent non plus que Galaor : au moyen dequoy Macandon ſe print à rire, leur diſant : Ie ſuys d'aduis que vous aſſembliez voz deux parts de l'eſpée enſemble, & peult eſtre en aurez-vous aſſez pour vous defendre cy apres. Vous dites vray, reſpondit Dragonis : mais ſi vous eſtes ce iourd'huy fait cheualier, ce ne ſera iamais ſi ieune qu'il ne vous en puiſſe bien ſouuenir. De ceſte parole chaſcun ſe print à rire, & ce pendant il ne demeura cheualier à la court, qui ne ſe meiſt en debuoir de gaigner l'eſpée, & toutesfoys ce feut en vain : parquoy le beau Tenebreux tenant Oriane par la main, la vint prendre. Lors luy dit Macandon : Cheualier, ceſte eſpée vous ſeruira trop mieulx (ſi vous la pouez conquerre) que celle que vous portez, & ſi ne peult eſtre gaignée pat force d'armes, ſans grande loyaulté en amours. Elle me doibt doncques appartenir, respondit le beau Tenebreux. Qui la tira du fourreau autant aisément, qu'il eust fait la sienne, & deuint la part ardente semblable à l'aultre, & aussi claire que l'on en veid iamais. Adoncq' Macandon (aise à merueilles) se iecta aux piedz du beau Tenebreux, luy disant: Ah a bõ cheualier, Dieu te doint hõneur: car mettant fin à mon long trauail, tu as fort honoré ceste court! Et certes la dame qui est seruie de toy, a cause de bien t'aymer, si elle n'est la plus malheureuse & desloyalle du monde. Or maintenant faitz moy ce bien (s'il te plaist) de me donner cheualerie: car par aultre que de toy ie ne la puis auoir, ne la domination aussi qui m'appartient sur beaucoup de grandz personnaiges. Faites faire l'espreuue du cœuurechef, respondit le beau Tenebreux, & apres ie feray ce, que ie doibs enuers vous. Puis ceignit l'espée à son costé, laissant la sienne à qui la voulut prendre, & retourna dont il estoit party. Grande fut la louange que chascun luy donna, mais plus grande l'enuie que Galaor & Florestan eurent sur luy: concluants en leur esprit, que s'ilz eschappoient vifz de la bataille du Roy Cildadan, d'aussi tost le trouuer, & auoir combat ensemble, pour y mourir, ou faire cognoistre à chascun que leur frere Amadis estoit trop meilleur cheualier, que celluy qui amoindrissoit (comme ilz estimoient) l'honneur de luy, par la reputation qu'il acqueroit gaignant l'espée de l'estranger. Lors s'approcherent les dames pour essayer le coeuurechef, & premier commença la Royne, le mettant sur sa teste: toutesfois les fleurs ne changerent pour elle aulcunement de couleur, parquoy Macandon luy dit: Ma dame, si le Roy vostre mary, a monstré son peu de loyaulté par l'espée, il me semble que vous l'en payez maintenant assez bien. La Royne rougit de honte & retourna en sa place: puis vint la belle Royne Bryolania qui y feit autant que la premiere. A laquelle Macandon, dit aussi: Par dieu, ma dame, veu la beaulté qui est en vous, vous estes plus aymée que aymante, selon que nous pouons veoir par ce coeuurechef. Apres se presenterent quatre filles de Roys belles à merueilles, Eluide, Estrelette, Aldene, & Olinde la saige: sur le chef desquelles (estant mis le coeuurechef) les fleurs seiches commencerent quelque peu à reuerdir, & n'y eut celle, qui ne pensast l'auoir conquis, dont Oriane estoit en grand' peine: ce nonobstant peu apres les fleurs retournerent à leur couleur morte. Et à ceste cause les damoyselles se remeisrent au lieu, dont elles s'estoient leuées: toutesfois ce ne feut sans auoir quelque lardon du vieil escuyer, qui s'en aydoit assez pertinemment, pour son aage. Lors Oriane, voyant que toutes auoiẽt failly, se trouua grandement asseurée, & feit signe au beau Tenebreux qu'il la conduisist à l'espreuue: mais aussi tost que le linge feut mis sur elle, les fleurs seiches vindrent en pareille verdure, & beaulté que les plus vertes, en sorte qu'il n'y eut differẽce quelcõque. Parquoy Macandon s'escria: Ah a, ma dame, vous estes celle que i'ay quise quarante ans deuant que vous feussiez née!

Maintenant,

Maintenant, dit il au beau Tenebreux, ie vous prie ne me tarder l'honneur qui m'est acquis par vous deux : mais s'il vous plaist (ainsi que ie vous ay desia supplié) me ferez Cheualier : puis de ceste loyalle dame ie prendray les armes, comme ie suis tenu. Que ce soit doncq' presentement, respondit il, car ie ne puis faire plus de seiour par deça. A ceste cause Macandon feit apporter vnes armes, desquelles il s'arma, & vestit au dessus sa cotte blanche, ainsi que souloient faire les nouueaulx Cheualiers : puis le beau Tenebreux luy donna l'accollée, en luy chaussant l'esperon droict. Oriane luy ceigneit l'espée, qu'il faisoit porter quant & luy par ses Escuyers. Lors les damoyselles le voyant en tel equipaige, se voulurent reuenger des attaintes qu'il leur auoit données, & se prindrent toutes à rire, mesme Aldene, laquelle dit si hault que chascun l'entendit : Regardez la contenance de ce beau filz, quelle nouuelle grace de ieune Cheualier ! Certes, nous nous debuons toutes esioyr de ce, qu'il demourera toute sa vie aussi nouueau qu'il est maintenant! Comment le sçauez vous ? respondit Estrelette. Ne le cognoissez-vous à ses accoustrements, dit elle, qui dureront, pour le moins, aussi longuement que luy ? Mes damoyselles, dit Macandon, ie ne donnerois mon aise pour la meilleure de voz bonnes graces : & s'il n'y a en moy la ieunesse que vous dites, ie n'en suis pourtant moins saige : mais vous qui estes encores ieunes & sottes, apprenez à estre plus discrettes que vous n'estes. Ceste response pleut au Roy, qui n'auoit esté content des propos des demoyselles. En ces entrefaites le beau Tenebreux s'en voulut partir, quand la Royne, qui ne cognoissoit sa fille, luy vint dire : Damoyselle m'amye, encores que vous n'ayez voulu qu'on vous cogneust en ceste compaignie, aduisez s'il vous plaist quelque chose du Roy, ou de moy. Par ma foy, ma dame, respondit le beau Tenebreux, ie la cognois aussi peu que vous : combien qu'il y ayt ia sept iours entiers qu'elle est en ma compaignie : tant y a que de ce que i'en ay peu veoir, ie vous puis bien asseurer qu'elle est belle par excellence. Vrayement ma damoyselle, dit Briolania (parlant à Oriane) ie ne sçay vostre nom : mais veu la loyaulté dont vous estes pourueue, si vostre amy vous ayme autant qu'il est aymé de vous, c'est bien la plus belle assemblée de deux personnes, qu'amour assembla oncq. Oriane se soubzrit du propos de Briolania, ainsi que le beau Tenebreux prenoit congé d'elles : lequel voyant que le Roy le vouloit conduire, luy dit : Sire, vous auez raison d'honorer celle, par laquelle vostre court a esté auiourd'huy magnifiée, plus qu'elle ne feut de long temps par aultre dame. En bonne foy, respondit le Roy, vous dites vray, & aussi la conduiray-ie moymesmes iusques hors de ceste ville, en laquelle ie desirerois qu'il luy pleust (& à vous aussi) faire plus de seiour. Ce disant monterent à cheual, & tenoit le Roy les resnes du cheual de sa fille, parlant tousiours à elle, & elle ne respõdoit mot, craignãt d'estre cogneue. Galaor semblablement entretenoit le beau Tenebreux : mais il l'auoit tant à desdaing (pour les raiſons que vous auez entendues) qu'il ne luy pouoit tenir propos gratieux, dont le beau Tenebreux ſe ryoit, voyant la contenance de ſon frere. Et cheminerent enſemble iuſques aſſez loing hors la ville, que le beau Tenebreux dit au Roy: Sire, ſ'il vous plaiſt vous ne paſſerez plus oultre, aultrement vous ferez deſplaiſir à ceſte damoyſelle. Vrayement, dit le Roy, ie retourneray doncq'. Lors le vint embraſſer, & luy dit: Pleuſt à dieu Cheualier, que vous voulſiſſiez eſtre des miens! Sire, reſpondit il, ſ'il vous plaiſt ie ſeray l'vn des cent qui vous accompaigneront contre le Roy Cildadan. Si vous me faites ce bien, dit le Roy, i'eſpere que la paour augmentera à noz ennemys, d'autant que la force redoublera de noſtre part, & ie vous en prie. Puis le commanda à Dieu, reprenant le chemin de la ville, & le beau Tenebreux auecq' Oriane celluy de la foreſt, treſioyeux d'auoir ſi bien mis à fin tant perilleuſe entreprinſe. Mais ilz ne furent pluſtoſt arriuez à la fontaine des trois canalz, qu'ilz veirent venir à eulx vn Eſcuyer, monté ſur vn rouſſin, lequel à ſon arriuée, dit au beau Tenebreux: Cheualier, Arcalaus vous mande que vous luy ameniez ceſte damoyſelle, & que ſi vous en faites difficulté, qu'il viendra luymeſmes vous oſter la teſte de deſſus les eſpaulles. Et ou eſt Arcalaus? reſpondit le beau Tenebreux. L'eſcuyer le luy monſtra ſoubz vne touffe d'arbres auecq' vn aultre Cheualier, tous deux armez & preſtz à monter à cheual. Quand Oriane entendit ce meſſaige, la pauurette eut ſi grand paour, qu'elle ſe laiſſa quaſi tomber du cheual à bas: parquoy le beau Tenebreux luy dit: Cõment damoyſelle? craignez-vous Arcalaus, vous eſtant en ma garde? Non, non: il me menaſſe d'auoir ma teſte, & ſi fera beaucoup ſ'il peult bien garder la ſiéne. Lors print ſes armes, & dit à l'Eſcuyer: Va, retourne à ton maiſtre, & luy diz, Que ie ſuis vn Cheualier eſtrãge qui ne le cognois, & que partãt ie ne feray ce, qu'il me mãde. Adoncq' l'eſcuyer retourna à Arcalaus, qui feut ſi deſpité quand il entendit ceſte reſpõſe, qu'il dit à l'aultre Cheualier, qui eſtoit auecq' luy: Mon nepueu Lindoraq, allez oſter le cœuurechef à ceſte damoyſelle: car ie le dõne à Madaſime voſtre amye: & ſi celluy qui la conduict y veult cõtredire, trenchez luy incontinent la teſte, & la pendez par les cheueulx au prochain arbre. Auſſi toſt Lindoraq marcha cõtre le beau Tenebreux, lequel auoit entendu le propos d'Arcalaus, parquoy il ſe meit au deuant. Et combien qu'il le veit fort grand, cõme celluy qui eſtoit filz de Cartadaque, le Geant de la montaigne defendue, & de l'vne des ſœurs d'Arcalaus, ſi le priſa le beau Tenebreux ſi peu, qu'il luy dit: Cheualier, ne paſſez oultre. Pourquoy? reſpondit Lindoraq. Pource, dit le beau Tenebreux, qu'il ne me plaiſt pas. Tu ſeras bien plus deſplaiſant, reſpondit il, quãd il te fauldra perdre la teſte. Oy? dit le beau Tenebreux, mais toy, ſi tu ne garde bien la tienne. Et ſans plus cõteſter, dõna des eſperons à ſon cheual, couchant ſon boys contre Lindoraq, & Lindoraq au ſemblable: puis vindrẽt l'vn ſur l'aultre, de telle roydeur, que les lances (dõnants au trauers des

des escuz) vollerét en esclatz. Toutesfois le beau Tenebreux, trouuát Lindoraq à descouuert, le desarçóna, & luy demeura le trõçon dedãs le corps, neantmoins il se releua próptement: car il estoit cheualier de grand cœur. Et voyant que son ennemy tournoit pour le recharger, cuydant reculler pour euiter le coup, cheut à la renuerse: au moyen dequoy le tronçon qu'il auoit dans le corps luy passa oultre, dót par extreme douleur rẽdit l'esprit. Arcalaus qui auoit veu son nepueu abbatu, meit soubdain la lance en l'arrest pour le venger, & courant contre le beau Tenebreux, l'eust attaint s'il ne se feust destourné: mais il se tira à costé, laissant passer Arcalaus: & en passant luy dõna si grãd coup d'espée sur la main, qu'il luy en abbatit quatre des doigtz, luy restant seulement le poulce, sentant telle angoisse qu'il commença à fuyr tant qu'il peut sans regarder derriere luy, & le beau Tenebreux apres, qui feit grãd debuoir de l'attaindre. Ce nonobstant Arcalaus estoit si bien monté, qu'en peu d'heure il s'eslongna tant, que le beau Tenebreux, le donnant à tous les diables, reuint vers Oriane: & aussi tost commanda à Enil, de porter la teste de Lindoraq, & la main d'Arcalaus au Roy, & qu'il luy recitast au long pour quelle occasion il auoit esté assailly. Ainsi s'en partit l'escuyer, laissant Amadis & Oriane ensemble, lesquelz peu apres arriuerent à Mirefleur, ou ilz trouuerét Gandalin, & Durin qui les attendoient au dehors des murailles du iardin, pour prẽdre leurs cheuaulx quand ilz arriueroient: lesquelz vindrent descendre la princesse, & luy disrent, Que Mabile, & la damoyselle de Dannemarc estoiét de l'aultre part de la muraille du verger. Lors fut apportée vne eschelle, & monta Oriane, que le beau Tenebreux cõduisoit par la main: puis estãts au hault du mur, aduiserét Mabile & sa compaignie, couchées soubz l'arbre toutes endormies & troublées de la crainte qu'elles auoient eu tout le iour, que ceste entreprinse ne sortist effect à leur intention. Adoncq' Oriane les appella, leur monstrant le cœuurechef qu'elle auoit gaigné: & aussi tost elles coururét pour luy ayder à descẽdre. Et ainsi qu'elle estoit au bas de la muraille, Mabile luy dit: Ma dame, ie n'euz oncques plus d'éuie de vous veoir de retour, que i'ay eu depuis le soir que vous estes deslogée de ceans: car si vous eussiez esté descouuerte, la damoyselle & moy en eussiós trop à souffrir: au fort, nous estions deliberées de nous armer de patiéce. Ma cousine, respondit elle, dieu mercy tout va bien, i'ay le coeuurechef, & vostre cousin l'espée. Oy, mais, dit Mabile, elles ont esté cõquises en partie par le prix de noz larmes. Ma cousine, dit le beau Tenebreux, pour vous, quand il en sera besoing, ie n'espargneray non plus mon sang, que vous auez fait voz pleurs: mais ie vous prie s'il y a rien que menger, que l'on l'apporte en la chambre de ma dame, car elle & moy en auons grand besoing. Puis print Oriane par la main, & la conduict au chasteau. Maintenant pour trop ne nous esgarer de ce qu'il aduint au Roy Lisuart, nous laisserons Oriane & sa compaignie à Mirefleur, pour vous faire entendre qu'il aduint au Roy

 & à Ga-

& à Galaor, ainsi qu'ilz retournoient de la conduicte du beau Tenebreux, auant qu'ilz feussent entrez en la ville. Car vne damoyselle se presenta à eulx, qui leur bailla à chascun vne letre de par Vrgande la descogneue: & sans leur dire aultre chose, tourna bride sur le chemin qu'elle estoit venue. Parquoy le Roy ouurit la letre, qui contenoit:

A Vous Lisuart Roy de la grand' Bretaigne, salut cõdigne à vostre maiesté. Ie Vrgande la descogneue, vostre humble seruante, vous faitz sçauoir, Que la bataille qui est arrestée entre vous & le Roy Cildadã, sera l'vne des plus cruelles & dãgereuses que l'on verra iamais: en laquelle le beau Tenebreux, qui nouuellement vous a donné tant d'esperance, perdra son nom, & par vn coup qu'il donnera, tous ses haultz faitz seront mis en oubly, & si serez à l'heure au plus grãd ennuy ou vous vous trouuastes oncques. Car maintz bons cheualiers perdront la vie, & vousmesmes tomberez en ce hazard, à l'instant que le beau Tenebreux espanchera vostre sang: toutesfois à la fin pour trois coups qu'il donnera, ceulx de sa part demourerõt vainqueurs. Et soyez seur, Sire, que tout ce aduiẽdra sans doubte: pourtant pouruoyez saigement à voz affaires. Apres que le Roy eut leu ceste letre (combien qu'il feust prince magnanime, hardy, & d'vn merueilleux cœur: neantmoins, cognoissant Vrgande veritable en toutes ses propheties) eut paour: doubtant que le beau Tenebreux (en qui il se fioit le plus) ne se tournast de la partie des Yrlandois: sçachant aussi le danger qui luy estoit apparcillé: neantmoins il dissimula ce qu'il en pensoit. Et apres auoir longuement resué en cest affaire, declaira le tout à Galaor, luy disant: Mon grand amy, i'ay bien voulu vous faire part de ce secret, sans que nul aultre le sçache, pour en auoir vostre aduis. Par dieu sire, respõdit il, à ce que m'escript Vrgande, i'aurois meilleur besoing d'estre moymesmes conseillé, que de dõner conseil à aultruy: & s'il estoit possible de mettre paix entre vous & le Roy d'Irlande (pourueu que vostre honneur n'y feust foullé) il me semble que ce seroit le meilleur, ou à tout le moins, s'il ne se peult faire, que vous ne vous trouuiez en la bataille. Car ie voy en ceste letre deux estranges cas: l'vn, que le beau Tenebreux vous naûrera si cruellement, qu'il espanchera vostre sang iusques à terre: & l'aultre, que par les trois coups qu'il donnera, ceulx de sa part demourerõt vainqueurs: & semble selon cest aduertissement, qu'il doibt estre contre vous. Vrayemẽt, dit le Roy, ie suys tãt seur de l'amour que vous me portez, que ie croy que vous me conseillez fidelement: en sorte, que si ie n'auois esperance en Dieu (qui m'a fait iusques icy tant de biẽs, & de grace, de m'auoir constitué Roy sur son peuple) ou que ie ne sceusse certainement, que nul viuant ne peust destourner sa volunté, i'aurois grand' raison de doubter: mais vous sçauez que le coeur & discretion des Roys, se doibt cõfermer à la grãdeur de leurs estatz, faisant leur debuoir autant pour conseruer leurs subiectz, comme par la tuition de leurs propres personnes. Ainsi, ie delibere de remettre

mettre à nostre seigneur le danger & peril qu'il luy plaira m'enuoyer, car en luy seul gist la disposition des choses futures : partant mon grand amy ie vous asseure que ie me trouueray en ceste bataille, ne voulãt estre exẽpt du bien, de l'honneur & du mal qui pourra aduenir à ceulx qui m'accompaigneront. Grandement loua Galaor le magnanime propos du Roy Lisuart, & luy respõdit: Par dieu, Sire, ce n'est pas à tort si vous estes en l'estime du meilleur & plus vertueux prince du mõde: & si tous Roys sçauoiẽt aussi bien reprimer le conseil de ceulx qui destournẽt leurs haultes entreprinses, nul ne seroit si osé leur dire aultrement que ce qui seroit à leur hõneur & gloire: mais, Sire, voyez ce que m'escript Vrgande. Lors commença à lire la letre, qui contenoit ce qui s'ensuyt:

A Vous don Galaor de Gaule, preux & hardy cheualier, moy Vrgande la descogneue, vous salue comme celle qui vous ayme & estime : & veulx que vous entendiez ce, qui vous est à aduenir en la cruelle bataille d'entre les Roys Lisuart & Cildadan. Si vous vous y trouuez, soyez seur que sur la fin d'icelle, voz membres forts & roides deffauldront à vostre coeur inuincible: & au partir du combat, vostre teste sera au pouoir de celluy, lequel par les troys coups qu'il donnera demourera vainqueur. Par dieu, dit le Roy, si la letre est veritable, & vous vous trouuez en ce conflict, vous voyez vostre mort preparée: dont ce seroit dommaige, veu le grand commencement que vous auez aux armes, partant ie feray en sorte que ie vous en exempteray. Ah a, Sire, respondit Galaor, ie cognois bien que le conseil que ie vous ay donné n'a guieres vous a despleu, quand estant sain & dispos vous voulez que ie tombe en si grand' part de mon deshonneur Dieu me gard de vous obeyr en cest affaire. Mon grand amy, dit le Roy, vous parlez vertueusement & vous en sçay tresbon gré: & pour ceste heure changeons propos, mettans nostre esperance en Dieu, qui nous aydera s'il luy plaist: & si ie suys d'aduis que nul ne voye noz letres, car elles pourroient (peult estre) causer crainte & espouentemẽt à tel qui s'estime preux & hardy. A l'heure estoient ilz si pres de la ville, qu'ilz entroient soubz la porte : & ainsi que le Roy regardoit derriere luy, aduisa deux cheualiers armez de toutes pieces, dont les cheuaulx estoient tant las & trauaillez, & leurs harnoys si rompuz, qu'il estoit aisé à iuger qu'ilz auoient eu des affaires. L'vn estoit Bruneo de bonne mer, & l'aultre Branfil son frere: lesquelz se venoient presenter au Roy, pour estre du nombre des cent cheualiers, qui deuoiẽt estre en la bataille s'il luy plaisoit les accepter. Mais en venãt, Bruneo sceut que l'espreuue de l'espée estoit acheuée, & il fut tresmarry, de n'estre arriué à temps pour s'y esprouuer & faire son debuoir comme il auoit fait soubz l'arc des loyaulx amants, lequel il auoit passé: & pour la grande & loyalle amour qu'il portoit à Melicie soeur d'Amadis, esperoit bien que nulle semblable aduenture luy peust eschapper. Et approchant les deux cheualiers, feirent la reuerẽce au Roy, lequel les receut auecq' vn

 tresbon

tresbon viſaige. Lors luy dit Bruneo: Sire, nous auons eſté aduertiz d'vne bataille, que vous auez accordée eſtre executée par peu de cheualiers, & partant d'autant que le nombre eſt petit, d'autant, Sire, doibuent ilz eſtre eſleuz & choiſiz. A ceſte cauſe, ſ'il vous plaiſoit nous faire ceſt honneur de nous y comprendre: ſoyez ſeur, Sire, que nous auons bonne enuye, de vous y ſeruir. Le Roy qui maintesfois auoit eſté aduerty de la proueſſe d'eulx deux, ſpecialement de celle de don Bruneo (lequel pour vn ieune cheualier eſtoit eſtimé autant que nul aultre que l'on euſt peu trouuer) les accepta voluntiers, & les remercia de leur bon vouloir. Or ne cognoiſſoit encores Bruneo, Galaor: mais ilz ſe feirent des l'heure telle cognoiſſance, qu'ilz ne partirent d'enſemble que la bataille ne feuſt paſſée. Et ainſi que le Roy entroit en ſon logis, ſuruint Enil auecq' la teſte de Lindoraq, qui pendoit par les cheueulx au poictrail de ſon cheual, & tenoit en ſa main l'eſcu & les doigtz d'Arcalaus l'enchanteur: au moyen dequoy deuant qu'il arriuaſt au palais grãd nombre de peuple l'auoit ſuyuy, pour ſçauoir les nouuelles qu'il apportoit. Puis eſtant en la preſence du Roy luy feit le meſſaige que le beau Tenebreux luy mãdoit: dequoy il ne feut moins aiſe qu'eſmerueillé de tant de bonnes fortunes qui venoient chaſcun iour au cheualier eſtrange, & demoura longuement ſans ceſſer de le louer. Semblablement Philiſpinel, qui eſtoit allé defier les Geãts, ſuruint à l'heure meſme, & recita par nom & ſurnom ceulx, qui debuoient eſtre en la bataille du Roy Cildadan: entre leſquelz ſe trouueroient maintz forts Geants, & aultres cheualiers de grand prix, qui tous eſtoient ia embarquez: & que deuãt qu'il feuſt quatre iours ilz prẽdroient le port de la Plage en la vege, ou la bataille ſe deuoit donner. Puis dit au Roy, comme il auoit trouué au Lac ardent (qui eſt en l'Iſle de Mongaze) le Roy Arban de Norgales & Angriote d'Eſtrauaulx, priſonniers de Gromadace la cruelle Geante femme de Famongomad: laquelle leur faiſoit ſouffrir maintes miſeres & calamitez, en les fuſtigeants chaſcun iour cruellemẽt, tant que leurs corps eſtoiẽt tous couuertz de playes, & eſcripuoient au Roy vne letre, que Philiſpinel luy bailla, dont la teneur ſ'enſuyt:

A Treshault & treſpuiſſant prince, Liſuart Roy de la grand' Bretaigne, & à tous noz amys & alliez eſtants en ſon royaulme. Nous Arbã, qui feuz Roy de Norgales, & Angriote d'Eſtrauaulx, à preſent detenuz en doloreuſe priſon, vous faiſons ſçauoir, que noſtre infortune plus cruelle que la meſme mort, nous a mis au pouoir de l'impitoyable Gromadace, femme de Famongomad, laquelle, en vengeãce de la mort de ſes mary, & filz, nous fait chaſcũ iour dõner tant, & de ſi eſtrãges tourmẽs qu'il eſt impoſſible de les pẽſer, en ſorte que d'heure à aultre nous deſirõs la fin de noſtre vie pour trouuer le repos. Mais ceſte malheureuſe, pour plus longuement nous faire endurer, differe tant qu'elle peult noſtre mort: laquelle de noz

propres

propres mains nous nous feussions donnée, sans la craincte de perdre noz ames. Et pour autant que nous sommes à present si naurez, qu'il est impossible que puissions plus resister, nous vous enuoyons ceste letre escripte de nostre sang: par laquelle nous supplions à Dieu vous dõner victoire contre ces trahystres, qui nous ont tant oultragez, & auoir pitié de noz ames. Grand douleur & compassion eut le Roy de la perte de ces deux bons Cheualiers, toutesfoys voyant que pour le present il n'y pouoit mettre ordre dissimula ce malaise, monstrant le meilleur visaige qu'il peut: & pour ne desconforter les aultres gentilzhommes presents, leur meit au deuant les yeulx des accidents, ou maintz aultres sont tombez, pour maintenir l'honneur de Cheualerie, dont quelquefoys ilz sont sortiz auecq' grand' gloire. Mais asseurez vous, amys, disoit le Roy, que si nous gaignons la bataille, i'en prendray telle vengeance, que le bruict remplira les aureilles à tout le monde. A ceste cause ceulx qui sont ordonnez pour venir auecq' moy, soyent demain prestz: car ie partiray pour aller au deuant de mes ennemys. Et ainsi fut fait comme il auoit ordonné.

Comme apres que le beau Tenebreux eut remenée Oriane à Myrefleur, il s'en partit pour estre en la bataille auecq' le Roy Lisuart: & de ce qu'il luy aduint.

Chapitre XVI.

TRois iours se tint le beau Tenebreux auecq' Oriane, depuis la conqueste de l'espée, & du cœuurechef, & le quatreiesme ensuyuant, enuiron la minuict print cõgé d'elle: & estãt armé de toutes pieces, chemina toute la nuict. Or auoit il commandé à Enil de l'aller attendre à vn chasteau, situé au pied d'vne montaigne, ioignant lequel se deuoit donner la bataille, qui appartenoit à vn ancien Cheualier nommé Abradan: car en la maison d'icelluy tous Cheualiers errants estoient souuent honorez & seruiz, quand ilz y venoient loger. Et passa le beau Tenebreux ceste nuict au plus pres de lost du Roy Lisuart, sans estre apperceu: puis chemina tant qu'au cinqiesme iour suyuant, il vint à la maison d'Abradan, ou il trouua Enil qui y estoit arriué vn peu deuant. Grandement feut festoyé le beau Tenebreux de son hoste: & ainsi qu'ilz deuisoient

ſoient enſemble, ſuruindrent deux de ſes nepueux, qui retournoient du lieu ou debuoit eſtre le combat. Leſquelz les aſſeurerent que deſia le Roy Cildadan & ſa trouppe y eſtoient arriuez, & auoient tendu leurs tentes & pauillons ſur la riue de la mer. Auſſi que don Grumedan & Giontes nepueu du Roy Liſuart y eſtoient venuz, auecq' leſquelz les treſues eſtoient données d'vne part & d'aultre iuſques au iour de la bataille: & que nul des deux princes n'entreroit au combat, ayant plus de cent Cheualiers en ſa compaignie, comme il auoit eſté permis & iuré. Mes nepueux, dit l'hoſte, que vous ſemble de ces Irlandois, que Dieu mauldie? Mon oncle, reſpondit l'vn d'eulx, ilz ont auecq' eulx tant de Geants, que ſi Dieu n'ayde miraculeuſement à noſtre bon Roy, croyez qu'il eſt impoſſible qu'il les peuſt ſouſtenir. Lors les larmes vindrent aux yeulx de leur oncle, & ſ'eſcria: O Dieu tout puiſſant, ne permettez, ſ'il vous plaiſt, que le meilleur & plus iuſte Roy du monde tombe es mains de ſi malheureuſe gent! Mon hoſte, reſpondit le beau Tenebreux, ne vous eſtonnez encores: car il aduient ſouuent que la bonté & equité vainq l'orgueil, & braueté des plus forts. Mais ie vous prie allez au Roy, & luy dites, qu'en voſtre maiſon eſt logé vn Cheualier, appellé le beau Tenebreux, & qu'il luy mande par vous le iour que doibt eſtre la bataille. Comment? dit le vieillard, eſtes vous celluy qui enuoya n'a guieres en ſa court don Quedragãt, & qui a mis à mort Famongomad, & ſon filz, lors qu'ilz prindrent ma dame Leonor & ſes Cheualiers? Par dieu, ſeigneur, ſi oncques ie feiz ſeruice aux Cheualiers errants, ie m'en tiens à preſent pour tresbien recompenſé, eſtant maintenant ma maiſon honorée de vous, & ne fauldray à faire ce qu'il vous plaiſt me commander. Adoncq' monta à cheual, & mena auecq' luy ſes deux nepueux: puis vindrent trouuer le Roy Liſuart campé à demye lieue pres de ſes ennemys, auquel il feit entendre le meſſaige du beau Tenebreux, dont toute la compaignie ſe trouua reſiouye. Et reſpondit le Roy: Puis que nous auons le beau Tenebreux de noſtre part, i'eſpere que nous aurõs auſſi l'honneur de noſtre entreprinſe. Et voyla le nombre des cent Cheualiers fourniz, ſi nous en auions encores vn. Sire, dit Grumedan, vous en auez maintenant de reſte: car le beau Tenebreux ſeul, en vault bien cinq. De ceſte parole ne furẽt trop contens Galaor, Floreſtan, ne Agraies: car ilz vouloiẽt mal de mort au beau Tenebreux, pour le tort qu'il faiſoit à Amadis, ſe leur ſembloit: toutesfoys ilz ſe teurent, & Abradan ayant eu la reſponſe du Roy, ſ'en retourna vers ſon hoſte, auquel il recita l'aiſe que chaſcun auoit des nouuelles qu'il auoit portées de luy: & que des cent Cheualiers il n'en reſtoit qu'vn, que tous ne feuſſent aſſemblez. Ce entendu par Enil, plus feit tant qu'il trouua ſon maiſtre à part, & ſe mettant à genoulx, luy dit: Mõ ſeigneur, encores que ie ne vous aye ſeruy ainſi que ie debuois, ſi ay ie prins l'audace de vous requerir vn don, que ie vous ſupplie humblement de m'octroyer. Demande, reſpondit il, & te lieue. Mon ſeigneur, dit Enil, dit Enil, faites moy dõcques cheualier, à fin que i'aille supplier au Roy me recepuoir pour le centiesme. Enil mon amy, respõdit le beau Tenebreux, il me semble que tu doibs commencer à t'esprouuer en lieu moins dangereux, que ne sera ceste bataille: non que ie differe à te faire cheualier, mais c'est pour toy trop lourde charge. Mõ seigneur, dit Enil, ie sçay que de ma vie ie ne pourray auoir meilleur moyen d'acquerir hõneur: car si ie meurs entre tant de gẽts de bien, ma gloire en augmentera: & si i'en puis eschapper, ma renõmée en sera perpetuelle, ayant esté du nombre des cent meilleurs cheualiers du monde. Le beau Tenebreux oyant parler Enil si vertueusemẽt, d'vne amoureuse pitié qu'il eut de luy, dit tout bas ces paroles: Tu te monstres bien parent du gẽtil cheualier Gandales mon secõd pere. Puis respõdit à Enil: Si tu as si grand' enuie de faire ce que tu diz, ie ne t'en destourneray plus. Et des l'heure s'en alla prier son hoste, de luy donner vnes armes pour son escuyer, qui vouloit estre cheualier, ce qu'il ne luy refusa: parquoy Enil veilla la nuict en la chappelle, & le l'ẽdemain des l'aube du iour, apres auoir ouy la messe, receut l'ordre de cheualerie, par le beau Tenebreux, & aussi tost monterent à cheual, en la compaignie d'Abradan & ses deux nepueux qui les seruoient d'escuyers. Puis arriuerẽt ou le Roy Lisuart auoit desia ordõné sa bataille, prest à aller trouuer ses ennemys, lesquelz l'attendoient en vn plain champ: & quand le Roy veid le beau Tenebreux, il feut tresaise, & n'y eut celluy de la trouppe à qui le couraige ne creust. Lors il s'approcha du Roy, & luy dit: Sire, ie suys venu accomplir ce que ie vous ay promis, & si ameine quant & moy encores vn cheualier: car i'ay esté aduerty que vostre nõbre n'estoit complet. Dequoy le Roy le remercia affectueusement: & combien qu'il n'y eut celluy des cent cheualiers, qui tous ne feussent esprouuez, & estimez entre les bons, le Roy Lisuart (apres auoir ordonné son bataillon, voyãt que ses ennemys s'approchoient) commença à faire telle remonstrance à ceulx de son ost: Mes compaignons & grandz amys, ie croy qu'il n'y a celluy de vous tous qui n'entende assez cõme nous auõs entreprins ceste bataille à bon droict, mesmes pour defendre l'honneur, & reputation du royaulme de la grãd' Bretaigne: lequel le Roy Cildadan, & ceulx d'Irlande veulent abastardir, en nous deniant le tribut que de tout temps ilz ont payé à noz predecesseurs, pour recognoissance des biens qu'ilz auoient receuz d'eulx, par le passé. Or sçay-ie assez, qu'il n'y a celluy de vous tous, qui n'ait le cœur entier & magnanime: parquoy il n'est besoing de vous animer d'auantaige contre ceulx, à qui vous auez affaire: ayant vostre hõneur deuãt les yeulx, que vous estimez plus que cẽt vies, s'il estoit possible les auoir l'vne apres l'aultre. Pourtant doncques, mes amys, marchons hardiment, sans auoir esgard à quelques Geants cruelz & pleins de sang, qui sont de leur trouppe: car l'homme n'est estime d'auantaige, pour auoir les membres gros & lourdz, mais pour le bon cœur qu'il a. Vous voyez souuent le leurier venir au dessus du bœuf: & l'espreuier, ou esmerillon battre le millan. Noz ennemys se fient en la force de ces mõstres, sans auoir esgard au tort qu'ilz ont, & nous esperons en Dieu: lequel cõme droicturier nous donnera l'effort de les vaincre, par la dexterité de noz personnes, & le debuoir que nous ferons. Marchõs doncq' mes amys, hardimẽt, estimãt chascun de soy estre suffisant pour combatre, & deffaire le plus braue de leur troupe: vous asseurãt que si nous gaignõs ce iourd'huy l'hõneur de la bataille, que oultre ce que nostre renõmée & gloire enuirõnera la terre vniuerselle, iamais ennemy de la grand' Bretaigne, ne leuera la teste pour nous regarder de mauluais œil. Ainsi disoit le Roy Lisuart à ses cheualiers. Et d'aultre part le Roy Cildadã ne faisoit pas moins de debuoir enuers les siẽs: car il alloit de ranc en rãc, pour les asseurer, leur disant: Gẽtilz cheualiers d'Irlande, si vous entẽdez pourquoy vous allez cõbatre, il n'y aura celluy de vous qui ne blasme son predecesseur, d'auoir tãt tardé le commẽcemẽt d'vne si glorieuse entreprinse. Les Roys de la grãd' Bretaigne, vsurpateurs & tirãs (nõ seulement cõtre leurs subiectz: mais sur leurs voisins) ont aultresfois prins sans aulcũ droit sur noz ancestres, vn tribut tel que vous sçauez assez, que l'on a souuẽt payé: & à ceste cause, nous auõs fait cest assemblée, & sommes venuz en ce lieu pour defendre nostre liberté, qui ne peult estre payée par nul thesor. C'est vostre fait, c'est vostre droict, non pas de vous seulemẽt, mais de voz enfants, qui iusques à present ont esté tenuz & reputez, par ceulx que vous voyés deliberés de vous faire serfz & esclaues. Voulez vous dõcques tousiours viure en ceste sorte? voulez vous cõtinuer le ioug à voz successeurs? estes vous de moindre cœur, ne de moĩdre estoffe que voz voisins? Ah si nous sommes victorieux, ilz rendront ce qu'ilz ont de nous! Ie suis seur que la fortune nous fauorise: car vous voyez les gents de bien qui sont venuz à nostre secours, sçachãts nostre bõ droict. Poulsons, poulsons gẽtilz cheualiers, ie voy desia le Roy Lisuart & sa trouppe en doubte pour nous tourner le doz. Ilz sõt, se disoiẽt ilz coustumiers de vaĩcre: mais nous les apprendrons à eulx accoustumer d'estre vaincuz. D'vne chose ie vous veulx aduertir, c'est que chascun ayde à son cõpaignõ, vous tenãs les plus serrez ensemble qu'il vous sera possible. Et plus longuemẽt eust cõtinué sa harãgue, s'il n'eust veu le Roy Lisuart brãsler pour les ioindre. Parquoy se retirãt au meilleu de son escadron, dit assez hault: Or à eulx, puis qu'ilz en veulẽt mãger. A ce cry, baisserẽt leurs veues, tenãts cõtenãces de gẽts asseurez: & pour leur faire frõt marcherẽt deuãt le beau Tenebreux, & Enil son cõpaignon, Galaor, Agraies, Florestan, Gãdalac le Geant (qui desroba Galaor, n'ayãt que deux ans) auec ses deux filz, Bramandil & Ganus: lesquelz Galaor auoit nouuellement faitz cheualiers. Puis Nicoran du pont timide, Dragonis, Palomir, Viuorãt, Giontes nepueu du Roy, le tresrenommé Bruneo de bonnemer, son frere Branfil, & Guilan le pensif: lesquelz marchoiẽt apres le vieillard dõ Grumedã cheualier d'hõneur de la Royne qui

portoit

portoit l'enſeigne du Roy Liſuart. Du coſté du Roy Cildadan, les Geants faiſoient front auecq' vingt Cheualiers, tous prochains parents du Roy: lequel (comme chef prouident) ordonna, que Mandafabul le Geant de l'Iſle de la tour Vermeille, demouraſt au hault d'vn petit tertre, auecq' dix des meilleurs Cheualiers de leur trouppe: leur commandant d'eulx n'eſmouuoir tant qu'ilz apperceuſſent aſſeurément la fin de la bataille, que les Cheualiers du Roy Liſuart ſeroient rompuz & laſſez: & que lors ilz vinſſent ruer ſur eulx, ſans eſpargner la perſonne du Roy, le prenant priſonnier: & ou ilz verroient trop grande reſiſtance, qu'ilz le meiſſent à mort, ſ'ilz n'auoient moyen de l'enleuer en leurs nauires. Adoncq' approcherent les deux batailles ſi pres l'vne de l'aultre, qu'ilz vindrent au ioindre. Lors euſſiez veu lances briſer, Cheualiers renuerſer, harnoys bruire, bras entamer, les vns crier, les aultres fendre la preſſe, ſi que ce iour ſe pouoit bien nommer iour de douleur & d'ire pour ceulx qui ſe trouuerent en ce conflict: lequel continua ſi longuement, que la plus part du iour eſtoit paſſée, ſans que nul euſt loyſir de prendre ſeulement aleine: & toutesfoys il faiſoit ſi chauld qu'il n'y auoit cheual, ny Cheualier qui ne feuſt las & trauaillé en extremité: car les vns giſoient ſur le camp, & la plus part des aultres moins offenſez eſtoient ſi affoybliz, qu'ilz ne ſe pouoient quaſi tenir à cheual. A l'heure le beau Tenebreux, craignant que la perte tombaſt de ſon coſté, cōmença à deſployer toutes ſes forces, & n'attaignoit Yrlandois, ou Geant, qu'il ne luy tiraſt le pur ſang du corps. Pres de luy ſe tenoit le Roy Liſuart, qui monſtroit bien la grand' proueſſe dont il eſtoit plein, & n'ignoroit de quelle conſequence eſtoit la fin de ceſte bataille: car perdant la victoire d'icelle, il perdoit ſes eſtatz, ſa vie, & ſon honneur: au moyen dequoy (ſans eſpargner ſa perſonne) il eſtoit entré ſur ſes ennemys, ayant ſon bras dextre tout tainct de ſang, de ceulx qu'il auoit fait paſſer au fil de l'eſpée. D'aultre coſté Agraies, Galaor, & Floreſtan, ayants des le commencement veu le grand debuoir, & haulte Cheualerie que faiſoit le beau Tenebreux ſur leurs ennemys: ceulx qui de long temps luy portoient enuie, delibererent de mourir, ou faire cognoiſtre à chaſcun qu'ilz ſçauoient auſſi bien ou mieulx combatre que luy, telement que ceſte ialouſie fut en partie cauſe de les animer ſi fort, qu'ilz y cuyderent tous mourir. Car Galaor, eſchauffé comme vn Lyon pourſuiuy, ſe vint ruer au trauers des Geants, & rencontra Cartadaque de la montaigne defendue, qui à coups de hache auoit deſia renuerſé à ſes piedz ſix Cheualiers du Roy Liſuart: combien qu'il feuſt nauré à l'eſpaule, d'vn coup que luy auoit donné Floreſtan, par lequel il perdoit beaucoup de ſon ſang. Lors Galaor ſ'approcha de luy, & de toute ſa puiſſance luy donna ſi grand coup ſur la teſte, qu'il luy effondra l'armet: & paſſant l'eſpée oultre, luy aualla l'aureille, & le manche de ſa hache, tout au plus pres des poings. Parquoy le Geant ſe trouuant deſſayſi de ſon baſton, ſe vint iecter ſur Galaor, & le ſoubzleua de telle force, qu'il le deſarçonna: en le ſerrant entre ſes bras ſi eſtroictement, qu'aiſéement l'on euſt peu ouyr croiſtre les os. Neantmoins le Geant ne ſe peut tenir ſi ferme, qu'il ne tombaſt à terre, auecq' ſa prinſe: parquoy Galaor (qui tenoit encores ſon eſpée) trouua moyen de luy en donner dans la viſiere, & luy entra ſi auant en la teſte qu'il rendit l'eſprit. Mais Galaor ſe trouua tant moulu, qu'apres qu'il ſe feut releué de deſſoubz Cartadaque, il n'eut pouoir de retirer ſon eſpée du lieu ou il l'auoit plantée, & (qui plus eſt) feut lors ſi empreſſé, qu'il cuyda mourir entre les iambes des cheuaulx: car maintz bons Cheualiers d'vne part & d'aultre (ayants veu la meſlée de luy & du Geant, & le peril d'eulx deux) ſ'eſtoient approchez pour le ſecourir, au moyen dequoy l'eſtour feut grand & merueilleux. Car le Roy Cildadan y ſuruint, qui deſarçonnoit tous ceulx qu'il trouuoit en ſa voye, & ſans le beau Tenebreux qui l'abbatit d'vn coup d'eſpée, Galaor euſt eſté à l'heure mort, ou pris: mais quand il veid le Roy Cildadan à ſes piedz, legierement ſaiſit l'eſpée qu'il tenoit, & commença à ſe defendre, & ſi bien que maulgré ſes ennemys il ſe feit faire place. Toutesfoys il ſ'eſchauffa tant en ceſte derniere charge, que l'aleine luy faillit, & cheut tout plat ſur le champ, ſans mouuoir pied, ne mains, non plus que ſ'il euſt eſté mort. Là ſe trouua le Geant Gandalac, qui l'auoit nourry en ſon enfance, lequel, l'ayant veu tomber, feut tant marry, que de grand cholere ſ'adreſſa à Albadanor aultre Geant: & tant ſe donnerent de coups de maſſue, qu'eulx & leurs cheuaulx furent renuerſez, dont Albadanor eut le bras rompu, & Gandalac la iambe. Mais ilz ne feurent ſeulz mal partiz: car l'on euſt veu plus de ſix vingtz Cheualiers giſants ſur la greue, & ſi n'eſtoit encores midy paſſé. Lors Mandafabul le Geant de l'Iſle de la tour Vermeille, qui auoit eſté ordonné, pour ne partir du tertre iuſques à l'extremité de la bataille, voyant tant de Cheualiers mors, rompuz & naurez: penſa qu'aiſément il mettroit à fin ſon entreprinſe, & que le reſte ſeroit facile à deffaire. Au moyen dequoy il commença à courir droict, ou eſtoit le plus de preſſe, criant à ſes Cheualiers: Gardez que nul n'eſchappe vif, faites tout paſſer au trenchant de l'eſpée. Quant à moy, ie me vouë le Roy Liſart, car il eſt mien, mort, ou vif. Ce cry fut entendu d'vn chaſcun, meſmes du beau Tenebreux, qui retournoit de prẽdre vn cheual fraiz, que l'vn des nepueux de ſon hoſte luy auoit reſerué: & craignãt que le Geant feit ce qu'il diſoit, ſe vint mettre deuãt le Roy, auecq' Agraies, Floreſtan, Bruneo de bonne mer, Branfil, Guilan le penſif, & Enil: lequel auoit tout le iour ſi bien fait ſon debuoir, qu'il eſtoit en treſgrande reputation. Or feut Mandafabul mieulx recueilly qu'il ne penſoit: car ainſi qu'il approchoit l'eſcadron du Roy Liſuart, Sarmadan le Leon, oncle du Roy Cildadan, l'vn des meilleurs Cheualiers de ſa lignée, ſortit de la trouppe, & courant contre le beau Tenebreux, luy donna de ſi droict fil au dedans de l'eſcu, qu'il le naura, non pas beaucoup: & en paſſant, en passant, le beau Tenebreux luy rua vn reuers de son espée sur la visiere, en sorte qu'il luy couppa les deux yeulx & la moytié du visaige, le iectant sur le champ tout roide mort. Dont Mandasabul & ceulx de son costé trop marriz, entrerent pesle mesle sur ceulx du Roy Lisuart par telle fureur, que maulgré leur defense Mandasabul saisit le Roy au collet, & l'enleua de dessus son cheual, le portant soubz son bras droict à ses nauires:mais le beau Tenebreux l'apperceut, qui courut apres & l'attaignit, en luy donnant de son espée tant rudement sur le bras, qu'il le luy couppa tout ioignant le coulde: & deualant le coup, naũra le Roy en sorte que le sang en tomba iusques à terre. Lors de grand' douleur qu'eut Mandasabul,il feit vn hault cry,& sans aller plus auant rendit l'esprit: parquoy le beau Tenebreux voyant que son coup auoit tant proffité, que d'auoir occis vn tel Geant,& deliuré le Roy ensemble commença à crier bien hault: Gaule, Gaule, ie suys Amadis, qui vis encores. Ce disant, entra dedans ses ennemys, qui auoient quasi perdu le cœur, pour auoir veu ainsi occire les deux principaulx de leur armée:mesmes qu'Amadis(lequel ilz estimoient de long temps mort)estoit là present à leur confusion.Et sans Gãdacuriel,l'vn des plus forts Geãts de leur trouppe qui les r'asseura, ilz eussent tourné les doz, mais il feit front: au moyen dequoy Amadis voulant venger son frere Galaor, qu'il pensoit estre mort, se mesla parmy ses ennemys,& entra au plus fort de la presse,& si auant qu'il y feust demouré sans l'ayde que luy feit le Roy Lisuart(lequel auoit recouuert monture) & l'accompaignoient Bruneo de bonne mer, Florestan, Guilan,Ladasin, Galuanes, Oliuas, & don Grumedan, qui portoit son enseigne couppée entre ses bras.Tous lesquelz,voyants Amadis en si grand danger (encores que la plus part d'eulx feust tresnaũrée) eurent tant d'aise de sçauoir que c'estoit il, qu'ilz s'esuertuerent par telle façon, que quelque resistance que peussent faire ceulx d'Irlande,ilz donnerent secours à Amadis:& passants oultre trouuerent Agraies, Palomir, Branfil, & Dragonis à pied, combatants vertueusement contre ceulx qui les auoient abbatuz.Mais ilz estoiẽt de si pres menez,qu'ilz n'eussent sceu plus guieres soustenir l'effort qu'on leur faisoit: combien qu'ilz eussent mis à mort plus de six, tant de Geants qu'Yrlandois,qui les vouloiẽt enfoncer,&,sans doubte,ilz les eussent laissez si leur secours ne feust suruenu. Au moyen dequoy, ceulx qui les forçoient,eurent assez affaire de là en auant d'entendre à eulx garder:pource qu'Amadis(maulgré eulx)les escarta,& feit en sorte, auecq' sa suyte, qu'il donna moyen à son cousin Agraies,& ses compaignons d'eulx remonter. Lors se rẽforça la part du Roy Lisuart, & affoiblit celle des Yrlandois:lesquelz desesperez de toute ayde, eurent recours à leurs vaisseaulx qui flottoient aux vagues de la mer, attendants sauluer leur butin, si fortune n'y eut contredit.Mais Amadis,poursuyuãt la victoire,les chassoit auecq' telle fureur,que la plus part des vaincuz vouloient plustost choisir leur sepul-

 ture es

ture es vndes de l'eaue,qu'en la terre enrousée & tainĉte de leur sang. Ce que voyant Gandacuriel (estimé entre tous les Geants l'vn des plus belliqueux) sans craindre la mort qu'il veoyoit preparée deuant luy, voulant auant que ses iours prinssent fin se veoir venger, baissa la teste: & tenãt en ses poings vne espée trenchante, se voulut ieĉter sur le Roy Lisuart. Mais Florestan vint au deuant, qui luy donna si grand coup d'espée sur l'armet, qu'il le luy feit sortir de la teste: & le Roy qui estoit tout au plus pres, le voyant descouuert, la luy meit en deux parts. Adoncq' feut grande la tuerie des Yrlandois, car ilz feurent lors tous renuersez par Amadis, Florestan, & Agraies: lesquelz les poursuyuirent iusques dãs la mer, ou ilz s'enuelopperent entre les vagues, au moyen dequoy les gents du Roy Lisuart se retirerent. Et pource qu'Amadis auoit marqué le lieu ou il auoit veu abbatre Galaor, pria son cousin Agraies, & aultres, qu'ilz luy aydassent à le trouuer entre les morts: toutefois ilz ne l'eussent iamais rencõtré sans Florestan, qui le recogneut à vne manche verte qu'il portoit, laquelle estoit semée de fleurs blanches: mais il estoit si couuert de sang, & de pouldre, qu'ilz le mescogneurent presque du tout. Et si vous eussiez veu lors les regretz que faisoit Amadis pour luy, ie ne sçache si dur cœur, qui ne feust fendu en pleurs: car le voyãt en tel estat, il se laissa cheoir de son hault sur luy, au moyen dequoy ses playes se r'ouurirent, contre lesquelles le sang meslé s'estoit desia figé. Et croy qu'Amadis se feust trespassé sur luy, si de fortune il ne feust suruenu douze damoyselles tresbien parées, qui faisoiẽt apporter par leurs escuyers vn riche liĉt: lesquelles trouuant Amadis ainsi desesperé luy dirent: Seigneur, nous sommes icy venues pour querir vostre frere Galaor, & si vous le voulez iamais veoir vif, permettez que nous l'emportions presentement, aultrement il n'y a chirurgien en toute la grand' Bretaigne qui luy puisse donner remede. Grand' honte eut adoncq' Amadis dequoy les damoyselles l'auoient trouué en ces termes: & combien qu'il ne les cogneust, les oyant parler de la saluation de son frere, delibera (veu l'extreme peril ou il estoit) de ne le refuser, encores que ce feust à son tresgrand regret. Et à ceste cause il leur respondit: Mes bonnes damoyselles, vous plairoit il nous dire ou vous le voulez emporter? Non, dirent elles, pour ceste heure: mais si vous le voulez iamais veoir vif, baillez le nous sans plus differer, aultrement nous nous en yrons. Las ie vous prie, respondit il, que ie le suyue! Non, dirent elles: & toutesfois pour l'amour de vous, nous sommes contentes que Ardan le Nain & son escuyer l'accompaignent. Adoncq' le coucherent au liĉt (ainsi armé qu'il estoit) & le feirent aussi tost emporter dans la nef ou elles estoient venues: laquelle estoit encores ioignant la riue de la mer. Puis retournerent vers le Roy Lisuart pour le supplier de leur donner le Roy Cildadan, lequel gisoit entre les morts: & pour l'induire à ce faire, luy remonstrerent que si fortune l'auoit fauorisé en cest endroiĉt, qu'il ne debuoit pourtant

vser de

vser de cruaulté à son ennemy. Ce que considerant le Roy, leur permist de l'emporter mort ou vif: parquoy les damoyselles le prindrent & l'enleuerent auecq' Galaor, & aussi tost feirent leuer les voiles de leur vaisseau: dedans lesquelles le vent singla telement, qu'en peu d'heure on les perdit de veue. Ainsi demoura le Roy Lisuart victorieux sur ses ennemys, allant par le champ choisir tant les siens que les aultres, qui n'estoient encores oultre pour les faire penser. Et ainsi qu'il trauersoit d'vne part & d'aultre, il rencontra Amadis qui fondoit en larmes, auquel il n'auoit encores parlé depuis son retour: & le voyant tant espleuré, apres auoir sceu la cause de son dueil, dõna signe euident du regret qu'il auoit de Galaor, lequel il aymoit comme soy mesmes, & non sans raison: car du iour qu'il le receut pour sien, il ne pensa qu'à luy faire seruice, sans l'habandonner pour guerre, ou debat qu'eut Amadis, comme il vous sera recité. Mais le Roy voulant monstrer l'effort de sa vertu, pour donner confort à ses Cheualiers, tout nauré qu'il estoit, descendit pour embrasser Amadis: lequel meit le genoil à terre, pour luy faire la reuerance. Mon grand amy, dit le Roy, vous soyez le tresbien trouué, ie cognois maintenant assez que sans vostre secours, la grand' Bretaigne eust souffert beaucoup: & pour Dieu ne prenez tant de melancolie de la perte de vostre frere, puis que les damoyselles vous ont asseuré de sa santé. Ainsi alloit le Roy Lisuart reconfortant Amadis, lequel il feit monter à cheual: puis le conduict en sa tente, ou il leur feut apporté à menger: & pource qu'il vouloit partir le lendemain, il ordonna que des le soir l'on enterrast les morts en vn monastere (ioignant du lieu ou la bataille auoit esté dõnée) auquel il feit de grands biens, pour faire prier Dieu pour eulx. Semblablement despescha vn Cheualier, pour aller en diligence aduertir la Royne Brisene, de la victoire que nostre seigneur luy auoit donnée sur ses ennemys: & le lendemain print le chemin vers la ville de Gonate (qui estoit à quatre lieues pres) ou il seiourna tant que luy & ses gents feussent gueriz. En ces entrefaites, la Royne Briolanie eut congé de la Royne Brisene, d'aller à Myrefleur visiter Oriane, pour le grand desir qu'elle auoit de la veoir, estant renommée par tout le monde la plus excellente en toute beaulté. Dequoy Oriane, aduertie, feit preparer le lieu au mieulx qu'il feut possible, & la receut treshonorablement: mais quand elle la veid tant belle, la souspeçon qu'elle auoit eue cõtre Amadis, ne feut si biẽ amortye, qu'elle ne se reuerdist, nonobstãt quelque espreuue qu'il eust fait soubz l'arc des loyaulx amants, ou par l'espée du vieillard: croyant asseurémẽt estre impossible, que nul homme peust auoir en soy tant de loyaulté, qu'il se sceust garder d'aymer créature si belle, qu'estoit Briolanie. D'aultre part il sembla bien à Briolanie, que les souspirs que Amadis auoit iectez si souuẽt en sa presence, ne procedoient d'ailleurs que de l'affection, qu'il portoit à Oriane: car c'estoit la plus rare princesse, & de la meilleure grace, qu'elle eust oncques veuë. Ainsi souspeçonnoient ces deux dames l'vne de l'aultre, & demourerent ensemble deuisants de maintes choses conformes à leurs affections, specialement des vertuz & perfections d'Amadis. Mais Oriane (pour mieulx entendre ce que Briolanie en pensoit) luy dit: Ie m'esbahis, ma cousine, veu l'obligation que vous auez à luy (aussi qu'il est descendu des Empereurs, & filz d'vn Roy de Gaule) que vous ne l'auez choysi pour vostre mary. Ma dame, respondit Briolanie, croyez que ie me feusse estimée bien heureuse, si cella s'eust peu conduyre: tant y a, que ie vous diray vne chose, laquelle ie vous prie tenir autant secrette, comme elle le merite. Quelque foys ie luy en parlay: mais les souspirs qu'il iectoit ordinairement, me feirent pour luy assez tost responce, combien que ie ne peuz oncques sçauoir en quel lieu il ayme, tant est couuert & secret en ses affections: neantmons soit tel qu'il vouldra, il pourra disposer de moy, & de mon bien toute sa vie, comme il luy plaira. Tresaise feut Oriane d'entendre ces propos, par lesquelz elle appaisa la nouuelle ialousie conceue cõtre Amadis, & dit à Briolanie: Ie suis fort esmerueillée qui peult estre celle qu'il ayme (comme vous dites) & n'y a doubte qu'il est du nombre des amants, par le tesmoignaige qu'en a fait l'ymage de l'arc enchanté: car à ce que l'on m'a recité, elle feit plus pour luy, que pour aultre qui y passast oncq'. Il ayme sans doubte, respondit Briolanie: mais c'est si secrettemẽt, que l'on ne peult sçauoir ou. Ainsi passoient le temps les deux princesses, parlant d'Amadis, durant leur seiour au lieu de Myrefleur, duquel quelques iours apres deslogerent, pour aller trouuer la Royne Brisene à Fernise, ou elle attendoit le Roy Lisuart: laquelle feut tresaise de veoir sa fille retournée en bon poinct. Là vindrent nouuelles de la victoire qu'auoit eu le Roy sur le prince Cildadan, dont la ioye feut grande, & Dieu humblement remercié: mais quand la Royne Briolanie sceut, que celluy, qui se nõmoit le beau Tenebreux, estoit Amadis de Gaule, oncques femme ne feut si ioyeuse qu'elle. Et combien que Oriane & Mabile en sceurent tresbien l'occasion (ainsi qu'auez entendu) si le faignoient elles, & ne s'en esmerueilloient moins que les aultres: au moyen dequoy Briolanie leur disoit souuent: Eussiez-vous iamais souspeçonné que Amadis se feust ainsi desguisé, & prins nom si estrange, entre ses plus grands amys, voulant faire assopir la renommée de luymesmes par les grandes proesses qu'il faisoit soubz le tiltre d'estranger? Par ma foy, respondit Oriane, s'il reuient auecq' le Roy, il nous fault sçauoir de luy pourquoy il faisoit cella, & aussi, qui est celle qui à gaigné le cœuurechef des fleurs auecq' luy. Ie vous asseure, dit Briolanie, qu'il ne tiendra à le luy demander, & croy qu'il nous le dira voluntiers.

Comme

Comme le Roy Cildadan, & Galaor, à leur desceu, furent emportez par douze damoysellesi & mis l'vn en vne forte tour enuironnée de mer, & l'aultre en vn iardin cloz de haultz murs, ou ilz pensoient estre en prison: & de ce, qu'il leur aduint.

Chapitre XVII.

MAintenant nous vous reciterons le traictement qui fut fait au Roy Cildadan & à Galaor, lesquelz les damoyselles auoient mis dedans la nef: & furent menez & gouuernez si bien, qu'au troysiesme iour ensuyuant ilz commencerent à eulx amender: car iusques adonq' ilz auoiét perdu toute cognoissance. Et se trouua Galaor en vn iardin dedans vne chambre la mieulx parée, qu'il eust oncques veue, laquelle estoit soustenue sur quatre piliers de marbre: enuironnée, toutesfoys, de grosses grilles de fer, par lesquelz il pouoit veoir de son lict tout le circuit du iardin, qui est fermé de haultes murailles, sans y auoir entrée, que par vn seul petit huys, couuert de fueilles de fer, au moyen dequoy il pensa estre en prison. Lors cómença à sentir si griefue douleur en ses playes, qu'il n'en esperoit que la mort. Là luy souuint d'auoir esté en la bataille: mais il ne sçauoit qui l'en auoit tiré, n'apporté au lieu tant estrange: & moins en feut esbahy le Roy Cildadan, de se veoir enfermé en vne forte tour, circuye de pleine mer, combien que la chambre ou il estoit feust tresbien tapissée, &

pissée, & luy couché dedans vn bon lict. Toutesfoys il estoit seul, & luy sembla entēdre quelques personnes parler tout au dessus de la voulte: mais il n'y auoit apparence d'huys, ou d'ouuerture, par laquelle on peust entrer en sa chambre. Parquoy il se leua, & meit la teste à la fenestre, & ne veid aultre chose que la mer qui battoit encontre le lieu ou il estoit enfermé: lequel estoit basty au plus hault d'vn aspre & dur Rocher, & ne sçauoit comme il auoit esté tiré de la presse, ou il feut abbatu entre ses gents. Neantmoins il estima bien, puis qu'il estoit en tel lieu, qu'il auoit perdu la iournée, & que ses Cheualiers estoient tous morts, ou pris: ce nonobstāt il se recōforta le mieulx qu'il peut, & se reiecta sur son lict se plaignant, tant sentoit de mal en ses playes. Or estoit Galaor d'aultre costé gisant malade, cōme auez veu, lequel entendit ouurir le petit huys du iardin: au moyen dequoy il se soubzleua de son lict, le mieulx qu'il peut, & apperceut venir à luy vne tresbelle damoyselle, richement parée, que conduisoit vn Cheualier tāt vieil & caduc, que c'estoit chose estrāge, comme il se pouoit soustenir. Lesquelz s'approchāts de Galaor, luy dirēt par le treilliz de fer, sans ouurir l'huys de la chābre: Cheualier, pensez de vostre ame: car nous ne vous asseurons desormais. Lors la damoyselle print deux boittelettes, l'vne de fer, & l'aultre d'argent: & les monstrans à Galaor, luy dit: Le personnaige, qui vous a fait venir ceās ne veult que vous mouriez premier qu'il sçache si vous voulez faire sa volunté, ou non, & ce pendant il fera guerir voz playes. Ma damoyselle, respondit Galaor, si sa volunté estoit que ie feisse chose contre mon hōneur, i'aymerois trop mieulx mourir. Vous ferez, dit elle, ce que mieulx vous semblera: cōbien qu'il ne soit en vous de viure, ou de mourir. Adoncq' le vieil hōme ouurit le treilliz, & entrerent dedans, & aussi tost la damoyselle luy bailla la boitte de fer, luy disant, qu'il se retirast: ce qu'il feit. Puis elle dit à Galaor: Mon seigneur, i'ay tant d'ennuy de vostre mal, que pour vous sauluer la vie, ie me veulx aduenturer à la mort: & vous declaireray ce qu'il m'a esté cōmandé. C'est que i'emplisse ces deux boittes, l'vne de poyson, & l'aultre d'vn vngnement pour vous faire dormir: à ce qu'à vostre resueil vous enduriez telle douleur, que la rage vous fasse cruellement finir: mais i'ay fait tout aultrement: car ie les ay emplies de telle medecine, que si vous en vsez sept iours durant, vous vous trouuerez sain, prest à mōter à cheual. Lors luy frotta ses playes de l'vngnement, lequel estoit si vertueux, que des l'instant sa douleur s'appaisa: & se sentit si allegé, qu'il dit à la damoyselle: Damoyselle m'amye, vous m'obligez tant à vous faire seruice, que si iamais ie sorts de ceans, vous vous pouez tenir seure, qu'oncques damoyselle ne feut recompensée de Cheualier, comme vous serez de moy: toutesfoys si vous n'auez moyen de me deliurer, ie vous supplie, aumoins trouuez façon d'en aduertir Vrgāde la descogneue, car i'ay eu tousiours grande fiance à elle. La damoyselle se print à rire, & luy respondit: Comme estimez-vous tant d'Vrgande, veu qu'elle s'est

iusques

iusques icy si peu soulciée de vostre bien, ou mal? Ie sçay biẽ, dit il, qu'ainsi qu'elle cognoist les voluntez cachées, elle sçait combien i'ay desir de luy faire secours. Ne vous chaille d'aultre Vrgande, respõdit elle, que de moy: & ayez seulement bonne esperance, aydant à vous aduancer la guerison, e prenant couraige d'homme vertueux comme vous auez tousiours esté estimé: veu que vous sçauez, que la virilité & force de couraige n'est seulement requise aux combatz & perilleuses rencontres, mais aux aultres accidentz qui peuuent suruenir, ainsi qu'à present le cas s'offre. Et pour recognoissance du peril, auquel ie me soubzmetz pour vous guerir & deliurer deceans, ie vous prie me donner vn don, qui ne vous portera dõmaige ne deshõneur. Ah a damoyselle, dit il, vous aurez de moy tout ce qu'il vous plaira si bõnement ie le puis faire! Or bien, respõdit elle, suffise vous pour ceste heure, attendant qu'il soit temps que ie retourne vous penser: ce pendant couurez vous, & faignez de dormir fermement, ce qu'il feit. Lors la damoyselle appella le vieillard, & luy dit: Voyez cõme le cheualier dort, le poison fait maintenãt son operation. Tãt mieulx, respõdit le vieillard, celluy qui l'a amené ceãs sera, à ce que ie voy, fort bien vẽgé de luy: & puis que vous auez obey à ce que l'on vous a commandé, ie suys content desormais que vous le veniez veoir sans aulcune garde. Mais maintenez le ainsi, quinze iours durant: car en ce tẽps arriuerõt icy ceulx lesquelz (selon les ennuyz qu'il leur a faitz) prendront sur luy l'amende qu'il leur plaira. Galaor entẽdit tous ces propos, & cogneut tresbien que le vieillard estoit son mortel ennemy: toutesfois il auoit espoir en ce, que la damoyselle luy auoit promis de le rendre sain dans sept iours, esperant si ainsi estoit, qu'aisément il se pourroit puis apres sauluer de leurs mains. Lors se retirerẽt le vieillard, & la damoyselle: mais elle ne tarda guieres qu'il la veid retourner auecq' deux aultres ieunes fillettes, belles en perfection, lesquelles apporterẽt viures à Galaor, puis le feirẽt mẽger. Ce fait, la damoyselle cõmãda aux deux aultres de luy tenir cõpaignie, & de lire deuãt luy toutes hystoires plaisantes, pour le garder de dormir sur iour. Alors Galaor se trouua trescõsolé par le bon traictemẽt que luy faisoit la damoyselle, & eut entiere fiance qu'elle le secoureroit, cõme elle luy auoit promis: & fermãt la grille, laissa les damoyselles deuisants auec luy. Tout aultremẽt aduint au Roy Cildadan: lequel estant enfermé dans la tour, couché sur son lict, veid ouurir vne porte de pierre (laquelle estoit si iustement attachée à la paroy, qu'il sembloit que ce feust la mesme muraille) par ou entra vne damoyselle de moyen aage, accompaignée de deux cheualiers armez: lesquelz s'approcherent ioignant du lict. Lors le Roy les salua: mais sans luy dire mot, la damoyselle leua la couuerture qu'il auoit sur luy, & regardãt ses playes, le medecina: puis luy dõna à menger, & retournerẽt, elle & les cheualierss par ou ilz estoient venuz, sans parler à luy. Quãd le Roy veid ceste façõ de faire, il creut qu'il estoit en la prison de tel, ou sa vie n'estoit bien asseurée: toutesfois

toutesfois il print le meilleur recõfort qu'il peut, ne pouãt faire aultre chose: mais la damoyselle qui pẽsoit à Galaor, voyãt qu'il estoit tẽps de le traicter, alla luy demãder cõme il se portoit. Tresbiẽ, respõdit Galaor, & espere, veu le cõmencemẽt d'amẽdemẽt, que ie pourray estre guery dedans le tẽps que vous m'auez promis. Il n'y aura faulte, dit elle, pourtant ie veulx que, cõme loyal cheualier, me promettiez de ne partir d'icy sans mõ cõgé, aultremẽt vostre vie seroit en peril de mort. Galaor luy iura d'ainsi le faire, la suppliãt affectueusemẽt de luy dire cõme elle se nõmoit. Et elle luy respõdit: Cõmẽt Galaor? ne sçauez-vous encores mõ nõ? certes ie suys maintenãt biẽ deceuë, veu les seruices que ie vous ay aultrefois faictz sans qu'il vous en souuiẽne. On me nõme, la saige entre les saiges. Ce disant sortit de la chãbre faignãt estre courroucée, & tira l'huys rudement apres elle. Lors Galaor demoura plus pẽsif que deuant, & luy souuint de la belle espée que Vrgãde la descogneue luy dõna, quãd Amadis son frere, le feit cheualier, & eut souspeçon que c'estoit ellemesmes: toutesfois il eut doubte, pource que quãd il veid premier Vrgande, elle luy sembla vieille & caducque, & ceste cy estoit ieune, belle & en bõ poinct. Et aĩsi qu'il estoit en ceste resuerie ne pouãt dormir, tourna la teste ou les deux ieunes damoyselles auoiẽt coustume de s'asseoir, en luy tenãt cõpaignie: mais au lieu d'elles, il apperceut Gasaual son escuyer, & Ardã, le Nain d'Amadis: dõt il ne feut moins esbahy que ioyeux, & les appella, pource qu'ilz dormoiẽt. Lesquelz à leur resueil voyãts leur maistre deuindrent aussi estõnez que luy, & se leuerent luy faisant la reuerãce: & il leur demanda cõe ilz estoiẽt là venuz, lesquelz luy respõdirẽt, Qu'Amadis, Florestã, & Agraies, leur auoiẽt commãdé de le suyure. Puis luy cõpterẽt l'estat, auquel il estoit quãd les damoyselles le prindrẽt: au moyen dequoy Amadis voyãt l'extremité de vostre vie, permit vous emporter auecq' le Roy Cildadã. Que dites vous, dit Galaor? Amadis se trouua il en ceste assemblée? Seigneur, dit Gasaual, c'estoit luy que l'õ appelle le beau Tenebreux, par l'effort duquel la bataille a esté gaignée. Puis luy reciterẽt la maniere qu'il auoit deliuré le Roy, & occis Mãdasabul, & que lors il se feit cognoistre, criant: Gaule, à haulte voix. Tu me cõptes merueilles, dit Galaor: mais par dieu il a eu tort de s'estre si longuemẽt celé à moy. Voila l'estat auquel se trouuerẽt Galaor & Cildadan, lesquelz en peu de iours eurẽt si grãd' allegeãce à leurs playes, qu'ilz cõmencerẽt à eulx promener par la chãbre: parquoy Vrgãde (au pouoir de laquelle ilz estoiẽt, en son isle ĩcogneue) se feit cognoistre à eulx, leur disãt que la paour qu'elle leur auoit faite, auoit esté pour moyẽner plustost leur santé, aultremẽt ilz eussẽt esté en dãger de leur vie. Puis mãda querir deux de ses niepces, pour leur tenir cõpaignie qui estoiẽt filles du roy Flãgaris frere du Roy Lisuart, qui les auoit engẽdrées en la sœur d'Vrgãde: l'vne s'appelloit Iuliaude (que Galaor peu apres ẽgrossit d'ũ filz, qui depuis fut gẽtil cheualier nõmé Talãque) & l'aultre Solise, qui eut aussi du roy Cildadã Manely le discret, le discret,& demourerent les deux Cheualiers auecq' ces damoyselles tant qu'il pleut à Vrgãde leur dõner liberté,comme il vous sera cy apres declairé.Ce pendant le Roy Lisuart, Amadis & les aultres Cheualiers seiournerent à Gonate:& apres estre gueriz de leurs playes.delibererent aller trouuer les dames qui les attendoient en la ville de Fernise,desquelles ilz furét receuz auecq' grãd' ioye.Mais durãt leur seiour,ainsi que Amadis deuisoit auecq' la Royne Briolanie (en la presence d'Oriane) elle luy dit: Mon seigneur, ie vous prie croyre, que ie feuz si ennuyée quand l'on me dit que vous estiez perdu,qu'il seroit impossible vous pouoir exprimer le desplaisir que i'en euz:& voyãt à la fin que vous tardiez tãt à retourner, ie me deliberay venir en ceste court,auecq' cent de mes Cheualiers,pour faire commécer vostre queste suyuãt l'aduis de mes seigneurs voz freres.Toutesfois, au moyen de la bataille que le Roy auoit accordée au Roy Cildadan,mon entreprinse feut retardée: & à bonne heure, puis qu'il à pleu à nostre seigneur vous auoir ainsi tost r'amené.Pourtãt vous aduiserez maintenãt(s'il vous plaist)que voulez que ie fasse,pour vous:car ie vous obeiray toute ma vie.Ma dame,respondit Amadis,si vous estiez en peine pour moy,vous auiez grãd' raison:car ie m'asseure bien, qu'il n'y a Cheualier au mõde plus prest à vous faire seruice qu'est Amadis de Gaule. Mais puis qu'il vous plaist remettre en moy ce,que vous auez à faire, ie vous prie seiourner encores en ceste court huict,ou dix iours,attendãt nouuelles de mõ frere Galaor:ce pendãt vous aurez le passetéps d'vn cõbat, que mõ frere Florestan doibt faire cõtre Lãdin,& apres ie vous cõduiray en voz païs, & prendray de là le chemin de l'Isle Ferme, ou il me fault trouuer.Ie feray, dit Briolanie,tout ce qu'il vous plaira, pourueu que vous nous cõptiez des merueilles & nouueaultez que vous y auez veu. Et ainsi qu'il s'en vouloit excuser, Oriane le print par la main, & luy dit: Vous auez beau faire, seigneur Amadis,car nous ne vous laisserõs en paix, premier que ne nous en ayez dit quelque chose.Par ma foy mes dames,respondit il,encores que i'eusse bien entrepris de vous reciter le tout par le menu,si le trouue-ie impossible:neantmoins ie vous diray bié,Que la chãbre defendue, est la plus belle,& la plus riche qui soit en tout le mõde:& si elle n'est gaignée par l'vne de vous deux,ie croy bien que de noz vies,aultre n'y mettra le pied. Briolanie demeura quelque peu sans respõdre,puis dit à Amadis: Certes ie ne me pense telle,que ie puisse mettre fin à vne telle aduẽture,ce nonobstãt(telle que ie suis)s'il ne m'estoit reputé à folie, i'en ferois voluntiers l'espreuue. Ma dame,respõdit il,l'on ne doibt tenir à presumption d'essayer ce,en quoy tous aultres ont failly,iusques à maintenãt,pour n'estre assez belles:& vous qui estes des plus excellẽtes de la terre, auriez si grãd tort de differer ceste singularité,que vostre craincte vous tourneroit grãdemét à blasme,ne faisant vostre debuoir.Oriane ne feut cõtéte de ce propos,dequoy Amadis s'apperceut aussi tost par la cõtenance qu'elle tint, & s'en repétit fort,cõbien qu'il ne pensast ne pensast auoir dit chose, qui ne redondast à l'honneur d'elle: car il auoit veu l'ymage de Grimanese, & sçauoit bien que Briolanie n'equipolloit à sa beaulté par ainsi elle ne pourroit acquerir ne attaïndre à ceste gloire, ce qu'il ne doubtoit d'Oriane. Mais Oriane estimoit tout aultrement, & luy sembloit, qu'il n'y auoit chose au monde que Briolanie ne conquist, si par beaulté se pouoit conquerre: & dissimulant enuers elle l'enuie qu'elle luy portoit, la pria que si elle entroit en la chambre defendue elle luy en feist sçauoir des nouuelles. Puis se leua, & vint trouuer Mabile, à laquelle elle recita tous les propos que Amadis auoit euz auecq' Briolanie (elle presente) luy disant: Par ma foy vostre cousin me donne trop souuent telles allarmes, encores qu'il soit asseuré que ie ne prends plaisir seulemẽt qu'à luy obeyr & cõplaire, sans auoir esgard à Dieu, ny à crainćte, ou deshonneur de pere ne de mere. Mais il cognoist qu'il a entiere puissance sur moy: au moyen de laquelle il me mesprise, dont i'accuse seulement la priuaulté que ie luy ay mõstrée, pensant faire pour le mieulx. Proferant ces reproches, les grosses larmes luy tomboient des yeulx: ce que voyant Mabile (cõme saige) s'aduisa, par contre poyson, de donner remede à ce venin. Et faignant estre oultragée, par l'iniure que faisoit Oriane à Amadis, luy respõdit assez mal gracieusement: Ma dame, ie m'esbahiz de vous & de vostre façon de faire: car aussi tost que vous estes sortie d'vn ennuy, vous en solicitez vn nouueau, & deburiez (ce me semble) mieulx regarder à ce que vous dites de mõ cousin, sans vous persuader qu'il ayt tenu tel propos ou aultre pour vous fascher, veu que vous pouez asseurer qu'il ne pẽsa oncques à vous faire offense, en dićt, en pẽsée, ny en faićt. Et assez vous l'ont peu tesmoigner les espreuues qu'il a faites, tant en vostre presence que absence: mais ie voy bien que c'est, vous me donnez à entendre que (ennuyée de ma cõpaignie) vous me voulez chasser soubz couleur que mon cousin est trop vostre, abusant vousmesmes de la seruitude qu'il vous porte. Toutesfois quãd vous m'aurez perdue, ce sera peu de cas, pourueu que (vostre puis ie bien dire) Amadis n'en soit pirement traićté. Car vous sçauez bien, & moy aussi, que le moindre ennuy qu'il aura de vostre fascherie, sera suffisant pour le faire mourir, dõt ie m'esmerueille quel plaisir vous prenez à le tormẽter si souuẽt, faisant pour vous ce, qu'il est possible de faire pour aultre dame viuante. Ne cõsiderez-vous, que puis que Apolidon a voulu que l'espreuue de la chambre defendue feust commune à tout le monde, qu'il ne seroit raisonnable que mon cousin gardast Briolanie de faire comme les aultres? Vrayement ie croy qu'elle, ne vous, n'estes encores assez belles pour gaigner ce, que n'ont sceu auoir toutes les belles qui ont esté depuis cent ans. Pourtant, ie puis bien me tenir seure, que ceste nouuelle ialousie ne procede par faulte que vous ayt faite celluy, qui ne pense qu'à vous obeir: mais son malheur a desia tant gaigné sur luy, que pour vous complaire, il ne s'est seulement oublyé, ains ne faisant estat que de vous, a desdaigné entierement

tout

tout ſon langaige, & les a en eſtime d'eſtrangers ſans les cognoiſtre, n'aultre que vous qu'il reuere comme Dieu : & toutesfoys vous le voulez du tout faire perdre. Ah a, les dangers, & euidentz perilz, eſquelz luy & les ſiens ont ſouuent eſté pour l'amour de vous, tant enuers Arcalaus qu'à ceſte derniere bataille, ſont maintenant treſmal recogneuz, puis qu'en ſatisfaction d'iceulx vous deſirez la deſtruction du chef & principal de mes parentz! Eſt ce le bien, & la recognoiſſance des ſeruices que ie vous ay faitz? ſont ce les prémices de l'eſpoir, que i'auois à vous? Certes, ie ſuys maintenant bien loing de ce, que i'eſperoys & aſpiroys, voyant deuant mes yeulx conſpirer la ruyne & deffaite de la perſonne que i'ayme le plus en ce monde, & qui eſt plus voſtre, que ſien : toutesfoys (ſi Dieu plaiſt) il ne ſera pas ainſi, & n'aduiendra tel inconuenient ſi pres de moy. Car ie prieray demain mon frere Agraies, & mon oncle Galuanes de me conduyre en Eſcoſſe : leſquelz feront beaucoup pour moy de m'oſter de la compaignie de vous, qui eſtes ſi ingrate. Puis ſe meit à pleurer ſi fort, qu'il ſembloit qu'elle deuſt fendre en larmes. Las, diſoit elle, ie prie à Dieu, que la cruaulté que vous faites à voſtre Amadis, ſe tourne en vengeance ſur vous, pour ſatisfaire à toute ſa lignée, qui ne perdra tant (en le perdant) que vous ſeule, encores que ce ſoit la plus grande infortune qui nous puiſſe aduenir! Quand Oriane entendit parler Mabile de telle cholere, le cœur luy ſerra ſi fort, que la parole luy faillit, iuſques à ce qu'elle ſe feuſt vn peu remiſe, qu'en pleurant elle ſ'eſcria : Ah a pauure femme malheureuſe entre toutes les plus deſolées & triſtes, qui euſt iamais penſé qu'il peuſt choir dans voſtre cœur ce, que vous m'auez maintenant manifeſté? Las ie me ſuys deſcouuerte à vous (n'ayant autour de moy aultre, digne d'entendre mes doleances) pour auoir conſeil & confort, & vous me deſconfortez, & traictez pis, que ie n'ay merité, me reputant toute aultre que ie ne ſuys, ny ſeray tant que l'eſprit ſouſtiendra mon cœur plein d'amertume! qui me fait bien preſumer, qu'aultre que mon malheur ne m'aduance ce faſcheux traictement, veu que vous auez prins en mauluaiſe part, ce que ie vous diſoys pour le mieulx. Et Dieu ne me ſoit iamais aydant, ſi ie penſay de ma vie en ce, dequoy vous me blaſmez & accuſez : car i'ay tant d'aſſeurãce de voſtre couſin, que ie ne veille à aultre choſe qu'à le contenter : tant y a, que i'aymerois mieulx mourir, qu'aultre que moy euſt l'honneur de la chambre defendue. Iugez doncq' quel ennuy ce me ſera, ſi Briolanie, qui va deuant faire l'eſpreuue, en vient au deſſus? Ce nonobſtant, ma couſine m'amye, ie vous prie pardonnez moy, & ne differez (ſ'il vous plaiſt) à m'aduiſer de ce qu'il vous ſemblera que ie doibs faire pour le mieulx : car voſtre couſin pourroit eſtre trop marry, ſ'il ſçauoit ce, que i'ay ſouſpeçonné de luy. Ma dame, reſpondit Mabile, puis que vous cognoiſſez voſtre faulte, vous ſerez vne aultre foys mieulx aduiſée. Vous auez aſſez experimenté par le paſſé les inconueniens qui peuuent suruenir par telles legieretez, pour Dieu gardez vous en desormais. Ainsi furent les deux dames reconciliées comme au precedent: toutesfoys peu apres, Mabile vint trouuer Amadis, auquel elle racompta tous les propos qu'Oriane luy auoit tenuz: le reprenant aigrement de ce qu'il auoit dit à Briolanie deuant elle, sçachant que desia elle auoit esté suspecte d'eulx deux. Pourtant mon cousin, dit Mabile, mettez peine desormais de ne luy donner plus d'occasion de vous mal traicter, parlant d'icy en auant plus discretement que vous n'auez fait, specialement deuant ma dame: car il est bien difficile de pouoir promptement effacer & exterminer du tout la ialousie d'vne femme, puis qu'elle l'a imprimée à son esprit: & n'eust esté la respõse rigoureuse que ie luy ay faite, par ma foy elle feust sortie hors des termes de raison. Ma cousine, respondit Amadis, ie m'esbahys de la fantaisie de ma dame: toutesfoys ie vous remercie tant qu'il m'est possible de l'aduis que vous me donnez, combien que sur mon dieu ie pensois parler du tout à son aduantaige. Et ie vous diray commẽt: Chascun sçait, que Briolanie est reputée l'vne des plus belles dames qui soit au monde, en sorte que l'on la tient suffisante pour entrer en la chambre defendue: mais ce penser est faulx, car i'ay veu l'ymage de Grimanese, à la beaulté de laquelle Briolanie n'approche aulcunement: parquoy il est seur qu'elle ne paruiendra à cest honneur, lequel ma dame obtiendra sans difficulté. Neantmoins, si c'estoit premier que Briolanie en eust fait l'espreuue, on pourroit dire apres, que si elle eust commencé deuant Oriane, qu'elle eust premiere acheué l'aduenture: au moyen dequoy ie m'estois enhardy (en la presence de ma dame) de luy donner le conseil que vous auez entendu. Mabile print tresbien l'excuse d'Amadis, & la feit entendre à Oriane, qui se repentit grandement d'en auoir parlé, craignant qu'Amadis luy en sceust malgré: & pour amender la faulte qu'elle auoit faite, luy feit sçauoir par Mabile, qui la vint veoir en son logis, ou elle l'attendoit auecq' Briolanie, ce qu'il feit. A son arriuée les dames le prindrent par la main, & le feirent seoir au meilleu d'elles: puis le prierent leur dire verité de ce qu'elles luy demanderoient, ce qu'il leur accorda. Dites-nous doncq', dit Oriane, Qui est la dame qui gaigna n'a guieres le cœuurechef des fleurs, lors que vous conquistes l'espée ardente? Amadis veid bien qu'il estoit non seulement surpris, mais contraint de dire verité: au moyen dequoy il respondit à Oriane: Par dieu ma dame, ie ne sceuz oncques qui elle est, non plus que vous faites, encores que ie demouray six iours entiers en sa compaignie. Tãt y a, que ie luy veiz les plus beaulx cheueulx qu'il est possible auoir à dame, ou damoyselle: & si est tresbelle & de meilleure grace, du surplus vous en sçauez autãt que moy. Par ma foy, dit Oriane, si auecq' grand' gloire elle conquit le coeuurechef, il luy cuida depuis couster bien cher, ainsi que l'on m'a dit: car sans vostre defense, Arcalaus l'enchanteur, & son nepueu Lindoraq, le luy eussent osté, & fait

vilainie

vilainie. Ce ne fut pas luy, respondit Briolanie (s'il est Amadis) mais vn aultre que l'on nomme le beau Tenebreux, auquel on ne doibt oster l'honneur, pour l'attribuer à vn aultre. Et combien que i'aye grande obligation à Amadis, si ne laisseray-ie de parler à la verité du beau Tenebreux, pource que si l'vn a surmonté en prouesse Apolidon, conquestant l'Isle Ferme, ce luy a esté vne reputation tresgrande: mais l'aultre n'est digne de moindre louange, qui en vn seul iour a abbatu dix des meilleurs Cheualiers de la grand' Bretaigne, & mis à mort le tresredoubté Geant Famongomad, & Basigant son filz. Semblablement, si Amadis a passé soubz l'arc des loyaulx amants, en la faueur duquel l'ymage de Brouze a fait plus melodieux son, que pour aultre qui oncques esprouuast l'aduenture, donnant à entendre la loyaulté de luy: il semble que le beau Tenebreux a bien autant d'aduantaige, gaignant l'espée ardente, laquelle par l'espace de soixante ans nul aultre auoit peu tirer hors du fourreau. Partant, ma dame, il n'est raisonnable oster l'honneur au beau Tenebreux, pour l'attribuer à tort à Amadis: veu qu'en proesse & loyaulté, ilz se peuuent (ainsi qu'il me semble) esgaller l'vn à l'aultre. Et comme ilz estoient en telz plaisants deuis, vne damoyselle vint dire à Amadis, que le Roy le demandoit, pource que don Quedragant, & Landin son nepueu estoient deuant luy, pour eulx acquiter de leurs promesses: au moyen dequoy Amadis fut contrainct laisser les dames, & aller à la court. Lors rencõtra Bruneo & Branfil, qui le suyuirẽt, & trouuerent que Quedragant auoit cõmencé son propos, disant au Roy: Sire, i'ay attendu ceans Amadis de Gaule, suyuant le cõuenant que i'auois auecq' le beau Tenebreux, & maintenãt qu'il est en ceste court, ie me veulx descharger de ma promesse. Or est il vray, que par force d'armes i'ay promis au beau Tenebreux de ne partir de vostre compaignie, que Amadis n'y feust de retour, & que luy arriué, en vostre presence, ie luy quitteroys la querelle qu'auois entreprinse contre luy, de la mort du Roy Abies d'Yrlande mon frere, sans luy en pouoir iamais rien demander: & semblablement, que ie ne porterois d'icy en auant armes contre vous, & les vostres. Qui m'estoit lors chose plus griefue, que l'on ne pensoit, pour ne me trouuer en la bataille que vous auez eue auecq' le Roy Cildadan & les siens: du nombre desquelz i'esperois bien estre, toutesfoys Dieu à voulu que mon intention feust renuersée tout aultrement que ie n'auois propensé. Car la hayne que ie portois à Amadis, est cõuertie en plus grande amytié, laquelle i'ay deliberé d'auoir à luy, s'il le treuue bon: estant asseuré que par luy ie fuz vaincu soubz le nom du beau Tenebreux, qu'il auoit prins pour se faire mescognoistre. Au moyen dequoy ie voy bien, que fortune est du tout deliberée luy estre aydant, comme l'effort de luy le peult tesmoigner par ce qu'il a fait en ceste derniere bataille: l'honneur de laquelle luy doibt estre donné, & non pour aultre. A ceste cause, sire, puis que mon seigneur Amadis, est icy present, il vous plaira premierement me tenir quitte, de ce que ie luy ay promis soubz nom couuert : & quant à luy , ie luy remetz le mal talent que ie luy portois de la mort de mon frere , & le prie d'aduantaige m'accepter pour son compaignon & perpetuel amy . Seigneur Quedragant, respondit le Roy, vous parlez en prudent & saige Cheualier: car, quelque prouesse ou bon cœur que puisse auoir vn gentilhomme, s'il ne se gouuerne par conseil & raison, il n'est digne que l'on fasse cas de luy. Vous estes cogneu assez pour vn des meilleurs Cheualiers du monde: mais vous vous pouez tenir seur , que la compaignie que vous demandez d'Amadis , n'amoindrira vostre loz & renommée , estants amys communs vous & luy: & croy qu'il sera tresaise d'accepter l'offre que vous luy faites. N'est il pas vray mon grand amy? dit le Roy , parlant à Amadis. Sire, respondit il , Quedragant est tel , que le bruict de luy le fait renommer en plusieurs endroictz: & puis qu'il luy plaist de m'eslire pour son compaignon, ie l'accepte & retiés pour le mien. Lors le fut embrasser, & tãt dura de là en auant leur amytié , qu'elle ne fut separée que par la mort . A l'heure estoit Florestan, & Landin pres du Roy, pourchassants leur cõgé pour entrer au camp, suyuant le deffiement qu'ilz s'estoient donnez (long temps y auoit) soustenants la querelle d'Amadis, contre Quedragant : mais les voyants si grands amys, leur combat fut appaisé, & conuerty en amytié, dont Landin feut tresaise : car il auoit desia esprouué Florestan en la iournée contre le Roy Cildadan , & veu les haultz faictz d'armes & prouesses de luy . Ainsi prindrent ces querelles fin , & d'autant que la court par le passé auoit esté en trouble, d'autant commença elle d'entrer en ioye & passetemps: toutesfoys le Roy n'ayant oublié le malaise ou estoient le Roy Arban de Norgales , & Angriote d'Estrauaus (apres auoir quelques iours demouré auecq' les dames) entreprint la deliurance d'eulx : & pour ce faire delibera passer en l'Isle de Mongaze, pour les iecter hors de prison, ce qu'il feit entendre à ses Cheualiers. Lors Amadis luy respõdit: Sire, vous sçauez que Galaor mõ frere a esté perdu en vostre seruice, pourtant ie vous supplie m'excuser de ne vous tenir compaignie en ce voyaige : car si Dieu plaist, mes cousins & moy l'yrons chercher comme la raison le veult , & si nous le pouons trouuer, asseurez vous, sire, que nous serons incontinent à la part, ou vous tirerez . Amadis mon amy , respondit le Roy , ie vous prometz ma foy , que moymesmes voluntiers vous accompaigneroys , tant ie regrette Galaor: mais vous sçauez les affaires que i'ay à present, qui m'en doibuent bien excuser: ce neantmoins ie suis d'aduis, que vous partiez quand, & auecq' telle compaignie qu'il vous plaira. Adoncq' se leuerent plus de cent Cheualiers des plus esprouuez, qui tous iurerent la queste de Galaor. Car disoient ilz, il seroit impossible que nous peussions entreprendre aduenture plus estrange: & feirent tant qu'ilz eurent tous permission du Roy de desloger le lendemain matin.

Comme le ſoir enſuyuant, eſtant le Roy hors de table, ſe promenant le long des galleries de ſon palays, aduiſa en mer deux grandz feuz, qui venoient droit en la ville.

Chapitre XVIII.

OR aduint le iour meſmes, apres que le Roy eut ſouppé, ainſi qu'il ſe promenoit le long d'vne gallerie, eſtāt quaſi heure d'aller dormir: il aduiſa en mer deux feux eſtrāges, qui venoient par grand roideur droit à la ville. Dōt il fut fort eſpouenté: pource qu'il trouuoit difficile que l'eaue & le feu peuſſent compatir enſemble, meſmes que l'on veoyoit au meilleu de ces feux vne galere: au maſt de laquelle eſtoiēt maintz gros flambeaux ardents, en ſorte que l'on euſt iugé que le vaiſſeau eſtoit tout embraſé. Ceſte merueille esbahit tant le peuple, qu'ilz ſortirent quaſi tous hors de la ville, preſumants que puis que la mer n'auoit ſceu eſtaindre ce brandon, qu'il ſeroit impoſſible garātir leur cité d'eſtre miſe en cendre, ſi ce feu l'enuironnoit: parquoy le Roy (meſmes doubteux) mōta à cheual, & ſortit cōme les aultres ſur la greue. Et ainſi qu'il ſ'approchoit de l'eaue, il veid que la plus part de tous ſes cheualiers y eſtoiēt deſia arriuez, entre aultres Amadis, Enil, & Guilā: leſquelz eſtoiēt à l'heure ſi pres de ce vaiſſeau, qui auoit prins port, qu'il luy ſembla eſtre impoſſible d'eulx exempter de l'ardeur d'icelluy. Adōcq' dōna des eſperōs à ſon cheual, pource qu'il ſe tourmentoit du bruit que l'on faiſoit, & le poulſa maulgré luy pres de la galere: deſſus laquelle, peu apres, il veid ſoubzleuer vn drap qui la couuroit, & ſ'apparoiſtre vne damoyſelle veſtue de ſamin blanc, qui tenoit en ſes mains vn coffret d'or, lequel elle ouurit. Puis en tira vne bougie ardente, qu'elle iecta en la mer, & auſſi toſt les deux grandz feuz ſ'amortirent ſans ſçauoir qu'ilz deuindrēt. Dequoy tout le peuple fut fort reſiouy, ſe voyant hors du danger: car il ne demeura lumiere que de flābeaulx, qui bruſloient au deſſus du maſt de la galere, à la lumiere deſquelz la riue de l'eaue recepuoit clarté. Adonq' la galere fut veue appertement parée de maintz chappeaulx de fleurs, & cōmencerēt les inſtrumēts à ſonner melodieuſemēt: puis ſe mōſtrerēt ſur la poupe douze damoyſelles richement veſtues, ayants chaſcune d'elles vn chappeau de roſes ſur leur teſte, & vne baguette d'or en la main. Et marchoit premiere celle, qui auoit lācé la bougie en la mer, laquelle ſe faiſant mettre à bort, vint faire la reuerāce au Roy qui la receut humainemēt, luy diſant: Ma dame en ſatisfaction de la paour que nous a fait voſtre feu ardent, vous nous direz, ſ'il vous plaiſt, qui vous eſtes, combien que nous nous en doubtions aſſez. Sire, reſpondit elle, vous auez le cœur si bon, qu'il seroit impossible de vous espouenter pour si peu de chose : tant y a que les feuz que vous auez veuz ne sont ordonnez que pour la seureté de mes femmes & de moy, quand nous voulons aller en mer. Au surplus si vous presumez que ie soye Vrgande la descogneue, vostre penser est veritable, & suys venue expres en ces marches pour seulement vous visiter, comme le meilleur prince de la terre: & la Royne aussi, qui est l'vne des plus saiges dames qui viuent. Puis appella Amadis, luy disant : Approchez seigneur Amadis, & ie vous diray, pour vous oster du trauail que vous auriez à aller chercher Galaor vostre frere, qu'il se porte bien, & est si bien guery que vous le reuerrez de brief, pourtant deportez vous de sa queste: car il est en tel lieu, que tous les viuants du monde ne le pourroient iamais trouuer. Ma dame, respondit Amadis, deslors qu'il me fut demandé par les damoyselles qui l'enleuerent, i'euz souspeçon qu'il seroit saulué par vous: & qu'aultre qu'Vrgande n'eust fait ceste entreprinse, qui m'a tousiours donné bonne esperance, sans laquelle ie croy que ie fusse mort. D'vn cas suys-ie seur, qu'il n'y a cheualier au monde plus obligé à dame ou damoyselle que ie vous suys, tant qu'il est hors de ma puissance vous en pouoir rendre les grandz merciz que ie vous doibs: mais vous cognoissez assez que iusques à la mort, Amadis ne se vouldroit espargner à vous faire seruice. Ma dame, dit le Roy, vous plaist il pas venir reposer en ce palays? Non, respondit Vrgande, ie demeureray en ma galere pour meshuy, & demain ie feray ce qu'il vous plaira, & Amadis, Agraies, Bruneo, & Guilan, me feront compaignie: pource que ie les cognois amoureux, comme moy, & qu'ilz n'engendrent point de melancolie. Faites ce que vous vouldrez, dit le Roy : car vous serez obeye. Adoncq' feit retirer le peuple en la ville, & luy mesmes s'en partit donnant le bon soir à Vrgande, laissant pour la garde d'elle bon nombre de ses archers sur la greue de la marine: puis le l'endemain la Royne enuoya à Vrgande douze de ses hacquenées richement parées, sur lesquelles elle & ses femmes entrerent en la ville : & estoient à l'entour d'Vrgande les quatre cheualiers, qu'elle auoit des le soir retenuz, pour luy faire compaignie. Lesquelz l'entretenoient de propos, ou elle prenoit tant de plaisir, qu'elle leur dit en cheminant: Par ma cõscience, il ne me fascheroit de long temps en si bonne assemblée, qu'est celle ou ie suys auecq' vous: car soyez seurs que ie vous treuue tous quatre si conformes à ma condition, que vous estes particulierement vn en moy mesmes, estant certaine que si ie suys amoureuse, vous auez les dames en tresgrande recommẽdation. Et ce disoit Vrgande, pour ce qu'elle languissoit d'extreme amour qu'elle portoit au beau cheualier, dont au premier liure vous a esté parlé : & comme ce propos finoit s'approcherent du palais. Lors le Roy, qui l'attendoit, vint au deuant, & ainsi qu'il embrassoit Vrgande (luy disant qu'elle fust la tresbien venue) elle ie-cta sa veue autour de la compaignie, & veid grand nombre de cheualiers

à l'enuià l'enuiron. Parquoy elle dit: Sire, vous me semblez maintenant tresbien accompaignée, non tant pour beaucoup de grandz personnaiges qui sont pres de vous, que pour l'amytié qu'ilz vous portent, comme ie suys seure, dont vous deuez louer nostre Seigneur. Car le prince aymé des siens, peult tenir ses estatz en grand' seureté: pourtant, Sire, mettez peine de les entretenir & bië traicter, à ce que vostre fortune (qui n'est encores lasse de vous fauoriser) ne s'eslongne, si vous faites aultrement: & sur tout gardez-vous de mauluais rapport, veu que c'est le vray poison & ruyne des princes qui y croyent. Et ainsi que le Roy la vouloit mener en sa chambre, elle luy dit: Sire, vous plaist il pas que i'aille premier faire la reuerance à la Royne? Oy vrayement ma grand' amye, respondit il, ie suys seur qu'elle sera tresaise de vous veoir, comme celle qui a bonne enuie de vous faire honneur & plaisir. Adoncq' la conduit ou estoient les dames, & aussi tost la Royne se leua, & vint la baiser, luy disant, qu'elle feust la tresbien venue: puis la feit asseoir entre Oriane & Briolanie, lesquelles Vrgande n'auoit oncques veues: & trouua Briolanie la plus belle dame du monde, si Oriane ne luy eust amoindry sa beaulté, par l'excellence d'elle: & à dire vray, il y auoit grande difference d'elles deux. Lors dit Vrgande à la Royne: Ma dame i'auois toute ma vie ouy dire ce, que ie trouue veritable. Cest, que le Roy estoit mieulx accompaigné de cheualiers, que nul aultre prince de Chrestiëté: & vous aussi de plus belles dames de la terre. Dequoy en a porté bon tesmoignage celluy, qui conquit l'Isle Ferme, pour estre meilleur cheualier qu'Apolidon: & la glorieuse victoire, qui recentement a esté obtenue sur le Roy Cildadan, par l'effusion du sang des Geants qui y sont morts. Ie sçay bien qu'aisément l'on m'accordera, que soubz le firmament l'on ne pourroit trouuer deux plus belles dames que ces deux icy: mais si ceste court a ceste preéminence, elle est encores honorée d'vne plus recommendable, qui est la loyaulté, en laquelle amour y est maintenue: ainsi que l'on a peu veoir par l'espreuue de l'espée ardëte, & du cœuurechef couuert de fleurs: laquelle aduenture a esté mise à fin en vostre presence. Quand Oriane l'entendit parler si auant, le coeur luy commença à trembler, & deuint morne & pensifue: craignant qu'Vrgande dist d'auantaige, descouurät le secret d'Amadis & d'elle. Mais Amadis qui estoit present, cognoissant la prudence de celle qui sçauoit toutes choses, & la doubte d'Oriane, s'approcha, & luy dit tout bas: Ie vous asseure, ma dame, qu'Vrgande est trop discrette, pour dire parole folle ou esgarée. Et aussi tost s'adressa à la Royne, luy disant: Ma dame, demandez (s'il vous plaist) à Vrgande qui fut celle qui gaigna le coeuurechef. Ie vous en prie, dit la Royne, faites la nous cognoistre. Par ma foy, respondit Vrgande, le seigneur Amadis doibt mieulx sçauoir qui elle est que moy: car elle le suyuit (cõme chascun peut veoir) & depuis il la deliura des mains d'Arcalaus l'enchanteur, & de Lindoraq son nepueu, non sans grand danger de sa personne. Ma dame, dit

Amadis, il seroit impossible que ie la cogneusse, ne moymesmes aussi, mieulx que vous nous cognoissez: veu que vous sçauez qu'elle desirant se celer de moy, ne voulut oncques descouurir son visaige, ains l'eut tousiours couuert d'vn linge: mais enuers vous, rië ne peult estre si bië caché, qu'il ne vous soit manifeste. Vrayement, respondit Vrgande, pour l'amour de vous, ie vous declaireray presentemët partie de ce que i'en sçay. La damoyselle (de laquelle la loyaulté est manifestée, n'est plus fille, car elle est femme belle entre toutes les aultres excellëtes: & pour ceste occasion conquit elle le cœuurechef tant renommé, specialement pour la gräd' amour qu'elle a à son amy. Elle est natifue des païs du Roy, estrangere de par sa mere, & fait sa residence en ce royaulme, auecq' tant de moyens, que si elle a faulte d'aulcune chose, c'est seulement pour ne tenir (quand il luy plaist) celluy qu'elle ayme plus que soymesmes: & aultre chose ne sçaurez de son affaire, si Dieu plaist. Oriane qui se sentoit attaindre par Vrgande, ne se peut asseurer (doubtant qu'elle passast oultre) iusques à ce qu'elle se feust teuë, que la Royne respondit: Certes ma grand' amye, vous nous auez tant fait cognoistre celle que vous dites, qu'il n'y a celle de nous, à mon aduis, qui la sceust remarquer, hors mys que nous l'estimions fille, & vous nous l'asseurez estre femme. Vn temps viendra, dit elle, que vous la cognoistrez mieulx. Adoncq' le Roy qui vouloit festoyer Vrgande, la vint querir pour la mener disner: puis la feit asseoir au plus pres de luy, & depuis passerent le reste du iour en bonnes cheres & esbatements, tant qu'il feust heure d'aller dormir. Lors Vrgande vint prier la Royne, de trouuer bon qu'elle couchast en la chambre d'Oriane, ce qu'elle luy accorda facilement. Toutesfois, dit la Royne, ie crains que ses ieunesses ne vous facent ennuy. Par ma foy ma dame, respondit elle, sa beaulté en fera trop plus à maintz bons cheualiers: desquelz la prouesse ne pourra estre si grande, qu'elle les puisse excuser de maintz grandz perilz ou ilz töberont pour l'amour d'elle, tant que la mort s'en ensuyura, s'ilz ne s'en dönent de garde. La Royne se print à rire, & dit à Vrgäde: On luy peult bien iusques icy pardonner le tormët, qu'elle a fait à ceulx que vous dites: & sur ce poinct ie vous donne le bon soir. Adöcq' se retira la Royne, & Vrgande fut cöduite au logis de la princesse, ou elle trouua la Royne Briolanie & Mabile, qui luy faisoient compaignie: auecq' lesquelles elle se meit à deuiser, si longuement que le sommeil les pressa d'aller dormir. Or estoient elles toutes quatre couchées en vne chambre: ce nonobstant Vrgande oyant Mabile & Briolanie dormir de fort somme, & Oriane veiller, luy dit: Ma dame, si vous ne reposez maintenant, pensant à celluy qui veille iour & nuict pour l'amour qu'il vous porte, vostre repos & le sien sont reciproques. Ie ne sçay comme vous l'entendez, respondit Oriane, mais amour ne me garde pas de dormir. Vrgande cogneut bien qu'elle luy auoit fait telle responce, craignant que Briolanie entendist les amours d'elle & d'Amadis, parquoy elle luy dit:

luy dit : Asseurez vous que i'ay vostre secret en trop de recommendation, pour vous fascher de ce que ie vous diz : car ie sçay ce qu'il vous est necessaire mieulx que vousmesmes, Ma dame, respondit Oriane, vous pourrez esueiller les damoyselles qui sont en ceste chambre. Laissez m'en faire, dit Vrgande, ie les garentiray de ce mal. Lors print vn liure si petit, que l'on le pouoit couurir de la main, & commença à lire dedans, puis dit à Oriane : Suffise vous que nous pouons parler maintenant en seureté, car pour bruict que nous facions elles ne s'esueilleront, tant que ie les resueille : & si aulcun entroit dedans ceste chambre, il tomberoit sur le plancher aussi fort endormy qu'elles, & oyez comme elles ronflent desia. Dont Oriane se print à rire, & se leuant de son lict, vint à Mabile & Briolanie, lesquelles elle tira par les bras assez rudement : mais pourtant nulle ne perdit son somme. Voulez-vous veoir, dit Vrgande, le passetemps de ceulx qui vouldroient passer le seil de l'huys? Appellez la damoyselle de Dannemarc, qui est en ceste garderobbe, ce que feit Oriane. Et ainsi que la damoyselle meit le pied dans la chambre, elle cheut toute platte sur le plancher, & se meit à dormir & ronfler plus fort que Mabile, ne Briolanie : parquoy Oriane s'en alla coucher aupres d'Vrgande, & luy dit : Ma dame, puis que vous sçauez tant de mes affaires, ie vous supplie me declairer ce qui m'est à aduenir. Comment? respondit Vrgande, pensez-vous plustost euiter vostre predestinée aduenture pour en estre aduertie? croyez qu'il n'est en la puissance d'homme mortel, de muer ce que le seigneur Dieu luy a destiné, soit en bien, ou en mal, si ce n'est de la grace de luy : neantmoins puis que vous auez tant d'enuie d'entendre vostre fortune, i'en suis contente, apres vous en ferez vostre proffit si vous pouez. Or escoutez doncques : Au temps que vostre plus grande tristesse aura lieu, maintz bons Cheualiers souffriront pour l'amour de vous. Lors le fort Lyon accompaigné de ses bestes sortira de sa tasniere, & par ses haultz rugiments & clameurs, espouentera telement ceulx qui vous auront en garde, que maulgré eulx vous demourerez entre les ongles de la royalle beste : laquelle mettra bas de dessus vostre teste la riche coronne, qui plus ne sera vostre. Lors ceste beste affamée, ayant vostre corps en son pouoir, l'emportera en sa cauerne, ou il se paistra, en sorte, qu'il appaisera sa fin enragée. Pourtant, ma fille, regardez que vous ferez : car ce que ie vous preditz aduiendra sans doubte. Par ma foy, respondit Oriane, ie serois fort contente de m'estre departie de ceste curiosité : car la fin doloreuse qui m'est appareillée, me trouble tout l'esprit. M'amye, dit Vrgande, vne aultre foys soyez moins enuieuse d'entendre ce qu'il n'est en vostre sçauoir : toutesfoys bien souuent les choses couuertes, qui donnent crainte aux personnes, se tournent en ioye, plaisir & proffit : ainsi ne vous desconfortez nullement, veu que Dieu vous a fait naistre fille du meilleur Roy, & de la plus vertueuse dame qui soit sur la ſur la terre : & douée de tant excellente beaulté, que voſtre renommée en eſt eſtendue par tout païs, & ſi vous a fait aymer celluy qui eſt honoré & eſtimé plus qu'aultre Cheualier. S'il vous ayme, vous le ſçauez auſſi bien que moy, par l'experience, non ſeulement de ce qu'il vous en a dit & fait cognoiſtre de vous à luy, mais par les aduentures qu'il a miſes à fin en voſtre preſence : partant vous vous debuez eſtimer heureuſe ſur toutes les mieulx aymées, eſtant maiſtreſſe de celluy, qui merite (par ſa grãd' valeur) eſtre ſeigneur de tout le monde. Or eſt il temps que ces dames ſ'eſueillent, & que noſtre propos prenne fin. Lors recommença à lire en ſon liure, & à l'inſtant les damoyſelles endormyes ſe prindrent à ſouſpirer, comme ſi elles euſſent beaucoup trauaillé, & peu apres ſe leuerent : mais quand la damoyſelle de Dannemarc ſe trouua ainſi nue, qu'elle eſtoit, au meilleu de la chambre, oncques femme ne fut plus eſtonnée. Ce que voyant Oriane, luy demanda en riant, ſi elle eſtoit venue chercher la fraiſcheur en ce lieu. Par ma foy, ma dame, reſpondit elle, ie ne ſçay qui m'y a miſe : mais ie n'en ay point de ſouuenance. Dont toutes ſe prindrent à rire : puis eſtants accouſtrées, ſ'en allerent au logis du Roy, lequel ilz trouuerent, & la Royne auſſi en l'egliſe : & auſſi toſt que la meſſe fut celebrée, le Roy ſ'approcha d'Vrgande, & luy donna le bon iour, & elle luy feit vne grande reuerance, luy diſant, Que ſi ſon plaiſir eſtoit de faire aſſembler les Cheualiers & dames eſtants en ſa court, qu'auant ſon partement (qui ſeroit en brief) elle declaireroit quelque choſe deuant eulx, qui luy eſtoit à aduenir. Au moyen dequoy, le Roy ordonna faire accouſtrer vne longue ſalle, en laquelle le lendemain ſe trouua grand nombre de ſeigneurs & dames. Lors Vrgande eſtant au meilleu de tous, adreſſant ſa parole au Roy, luy dit : Sire, puis que vous auez gardé les letres que i'eſcripuiz à vous & à Galaor, incontinent apres que le beau Tenebreux eut conquiſe l'eſpée ardente, & la damoyſelle le cœuurechef aux fleurs : il vous plaira les faire lire, à ce que chaſcun cognoiſſe clairement que ie n'ignore les choſes, deuant qu'elles aduiennent. Adoncq' les enuoya querir, & furent leues deuant l'aſſiſtence, ou chaſcun cogneut qu'elle auoit predit entierement le fait de la bataille, comme elle ſ'eſtoit paſſée : & n'y eut celluy, qui ne feuſt eſmerueillé, meſmes du grand cœur du Roy, pour ſ'eſtre trouué en lieu ſi dangereux, attendant les rigoreuſes menaces qui eſtoient dedans la letre. Semblablement l'on ſceut certainement, que le beau Tenebreux auoit eſté cauſe de la victoire, par les trois coups qu'il donna : Le premier, quand il iecta aux piedz de Galaor, le Roy Cildadan : le ſecond, en tuant Sarmadan le Leon : & le tiers, lors qu'il ſecourut le Roy, que le braue Mandafabul de la tour Vermeille, emportoit en ſes nauires, auquel il couppa le bras ioignant le coulde, dont il mourut à l'inſtant. Et que pareillement ce, qu'elle auoit dit de Galaor eſtoit aduenu : car ſa teſte feut bien au pouoir du beau Tenebreux, quand les damoyſelles le luy demanderent pour l'emporter. Mais

maintenant,

maintenant, dit Vrgande, ie vous veulx dire par ordre ce, qu'il vous doibt aduenir cy apres. Grand' contention se leuera entre la grand' Couleuure & le fort Lyon, qui sera secouru par maintes bestes cruelles, lesquelles viẽdront en telle fureur, que grand nombre d'elles en souffriront mort doloreuse. Le fin Renard Romain sera nauré des ongles du fort Lyon, & sa peau cruellement dessirée, dont le grand Serpent sera en grand ennuy. En ce temps, la doulce Brebis couuerte de laine noire, sera mise au meilleu d'eulx, laquelle adoulcira par sa grand' humilité & pitoyables beélements, la braueté & ferocité de leurs couraiges, les faisant separer d'ensemble: mais aussi tost les Loups affamez descendront des aspres montaignes contre la grand' Couleuure, laquelle estant par eulx deffaite, auecq' grand' partie de sa suyte, l'enserreront en l'vne de ses cauernes. La tendre Licorne mettãt sa bouche aux aureilles du braue Lyon, l'esueillera de son fort somme, par son hault cry: puis luy faisant prendre partie de ses bestes, yra diligemment au secours de la grand' Couleuure, laquelle ilz trouueront morse, & si naurée par les Loups affamez, que l'on verra grand' abõdance de son sang espendu sur la terre. A l'heure sera ostée d'entre les dẽts des Loups, & eulx mis en pieces. Lors estant la vie restituée à la grãd' Couleuure (laissant dans sa cauerne tout le poison de ses entrailles) se consentira d'estre mise entre les ongles du fort Lyon: & la blanche Biche, qui en la forest craintifue esleuoit ses muglementz, contre le ciel sera retirée & r'appellée. Pourtant, bon Roy, il vous plaira faire escrire ce, que i'ay dit deuãt ceste compaignie: car il n'y aura faulte que tout ce n'aduienne. Ie le feray, respondit il, puis qu'il vous plaist: mais ie croy qu'il n'y a nul de nous, qui entende pour le present ceste prophetie. Asseurez-vous, dit elle, qu'il viẽdra vne saison qu'elle sera à tous manifestée. Ce disant iecta son regard sur Amadis, lequel elle veid pensif à merueilles, & luy dit: Seigneur Amadis, vous resuez à chose qui ne vous peult proffiter: pourtant ostez ceste fantaisie de vostre esprit, & entendez à vn marché que vous ferez, ou vous aurez peu d'acquest. A l'heure que vous serez nauré à mort pour defendre la vie d'aulcun, estãt le martyre vostre, & le proffit d'aultruy: la recõpense que vous en aurez sera vn grand mescontentement, & esloignement de ce que plus vous desirez approcher. Lors vostre bonne trenchante & riche espée brisera telemẽt voz oz, & entamera en tant d'endroitz vostre chair, que vous trouuerez tresaffoibly de vostre sang: & si oultrageusemẽt poursuyuy, que si la moytié du monde estoit vostre, vous la dõneriez, pourueu que vostre espée feust iectée au fons de quelque parfond lac, duquel elle ne peust iamais estre retirée: pourtant pensez à vostre destinée, qui sera telle que ie vous ay dite. Amadis, voyãt que chascun auoit l'oeil sur luy, cõmença à monstrer vn visaige riant, & respondit à Vrgande: Ma dame, par les choses aduenues que vous nous auez predites, nous pouons bien adiouster foy à ceulx cy: & me cognoissant mortel, ie suys tout seur que la vie ne me sera me ſera non plus alongnée qu'il plaira à Dieu, & ce pendant i'eſſayeray à acquerir quelque renommée, plus qu'à conſeruer ma vie. Tant y a que ſi ie doubtoye les perilz, i'auroye plus d'occaſiõ de craindre ceulx qui me ſuruiennent d'heure à aultre, que les occultes, qui me ſont à aduenir. Ie ſçay bien, dit Vrgande, qu'il ſeroit plus difficile d'arracher de voſtre cœur l'effort & magnanimité dont il eſt reueſtu, que d'eſpuiſer la mer de ſes vndes. Et pource Sire, dit elle au Roy, que ie veulx preſentement prendre congé de vous, ayez deuant les yeulx ce, dont ie vous ay aduerty en ſi bonne & groſſe compaignie, comme celle qui deſire voſtre honneur & proffit: & eſtouppez d'icy en auant les aureilles, à tous ceulx dont vous cognoiſtrez les œuures eſtre iniques & peruerſes. Lors ſe leua de ſa place, & toute l'aſſiſtance ſemblablement: & peu apres print congé du Roy, & de ceulx de ſa court. Puis retourna en ſon nauire, accompaignée ſeulement de quatre cheualiers, qui l'auoient conduicte en la court: leſquelz l'ayant veu embarquée, retournerent en la ville. Mais à grand' peine eurent ilz le doz tourné, qu'il ſuruint vne grande nuée, qui obſcurcit telement le nauire, que l'on la perdit de veue.

Comme apres le partement d'Vrgande, eſtant le Roy Liſuart preſt à monter à cheual pour executer l'entreprinſe qu'il auoit faite ſur l'Iſle du Lac ardent: ſe preſenta deuant luy vne damoyſelle Geante qui eſtoit venue par mer, ſçauoir de luy, ſ'il luy plaiſoit remettre la querelle qu'il pretendoit en ce voyage, ſur le combat d'Ardan Canile, contre Amadis de Gaule, ſoubz les conditions qui vous ſeront deſduites.

Chapitre XIX.

Quelques

Velques iours apres le partement d'Vrgande, le Roy Lisuart se promenant sur la greue de la marine, deuisant auecq' ses Cheualiers du voyaige qu'il deliberoit faire en l'Isle de Mongaze, pour mettre en liberté le Roy Arban & Angriote, vne nef vint prendre port tout au plus pres d'eulx : parquoy il n'y eut celluy qui ne s'approchast pour sçauoir qu'il y auoit dedans, & aussi tost sortirent deux Escuyers qui accompaignoient vne damoyselle: laquelle estant à terre demanda si le Roy estoit en ceste trouppe. Ceulx ausquelz elle parloit, respondirent qu'oy: mais ilz furẽt tous esmerueillez de la grandeur d'elle, car il n'y auoit homme en la court qu'elle n'excedast en haulteur, plus d'vne grand' paulme: au demourant elle estoit assez belle, & bien parée d'accoustrements. Lors s'approcha du Roy, auquel elle dit: Sire, ie viens vers vous, pour vous faire entendre ce qu'il m'a esté commandé, de la part d'aulcuns grãds personnaiges: mais, s'il vous plaist, la Royne y sera presente. Adoncq' le Roy la print par la main, & la conduict en son palays: puis enuoya querir les dames, pour entendre ce, que la damoyselle vouldroit declairer, lesquelles estants arriuées, la damoyselle s'enquist si Amadis de Gaule (n'a guieres appellé le beau Tenebreux) estoit en ceste compaignie ou non. Et Amadis, à qui de fortune elle parloit, luy respondit que c'estoit il, prest à luy faire plaisir si elle le vouloit employer: toutesfoys d'autant qu'il parla à elle gracieusement, la damoyselle le regardant d'vn mauluais œil, commença à l'iniurier, luy disant: Tant moins vous en estime-ie, car vous ne valustes ne vauldrez iamais rien : & pour le faire cognoistre à tous les assistants, si vous auez en vous cœur, ou prouesse quelquonque, on le pourra veoir par effect. Puis tira deux letres de creance, seéllées, chascune d'vn seél d'or, l'vne desquelles elle presentá au Roy, & l'aultre à la Royne. Lors le Roy luy commanda de declairer ce qu'il luy plairoit. Parquoy elle dit haultement: Sire, Gromadaze la Geante du lac Bruslant, & la belle Madasime, auecq' le tresredoubté Ardan Canile (lequel de present est auecq' elles pour les soustenir, & defendre cõntre vous) ont sceu pour certain, que deliberez passer en leurs païs pour l'assaillir. Et pource que ce ne pourroit estre, sans grand perte de gents de bien d'vne part & d'aultre, ilz ont aduisé vn moyen (si vous le trouuez bon) pour euiter l'effusion du sang de maints bons Cheualiers: qui est tel, Que le combat de deux personnaiges seulement, sera iugé du different de vous, & d'eulx, sur la victoire de celluy qui l'emportera. L'vn est le preux Ardan Canile, & l'aultre Amadis de Gaule cy present: par condition, que si Amadis est vaincu, Ardan pourra liberement luy trencher la teste, & l'emporter au lac Ardent à Madasime: & aussi si la fortune contrarie icelluy Ardan, & que Amadis demoure victorieux, la terre & païs que vous entreprenez de conquerre, demourera, & sera reduicte & mise (sans contredict) en vostre pouoir. Et qui plus est, ma dame mettra aussi tost en liberté le Roy Arban de Norgales, & Angriote d'Estrauaus: qui sont de long temps en ses prisons, comme vous sçauez. A ceste cause, si Amadis les ayme (comme ilz pensent & estiment) qu'il octroye presentement ce combat pour la liberté de deux ses tant grands amys: aultrement il peult estre asseuré, que Ardan, pour luy faire despit, luy enuoyera en brief vn present de leurs testes. Ma damoyselle, respondit Amadis, si i'accorde ce combat, quelle seureté aura le Roy pour l'accomplissement de ce dont vous vantez? Ie le vous diray, dit elle: La belle Madasime, accompaignée de douze damoyselles de hault lignaige, se mettront es prisons de la Royne pour hostaiges, soubz conuenant que si l'on n'accomplit entierement ce que ie vous ay dit, le Roy les pourra toutes faire mourir, comme il luy plaira: & au regard de vous, ie ne demande aultre asseurance, que, si vous estes vaincu, Madasime pourra auoir apres vostre teste sans contredict. Et pour vous faire cognoistre, que ceulx, de la part desquelz ie porte la parole, ne vouldroient me desdire, ie feray encores entrer en la prison du Roy, Audangel, le vieil Geant, auecq' les deux filz, & neuf Cheualiers des principaulx de ses païs: pour hostaiges & seureté, que si Ardan est vaincu, toutes les villes & chasteaulx de l'Isle de Mongaze, seront rendues comme i'ay promis. Vrayement, respondit Amadis, si le Roy & la Royne ont les personnes que vous dites en leur pouoir, la seureté est suffisante: & neantmoins vous n'aurez responce de moy, si vous ne m'octroyez premier de venir disner en mon logis, auecq' ces deux Escuyers qui vous accompaignent. Ie m'esbahis, dit elle, qui vous meult de tant instamment me prier, de me traicter en vostre compaignie, veu que ie vous hay plus que homme que ie sçache. Il m'en desplaist, respondit il, car ie vous ayme, & vous ferois voluntiers honneur & plaisir si ie pouois: mais si vous voulez auoir respõse, octroyez moy ce que ie vous demande. Ie le vous accorde, dit la damoyselle, plus pour vous oster l'occasion de ne differer le combat, que pour le desir que i'aye d'estre auecq' vous. Ie vous remercie, respondit Amadis: & pource qu'il est raisonnable que i'aduenture ma personne, non seulement pour garentir de mort deux de mes meilleurs compaignons & amys, mais pour essayer d'accroistre les limites & auctorité du Roy & de son royaulme, i'accepte le combat contre Ardan: & viennent les hostaiges quand il leur plaira, car de ma part si glorieuse entreprinse ne retardera. Certainement, dit la damoyselle, vous m'auez grandement satisfait: toutesfoys ie doubte que vous auez dit ceste parole, ou en cholere, ou pour euiter vostre honte deuant tant de gents de bien: & pourtant il plaira au Roy m'asseurer que si vous en fuyez deuant que combatre, qu'il ne vous donnera iamais ayde contre les parēts de Famongomad. Damoyselle, respondit le Roy, ie le vous prometz. Or allons doncques disner, dit Amadis: car selon le chemin que vous auez fait, vous deburiez auoir bon appetit. Certes, respondit elle, i'yray plus

contente

contente que ie n'esperois : & puis qu'il a pleu au Roy m'accorder ce que ie luy ay requis, ie l'asseure qu'il n'y aura faulte, que demain au plus matin, Madasime & ses damoyselles auecq' les cheualiers, ne se rendent es prisons de luy & de la Royne : pourueu aussi qu'il asseure Ardan en ceste court de tous, fors que d'Amadis, duquel il espere emporter la teste. Quand don Bruneo de bonne mer, entendit ceste parole, il respondit à la damoyselle : I'ay veu maintesfoys aultruy faire estat d'enleuer la teste d'aulcun, perdre la sienne propre : & autant en peult aduenir à Ardan que tant vous exaltez. Mon compaignon, dit Amadis, ie vous prie, pour la pareille, laissez parler à ceste damoyselle, comme il luy plaira : car elle & ses semblables ont loy de tout dire, & bien souuent plus, qu'elles ne sçauent. Qui estes vous, respondit la damoyselle à Bruneo, qui sçauez tant bien parler pour Amadis ? Ie suys, dit il, vn cheualier, qui voluntiers aurois part à son entreprinse, si Ardan Canile auoit compaignon auecq' luy. Par ma foy, respondit elle, ie croy que si vous pensiez estre receu, vous ne parleriez si brauement : mais vous auez desia entendu, qu'Ardan & Amadis doibuent estre seulz, sans plus, qui vous fait auoir la parole si haulte : toutesfoys si vous estes tel que vous dites, ie me fais forte que le combat des deux ne sera plustost failly, que ie ne vous mette en barbe vn mien frere, lequel vous apprendra à vous faire taire : & si vous aduise, qu'il n'est moins ennemy d'Amadis, que vous vous monstrez son amy. Il sera le tresbien venu, & mieulx encores receu, dit il : & luy mandez hardiment qu'il n'oublie rien au logis, car il ne pourra auoir tant de proesse, qu'elle ne luy soit plus que necessaire. Lors iecta vn gand. Voila, dit il, mon gaige, recepuez le pour vostre frere, si de tant il vous veult adouer, qu'il accepte le combat que vous luy auez moyenné. Adoncq' la damoyselle print le gand : puis deffermant d'alentour de sa teste vn fermeillet d'or, dit au Roy : Sire, pour mon frere absent, i'ay accepté le combat de luy contre ce cheualier : en tesmoignage duquel, vous retiendrez (s'il vous plaist) ces deux gaiges. Lesquelz elle luy bailla, & les print le Roy, combien qu'il eust voluntiers remys ceste querelle : car il doubtoit desia celle d'Amadis, pour les proesses qu'il auoit entendues estre à Ardan Canile, lequel n'auoit rencontré (comme l'on disoit) depuis quatre ans cheualier qui le voulsist combatre. Adoncq' la damoyselle, voyant qu'elle auoit executé sa commission selon son desir, print congé de la court, & s'en alla auecq' Amadis, qui la conduit en son logis : toutesfoys il luy eust mieulx vallu auoir esté lors endormy, car la courtoisie qu'il luy feit, se tourna en tant de desplaisir, que peu apres il fut en tresgrand danger de perdre la vie : au moyen que, pour plus honorer ceste damoyselle, il la feit entrer en la chambre, en laquelle Gandalin retiroit ses armes. Mais à peine y eut elle mys le pied, qu'elle iecta sa veue sur la bonne espée d'Amadis, qui luy sembla d'vne si estrange façon, que des l'heure elle conſpira à la deſrobber,ſi elle en pouoit trouuer le moyen : & pour ce faire ſe promena tant à l'entour, qu'ainſi qu'Amadis & ſes gents auoient le doz tourné, ſubtilement elle la tira du fourreau, & la meiſt ſoubz ſon manteau. Puis ſortit de la chambre, & retirant à part l'vn de ſes eſcuyers (à qui plus elle ſe fioit) la luy bailla, diſant: Sçaiz-tu que tu feras? cours legierement en mon nauire, & me cache ceſte eſpée au fons, en ſorte que nul ne la veoye ſur ta vie. L'eſcuyer fut diligent, & ſ'en partit. Lors Amadis entrant en propos auecq' la damoyſelle, luy demanda à quelle heure Madaſime pourroit arriuer à la court. Ie croy, reſpondit elle, que vous la pourrez veoir,& parler à elle deuant le diſner du Roy: mais,beau ſire, pourquoy vous en enquerez-vous tant? Pource, dit Amadis, que i'ay deſir d'aller au deuant d'elle, & luy faire honneur & ſeruice : à ce que ſi elle a receu aulcun ennuy de moy, ie le puiſſe amender ainſi qu'elle demandera. Ie ſçay, reſpondit elle, que ſi vous ne vous enfuyez, que Ardan Canile ſera celluy, qui vous fera payer le tort que vous luy auez fait, aux deſpens de voſtre teſte, qu'il luy preſentera, & aultre ſatisfaction n'a elle deſir d'accepter. De cella les garderay-ie bien tous deux, ſi Dieu plaiſt, dit Amadis: neantmoins ſi elle vouloit auoir aultre choſe de moy,ie vous iure dieu,damoyſelle,qu'elle en fineroit,comme celle,de laquelle ie deſire auoir la bonne grace. Adoncq' furent les nappes miſes, & le diſner apporté: parquoy Amadis l'ayant fait mettre à table, la voulant laiſſer ſeule,luy dit, Que le Roy l'auoit mandé, & qu'elle feit bonne chere, car il retourneroit auſſi toſt. Bien monſtra la damoyſelle à ſa contenance,que ce partement luy eſtoit aggreable,& craignant que l'on ſ'apperceuſt de ſon larcin, feit le plus court diſner qu'elle peut. Puis ſe leuant de table, dit à ceulx qui la ſeruoient: Vous direz à Amadis, que ie ne luy ſçay nul gré pour traictement qu'il m'ait fait, penſant me faire honneur, & que ie ſuys celle qui luy pourchaſſera, tant que i'auray l'ame au corps,ſa mort & ruyne. Si Dieu m'ayde,reſpondit Enil,ie le croy,& ſelon ce que vous auez deſia manifeſté, vous eſtes la plus iniurieuſe femme, que ie veiz de ma vie. Telle que ie ſuys, dit elle, ie ne me ſoulcie de vous, & moins de luy: & ſi vous me trouuez iniurieuſe, ce n'eſt pas tant que ie vouldrois eſtre en ſon endroit, ny au voſtre : & pour la peine que vous auez eue à me ſeruir à ce diſner, ie vous vouldrois auoir tous deux veu pendre, & eſtrangler. Ce diſant, ſ'en alla embarquer, treſioyeuſe de l'eſpée qu'elle auoit deſrobbée : laquelle auſſi toſt qu'elle fut de retour vers Ardan, la luy preſenta, en luy faiſant entendre, & à Madaſime auſſi, comme Amadis auoit conſenty au combat qu'elle luy auoit demandé. Eſt il vray? reſpondit Ardan, ie ne veulx iamais eſtre en eſtime de cheualier, qui rien vaille, ſi ie ne r'ameine doncques ma dame à ſon honneur & au mien, deliurant doreſenauant ſes païs des entreprinſes du Roy Liſuart: & ſi ie n'oſte la teſte d'Amadis de deſſus ſes eſpaulles, à moins de temps que le meilleur Laquais du monde n'aura cheminé demye lieue, ie suis content, dit il à Madasime, de ne meriter vostre amour de ma vie. Mais elle l'oyant parler si temerairement se teut: & combien qu'elle desirast grandement la vengeance de ses parents, lesquelz Amadis auoit mis à mort, si auoit elle Ardan en telle abhomination, qu'elle eust trop mieulx voulu la mort de luy, que la saluation, pource qu'il la pretendoit auoir en mariaige. Or estoit elle belle en perfection: & luy ord, vilain, & deshonneste, & n'auoit esté l'entreprinse de ce combat moyennée à l'instance d'elle, mais à la persuasion de sa mere, qui l'auoit appellé en ses païs, pour la tuition d'iceulx: soubz condition que s'il vengeoit la mort de ses mary & filz, elle les luy donneroit, & sa fille Madasime en mariaige: car il estoit si redoubté, & en telle reputation, qu'elle ne pensoit mieulx pouoir pourueoir sa fille, qu'à luy. Et pour vous faire entendre ses mœurs & perfections, il fut extraict de sang de Geant, natif d'vne prouince nommée Canile, laquelle se trouuoit quasi toute peuplée de telles gents: toutesfoys il estoit vn peu moindre qu'eulx en corpulence, non pas de force. Il auoit les espaulles estroictes, le col & l'estomach gros oultre mesure, les mains & les hanches larges, les iambes longues & tortues, les yeulx enfoncez, camuz comme vn singe, le nez ouuert & punais, les lebures grosses, le poil roux & si herissonné, qu'il eust esté malaisé à testonner. Au demourant, il estoit si couuert de nantilles, & taches noyres, qu'il sembloit qu'il eust le visaige de deux charnures: son aage pouoit estre de trente ans ou enuiron, hardy & prompt aux armes, choalere, despit, & mal gracieux au possible. Et neantmoins depuis l'aage de vingt cinq ans, il n'eut combat à Geant, ou aultre Cheualier, fust à pied, à cheual, ou à lucter, qui luy peust resister, & qu'il ne deffist. Telle estoit la beaulté, faconde, & bonne grace d'Ardan Canile. Quand la damoyselle iniurieuse, entendit Ardan faire si haultes promesses à Madasime, dont elle ne tint compte, elle print la parole pour elle, & respondit à Ardan: Il me semble, seigneur, que vous debuez tenir la victoire toute asseurée de vostre costé, puis que fortune vous est fauorable contre vostre ennemy, ainsi que vous pouez cognoistre, luy ayant fait perdre la meilleure de ses armes. Et ce disoit elle, pour l'espée qu'elle luy auoit desrobbée. Par dieu, dit Ardan, ie suis plus aise pour le desplaisir qu'il en aura, que pour ayde que i'en espere: car quand Amadis seroit accompaigné de troys telz qu'il est, si ne pourroit il resister à l'effort de mon bras, coustumier de dompter ses semblables. Puis le lendemain de grand matin s'en partit accompaigné de Madasime, & des aultres qui se debuoient trouuer pour hostaiges, suyuant la promesse qu'auoit faite la damoyselle au Roy Lisuart, autant que le combat fut accordé:

 & esperoit

& esperoit bien Canile, d'aisément en venir au dessus. Au moyen dequoy il s'y en alloit à grand' ioye, disant à ceulx qui estoient auecq' luy: Amadis est renommé l'vn des meilleurs Cheualiers du monde, toutesfoys i'auray sa teste, s'il ose entrer en combat contre moy: par ainsi ma gloire augmentera venant au dessus de luy, & demourera ma dame vengée, & moy son mary, & amy. Et pource qu'il vouloit sçauoir auant que d'entrer à la court, si Amadis s'estoit point r'auisé, il enuoya deuant, la damoyselle iniurieuse, pour aduertir le Roy du partement de luy & de Madasime: & ce pendant feit tendre ses tentes assez pres de la ville, ou seiournoit le Roy Lisuart. Mais entendez, que incontinent que la damoyselle fut partie du logis d'Amadis, Enil le luy vint dire: parquoy voulant pourueoir à son affaire, s'y retira, accompaigné d'aulcuns ses plus priuez amys: & aussi tost suruindrent Agraies, Florestan, Galuanes sans terre, & Guilan le pensif, qui tous ignoroient l'entreprinse de ce nouueau combat. Mais quand ilz en furent aduertiz, pensants qu'il deust estre executé par plus grand nombre de Cheualiers, il n'y eut celluy d'eulx, qui ne deuint mal content d'Amadis, qui ne les y auoit comprins, specialement Guilan, pour la grand' enuie qu'il auoit de s'essayer contre Ardan Canile: car il l'auoit ouy estimer l'vn des plus rudes Cheualiers de l'Occident. Et ainsi qu'il se vouloit plaindre à Amadis, de l'auoir oublié, Florestan le preuint, disant à son frere: Si Dieu m'ayde, mon seigneur, ie cognois bien maintenant le peu d'amytié que vous me portez, & l'estime qu'auez de moy, ne m'ayant voulu appeller auecq' vous pour estre de ce combat. Par ma foy, respondit Agraies, s'il eust pensé que i'eusse rien valu, il ne m'eust laissé derriere. Et moy, quoy? dit Galuanes. Mes seigneurs, respondit Amadis, ie vous supplie me tenir tous pour excusé, & n'estre mal contents de moy: vous asseurant, que s'il eust esté en mon chois d'eslire vn compaignon, pour estre de la meslée, veu les grandes prouesses, desquelles chascun de vous est pourueu, ie n'eusse sceu lequel eslire. Mais Ardan à voulu combatre seul contre moy, pour la hayne qu'il me porte, & l'amour qu'il a à Madasime: & puis qu'il l'a ainsi requis, ie ne pouois ny deuois le refuser, sans me monstrer lasche & couard, ne faire responce aultre que conforme à sa demande. Et quand plus de Cheualiers il eust voulu comprendre auecq' luy, ou pensez-vous que i'eusse cherché ayde, ou secours qu'auecq' vous aultres? veu que vous sçauez que ma force se redouble auecq' la vostre, quand nous sommes ensemble. Ainsi s'excusa Amadis, les priant tous de luy tenir compaignie le lendemain, pour aller au deuant de Madasime la recepuoir, & faire tout l'honneur dont ilz se pourroient aduiser. A quoy ilz s'accorderent: au moyen dequoy le iour ensuyuant, sçachants qu'elle s'approchoit, Amadis accompaigné de huict de huict des meilleurs Cheualiers de la court du Roy Lisuart, monterent à cheual en tresbon equipaige. Mais ilz n'eurent guieres cheminé, qu'ilz l'aduiserent de loing, venir auecq' Ardan Canile, qui la conduisoit: & estoit vestue toute de noir, faisant encores le dueil de la mort de son pere, que Amadis auoit occis. Cest accoustrement brun luy donnoit tant bonne grace, qu'encores que d'elle mesmes (sans ayde) elle fust estimée l'vne des plus belles dames que l'on eust sceu veoir: si l'aduantaigeoit grandement cest habit de dueil, auecq' lequel la vifue blancheur de son visaige se manifestoit par le lustre que luy donnoit ceste couleur noire, & sembloit de ses deux ioues, que ce fussent deux roses blanches, embellies d'vne rougeur naturelle, en sorte que des lors, aulcuns de ceulx qui auoient conceu hayne mortelle contre elle, pour le mal qu'elle pourchassoit à Amadis, se trouuerent attainctz de son amour. Derriere elle marchoient ses douze damoyselles, vestues de semblable pareure. Puis vindrent le vieil Geant, & ses filz accompaignez des neuf Cheualiers, qui tous debuoient entrer en hostaige. Grand fut le recueil que leur feit Amadis & ceulx de sa trouppe, & elle aussi les salua humblement. Puis Amadis s'approchant pres d'elle, luy dit: Ie vous prometz, Ma dame, que si vous estes estimée belle & de bonne grace, ce n'est sans grande raison, veu le tesmoignaige que i'en puis auoir: & certes, celluy se doibt estimer heureux, duquel vous auez le seruice aggreable, vous asseurant que ie n'ay moins d'enuie de vous faire plaisir, que i'auroys bien le desir d'obeyr à voz commandements. Quand Ardan Canile l'ouyt si gracieusement parler (encores qu'il eust peu de part à Madasime) il fut surprins de ialousie, & respondit à Amadis: Cheualier, tirez vous arriere, & ne parlez si priuément à celle, que vous ne cognoissez. Seigneur, dit Amadis, c'est pourquoy ie suis venu icy, non seulement pour auoir cognoissance d'elle: mais pour luy offrir ma personne, & mes biens. Vous estes voluntiers, respondit il, aulcun habille personnaige, duquel elle a grandement à faire: toutesfoys, beau sire, marchez deuant, aultrement ie vous feray cognoistre qu'il n'appartient à si petit compaignon, d'vser de si grande familiarité à femme de si hault prix. Quel que ie soye, respondit Amadis, i'ay desir de la seruir, nonobstant vostre defense: car encores que ie ne vaille autant que ie vouldrois bien, l'affection que ie luy porte ne sera admortie par vostre audace. Mais vousmesmes, qui me voulez cognoistre, & reculer de celle pour laquelle voluntiers ie m'employerois, dites-moy qui vous estes? Ardan Canile trop marry, regardant Amadis de mauluais œil, luy respondit: Ie suis Ardan, qui ay plus de moyen de luy augmenter en vn iour son bien & honneur, que vous ne sçauriez en vostre vie luy faire de seruice. Il peult bien estre, dit Amadis: toutesfoys ie sçay que ce dont vous vous vantez, ne ſera iamais executé, tant vous eſtes plein d'iniure & d'indiſcretion. Et puis que vous auez ſi grand deſir d'entendre ſi ie ſuis habile homme, ou non, ie veulx bien que vous ſçachiez que mon nom eſt Amadis de Gaule, contre lequel vous deſirez combatre: & ſi ceſte dame a mal prins le propos que ie luy ay tenu, ie l'amenderay en tout ce qu'il luy plaira me commander. Par dieu, reſpondit Ardan Canile, ſi vous attendez le combat, la ſatisfaction qu'elle en prendra, ſera voſtre teſte, que ie luy preſenteray. Cella me deſplairoit merueilleuſement, dit Amadis: mais ie luy en feray vne qui luy ſera plus aggreable (ſ'il luy plaiſt) deſtournant le mariaige de vous deux, eſtants ſi peu conuenables l'vn à l'aultre: car elle eſt belle, prudente, & de fort bonne grace, & vous laid, ſot, & faſcheux. Dequoy Madaſime & ſes damoyſelles ſe meiſrent toutes à rire, & Ardan à ſe cholerer ſi fort, qu'à veoir ſa contenance, & la fureur ou il eſtoit, l'on euſt ayſément iugé le peu de bien qu'il vouloit à Amadis: auquel il ne reſpondit vn ſeul mot, ains ne ceſſa de grommeler entre ſes dentz, tant qu'il arriua deuant le Roy. Lors indiſcretement commença à dire: Roy Liſuart, voicy les Cheualiers qui doibuent maintenant entrer en voſtre priſon, ſuyuant ce que vous dit hyer vne ieune damoyſelle, de par moy: pourtant ſi Amadis a tant de hardieſſe de faire ce dont il ſ'eſt vanté, ie ſuis preſt de luy rompre la teſte. Comment? reſpondit Amadis, penſez-vous que ie n'aye aſſez de cœur, & de droict, pour abaiſſer l'orgueil d'vn tel homme, & ſi audacieux comme eſt Ardan? ie vous aſſeure que quand ie n'auroye entrepris vous combatre, ſi ſerois-ie bien content de ce faire, ſeulement pour empeſcher le mariaige de vous & de Madaſime. Et à ceſte cauſe, les hoſtaiges dont vous vous vantez ne doibuent differer de faire leur debuoir: car i'eſpere bien venger le bon & vaillant Roy Arban, & Angriote, de la grande iniure qu'ilz ont receue eſtants priſonniers. Ie les ay fait venir quant & moy, dit Ardan, ſçachant que vous les demanderiez: combien que i'aye bonne eſperance de les remettre au pouoir de la belle Madaſime, & luy bailler enſemble le moule de voſtre bonnet, pour teſmoignaige, que ce n'eſt pas à vn tel ſeigneur, que vous eſtes, de me tenir propos ſi braues, & aduantaigeux. Et pour (en ce faiſant) luy donner plus grand plaiſir, il plaira à voſtre Roy permettre, qu'elle ſoit miſe en lieu eminent, à fin qu'elle veoye euidemment la vengeance que ie prendray ſur vous, & la fin malheureuſe dõt vous mourrez. A l'heure ſe preſenterent les hoſtaiges, & vint la belle Madaſime accõpaignée de ſes douze damoyſelles, faire vne grande reuerance à la Royne, & à coſté d'elle eſtoient le vieil Geant, ſes deux filz, & les neuf Cheualiers, qui tous ſe meiſrent à genoulx deuant le Roy. Lors chaſcun iecta ſon regard ſur la belle Madaſime, laquelle tenoit vne contenance ſi humble, qu'elle en fut merueilleuſement eſtimée: toutesfois

Oriane

Oriane ne la pouoit regarder de bon œil, pensant qu'elle (de son motif) pourchassast la ruyne d'Amadis, dont elle estoit tant ennuyée, que rien plus. Mais Mabile, à qui la chose touchoit de pres, luy donnoit esperance que nostre Seigneur luy ayderoit: & que son cousin pourroit aussi bien deffaire & vaincre Ardan Canile, qu'il auoit fait Dardan le superbe & maintz aultres cheualiers preux & hardiz. Estants doncques les hostaiges receupz, comme la coustume estoit: les deux cheualiers se retirerent chascun au lieu qui leur estoit ordonné, attendant l'heure qu'ilz entreroient au camp, lequel le Roy auoit fait clorre de palliz. Puis s'en alla Gandalin, querir les armes de son maistre. Et ainsi qu'il les vouloit prendre, il s'apperceut que l'on auoit desrobbé la bonne espée, & qu'il n'y auoit plus que le fourreau, dont il cuyda mourir de despit, voyant la faulte qu'il faisoit à Amadis: vers lequel il s'en courut, & comme estant hors du sens, s'escria: Mon seigneur, ie vous ay tant & si malheureusement offensé, que vous aurez grand' raison de me tuer tout maintenant. Comment? respondit Amadis, es tu fol, ou enraigé? Mon seigneur, dit Gandalin, il eust mieulx valu pour vous, que ie feusse mort il y a dix ans, tant ie vous ay failly au besoing: car i'ay laissé perdre vostre bonne espée, laquelle on a desrobbée depuis hyer, laissant seulement le fourreau ou elle pendoit. Est ce pourquoy tu te desesperes? respondit Amadis, ie pensois, sur mon ame, qu'à t'ouyr ainsi plaindre, que l'on portast ton pere en terre. Va, va, ne te chaille: ie n'ay regret à sa bonté, sinon pour autant que ie l'auois conquise si glorieusement que chascun sçait, & à force de bien & loyaulment aymer. Mais sçaiz-tu que tu feras? n'en parle à nul: & va à la Royne luy dire, que ie luy supplye, que si elle a encores celle que Guilan trouua à la fontaine auecq' mes armes, qu'elle me l'enuoye. Et si tu trouue Oriane, d'aduenture, dy luy aussi, qu'elle me face tant de bien de se mettre en lieu, que ie la puisse veoir à mon aise en combatant: car i'auray par elle (en la voyant) plus de puissance sans comparaison, que hors sa presence. Ainsi s'en partit Gandalin, qui accomplit saigement ce, que son maistre luy auoit commandé. Et ainsi qu'il retournoit vers luy, il trouua la Royne Briolanie accompaignée d'Olinde, qui l'appellerent, & luy dirent: Gandalin, mon amy, que pense faire ton maistre contre ce diable, qui le veult combatre? Comment? respondit il, mes dames, doubtez-vous qu'il n'en vienne à bout? Ie suys seur que ie l'ay veu eschapper de plus grandz perilz que celluy, ou il va entrer. Dieu luy en doint grace, dirent les dames. Puis vint à Amadis, qui l'attendoit, lequel ayant l'espée que la Royne luy enuoyoit, & estant bien armé de toutes pieces, monta à cheual: & ainsi qu'il vouloit entrer au camp, le Roy luy vint dire: Et puis, mon tresgrand amy, nous verrons au iourd'huy (si Dieu plaist) partie de la proesse qui est en vous, aux despens d'Ardan Canile. Par ma foy Sire, foy Sire, reſpondit il, il m'eſt aduenu vne grande infortune: on m'a deſrobbé la meilleure eſpée, qu'oncques cheualier porta. Ieſus! dit le Roy, qui vous a fait ce meſchant tour? Ie ne ſçay pas, reſpondit Amadis, mais qui que ce ſoit, il ne m'a fait office de bon amy. Vrayement, dit le Roy, il le monſtre bien: mais ne vous chaille, encores que i'aye ſerment de ne preſter iamais la mienne en combat qui ſe faſſe par deux cheualiers en ma court: ſi ſuys-ie content pour ce coup eſlargir ma conſcience, & la vous bailler. Ah a, reſpondit Amadis, ia à Dieu ne plaiſe, Sire, que la parole du meilleur Roy du monde ſoit faulſée pour mon occaſion! Que ferez-vous doncq'? dit le Roy. La Royne, reſpondit Amadis, a fait tant pour moy, que de faire garder celle que ie laiſſay ſur la fontaine du plain chãp, laquelle Guilan apporta, auecq' la reſte de mes armes, quand ie me rendiz hermite: & eſt celle meſme que i'auois, quand ie feuz iecté en la mer, qui eſt ſi appropriée au fourreau de l'aultre qu'on m'a deſrobbée, qu'il ſemble certainement que ce ſoit elle. Foy que ie doibs à Dieu, reſpondit le Roy, i'en ſuys treſaiſe: car par la vertu du fourreau qui vous eſt demouré, vous ſerez exempt de trop de chauld, ou de grand froid: toutesfoys la difference eſt grande des deux lames, mais noſtre Seigneur ſuppliera au deffault, ſ'il luy plaiſt. Et pource qu'il eſt deſia tard, & que la nuict ſ'approche, il vault mieulx remettre le combat à demain matin. Ie feray dit Amadis, ce qu'il plaira à vous & à Ardan. Ie voys enuoyer vers luy, reſpõdit le Roy. A quoy Ardan ſ'accorda aiſément, & ſe retira en ſes tentes, pour ſe deſarmer: puis feit apporter pluſieurs inſtruments de muſicque, & toute la nuict luy & les ſiens ne ceſſerent de baller, ou de gourmander. Ce pẽdant Amadis eſtoit en l'egliſe, faiſant deuotement ſon oraiſon. Apres ſ'eſtre catholiquement confeſſé, ſupplioit à Dieu & à la glorieuſe vierge Marie, luy ayder & ſecourir: tant qu'enuiron le poinct du iour il ſe retira en ſon logis, ou toſt apres ſuruint le Roy auecq' groſſe compaignie de cheualiers. Leſquelz, apres luy auoir donné le bon iour, l'armerent, & le conduirent en grand' magnificence en la principale egliſe pour ouyr la meſſe: & au retour Floreſtan luy preſenta vn gentil courſier, que Coriſande luy auoit enuoyé puis n'a guieres. Adoncq' chaſcun, pour l'accompaigner, monta à cheual, & portoit Floreſtan la lance d'Amadis, Bruneo l'armet, & Agraies l'eſcu: au deuant deſquelz marchoit le Roy, qui tenoit vn baſton blanc en ſa main, cheuaulchant vn caualin d'Eſpaigne, le mieulx voltigeant que l'on veid oncques. Deſia eſtoient les habitants de la ville & maintz eſtrangers rengez le long des barrieres, & les damoyſelles aux feneſtres. Ainſi entra Amadis au camp: puis faiſant vne grande reuerance aux dames, choiſit entre toutes les aultres Oriane, laquelle pour luy augmenter le couraige, haulſa la teſte. Et en ſe ſoubzriant de bien bonne grace, luy feit ſigne qu'il feiſt quelque choſe pour l'amour d'elle: au moyen

dequoy

dequoy il fut aduis à Amadis, que toutes les forces du monde s'emparerent en l'instant tout à l'entour de son cœur, & luy tardoit de ce que Ardan Canile arrestoit tant à se trouuer en place. Ce pendant il lassa son heaulme, & se retira au bout du camp ou estoient les iuges ordonnez: à sçauoir don Grumedan, Quedragant, & Brandoyuas. Et peu apres suruint Ardan richement armé, monté sur vn gros roussin, & portoit en son col vn escu de fin acier, reluysant aussi clair qu'vn mirouir ardent. En son costé auoit ceincte la bonne espée d'Amadis, tenant au poing vne double lance, laquelle il manyoit si rudement, que nonobstant la grosseur d'icelle à force de la bransler, il la doubloit quasi en deux. Dont Oriane, Mabile, & les aultres dames, voyants la contenance d'Ardan (ainsi qu'il aduient souuent pour les choses que l'on crainct de perdre) commencerent à doubter de celluy qu'elles fauorisoient, en sorte que Oriane s'escria: Iesus, si Dieu n'a pitié d'Amadis c'est fait de luy! Mais Mabile la reprint aussi tost, luy disant: Ma dame, si vous monstrez mauluais visaige à mon cousin, il sera assez vaincu sans que Ardan s'en mesle. Lors sonnerent les trompettes: parquoy Amadis regardant Oriane, donna des esperons à son cheual, & vint attaindre Ardan si rudement, & Ardan luy, que leurs lances furent brisées en esclatz: se rencontrants d'escuz, & de corps tant lourdement, que le cheual d'Ardan tomba mort en la place, & celluy d'Amadis eut l'espaule rompue. Neantmoins Amadis se releua de grande legiereté, encores qu'il luy fust demouré vn tronçon de lance dedans la manche de son hobert, lequel il arracha promptement: & mettant la main à l'espée, marcha contre Ardan Canile, qui semblablement s'estoit releué à grand' peine. Et ainsi qu'il s'amusoit à redresser son heaulme, voyant approcher son ennemy, luy tourna visaige, & commença entre eulx deux vn chamailliz si cruel, qu'il n'y eut homme present qui ne s'en esbahist: car des estincelles qu'ilz faisoient sortir de leurs armetz, il sembloit qu'ilz les eussent en feu, & monstroient par les grands coups qu'ilz se dónoient la grand' prouesse, & inimitié qu'ilz se portoient. Au moyen de laquelle ilz ne tiroient guieres coup, que la chair n'en fust endommagée, & leur sang espáché sur la terre: toutesfoys il sembloit que Ardan eust aduantaige sur son ennemy, tant à cause de l'escu d'acier qu'il portoit, comme pour l'effort qu'il faisoit auecq' l'espée d'Amadis, que la damoyselle iniurieuse luy auoit baillée. Ce nonobstant, Amadis le pressoit de si pres, que bien souuent il le mettoit hors d'alaine: dont Ardan s'esbahissoit, & pensoit bien n'auoir de sa vie trouué Cheualier, qui le menast si rudement, mesmes que les forces de son ennemy redoubloyent quand plus les siennes empiroyent. Parquoy, quasi ennuyé de viure, se couurant de son escu, se iecta sur Amadis: lequel auoit toutes ses armes rompues & entamées, si qu'il ne sçauoit bonnement dequoy plus se parer, pource que Ardan ne iectoit coup qu'il ne luy feist sentir en la chair,

au moyen

au moyen dequoy chascun iugeoit qu'il emportoit la victoire. Lors Madasime se trouua fort desplaisante : car elle estoit femme de si grand coeur, qu'elle aymoit mieulx perdre sa terre & soymesmes, que de l'espouser : & tant se maintindrent ces deux Cheualiers l'vn contre l'aultre, que chascun commença à s'en esbahir. Mais Oriane voyant le piteux estat auquel estoit Amadis, & la faulte que luy faisoit son harnoys desmaillé, cuyda s'esuanouyr, & deuint blesme & deffaite, tant que Mabile s'en apperceut, qui luy dit : Ma dame, il n'est pas saison de laisser Amadis au peril là ou il est, veu que si vous tournez le doz, vous luy aduancerez sa fin & destournerez sa victoire: à tout le moins, si vous ne le pouez regarder, ne tournez de tout poinct le visaige. A l'heure estoit Amadis si pressé par Ardan, que Brandoyuas l'vn des iuges, disoit à don Grumedan & Quedragant : Messieurs, Amadis est bien en grãd' necessité, par faulte de bon harnoys, voyez son escu deshaché, & son haubert tant desrõpu, qu'il n'a quasi dequoy plus se couurir. Certes vous dites vray, respondit Grumedan, & m'en desplaist grandement. Par dieu, dit Quedragant, i'esprouuay Amadis, quand ie me combatiz à luy, mais tant plus il combat, tant plus il se trouue roide & dispos, en sorte qu'il semble que ses forces luy augmentent d'heure à aultre: ce qui n'est pas à Ardan, & qu'ainsi soit, vous le voyez desia appesantir, & plus le verrez encores, auãt que la meslée se departe. Ce propos fut entendu d'Oriane & de Mabile, duquel elles furent fort consolées : & pour ce qu'il auoit veu Oriane s'oster à demy de la fenestre sans le daigner plus regarder, il pensa qu'elle estoit mal contente de ce qu'il arrestoit si longuement à venir au dessus de son ennemy. Dõt il eut tel dueil, que serrant son espée au poing, en rua si grand coup sur le heaulme d'Ardan, qu'il luy feit donner du genoil à terre : mais de malheur l'espée se rompit en trois pieces, la moindre desquelles luy demoura en la main. Lors craincte de mort se vint presenter deuant luy, & n'y eut celluy des regardants, qui ne l'estimast vaincu, & Ardan victorieux : lequel commença à leuer le bras, disant si hault que chascun l'entendit: Regarde Amadis, la bõne espée que tu conquis à tort, par laquelle ie te feray recepuoir mort honteuse. Voyez damoyselles, voyez, mettez toutes les testes aux fenestres, pour veoir ma dame Madasime vengée, & si ie suis digne d'auoir l'amour d'elle. Quand Madasime entendit ce que disoit Ardan, & voyant que sans doubte la fortune luy fauorisoit, en sorte qu'en suyuant la promesse que luy auoit fait sa mere, elle seroit contraincte de le prendre à mary : elle se vint iecter aux piedz de la Royne, la suppliant treshumblement qui luy pleust empescher ce mariaige, ce qu'elle pouoit iustement faire : pource que Ardan luy auoit dit, Que s'il ne venoit au dessus d'Amadis en moins de temps que le meilleur laquays du monde sçauroit faire demye lieue, qu'il estoit content qu'elle ne l'aymast de sa vie, & qu'il y auoit desia plus de quatre heures que le combat estoit commencé. M'amye, respondit la Royne, ne,ie feray ce qui sera raisonnable. Ce pendant Amadis estoit bien estonné,& se voyant sans moyen de se defendre, luy va souuenir de ce que luy auoit predit Vrgande, Que s'il estoit seigneur de la moytié du monde,il la donneroit par conuenant, que son espée fust au fondz d'vn lac abismée. Lors iecta sa veue sur Oriane, laquelle pour luy donner cœur, s'estoit retournée vers luy: & la regardant, sembla à Amadis auoir recouuert nouuelle force & ayde. Au moyẽ dequoy il delibera de tost mourir,ou promptement se venger de son ennemy:& pour ce faire,se lança sur luy tant legierement,qu'auãt qu'Ardan eust moyen de le frapper,il luy arracha l'escu du col. Puis se tirant à costé, releua le tronçon de la lance qui estoit sur le champ,& en cuyda donner dans la veue d'Ardan:mais il recula arriere, & haulsant son espée en donna si grand coup dans l'escu que tenoit Amadis,que combien qu'il fut de fin acier,si y entra elle auant vne grand' palme & plus. Et ainsi qu'il trauailloit pour l'arracher, Amadis luy meit le fer de la lance au trauers du bras,dont il sentit si grand' douleur,qu'il habandonna l'espée qu'il tenoit: sur laquelle Amadis iecta legierement la main, & s'en saisit, remerciant nostre Seigneur de l'ayde qu'il luy auoit faite à ce besoing. Quand Mabile aduisa ainsi tourner la chance, elle appella soubdain Oriane:laquelle ayant veu son amy en telle extremité, s'estoit iectée sur vn lict,resuant en soymesmes, quelle mort elle choisiroit pour la plus prõpte,si Amadis estoit vaincu. Et luy dit Mabile: Ma dame,venez veoir, Dieu nous a aydé, Ardan est(sans doubte)deffait. De grand' aise que receut Oriane se leua legierement, & se mettant à la fenestre veid comme Amadis donna sur l'espaule de son ennemy,par si grand' force,qu'il la luy separa du col, dont il eut telle angoisse qu'il tourna doz: mais il ne courut longuement qu'Amadis le rechargea,& poursuyuit si asprement,qu'ainsi qu'il s'estoit reculé iusques au sommet d'vn roc, contre lequel la mer battoit,il l'acculla. Lors se trouua Ardan Canile entre deux extremitez: car d'vn costé les abismes & impetueuses vagues luy presentoient la fin de ses malheureux iours, & si auoit deuant les yeulx le trenchant de l'espée de son ennemy. Lequel se iectant rudement sur luy, luy arracha l'armet de la teste:& leuant le bras, le naura telement qu'il tomba du hault de la roche dedans la mer,si qu'oncques puis il ne fut veu. Dont maintz louerent nostre Seigneur:specialement le Roy Arban de Norgalles, & Angriote d'Estrauaulx,pource qu'ilz auoiẽt veu Amadis en telle necessité,qu'ilz doubtoient merueilleusement de luy. Lors Amadis essuyant son espée,la remit en son fourreau,& vint ou le Roy & les aultres cheualiers estoiẽt: lesquelz auecq' grand' triumphe le conduirẽt en son logis, & pour plus l'honorer, il estoit au meilleu de ceulx qu'il auoit deliurez de cruelle prison:asçauoir Arban Roy de Norgalles, & Angriote d'Estrauaulx. Et pource qu'ilz estoient maigres,palles & deffaitz,tant pour le mauluais traictemẽt qu'ilz auoient receu durant leur prison, que pour l'ennuy & melancolie qu'ilz auoient prinſe: Amadis voulut qu'ilz logeaſſent en ſa chambre, ou ilz furent ſi bien traictez, qu'auecq' l'ayde des bons medecins & chirurgiens ilz retournerent tous peu apres en bonne conualeſcence, ainſi que pourſuyuant noſtre hyſtoire vous pourrez entendre.

Comme Bruneo de bonne mer

combatit Madamain l'ambitieux, frere de la damoyſelle iniurieuſe, & de l'accuſation que feirent aulcuns ennemys d'Amadis au Roy: parquoy luy & maintz aultres (qui le voulurent ſuyure) ſ'abſenterent de la court.

Chapitre XX.

LE iour enſuyuant, que le combat d'Amadis, & de Ardan fut terminé (ainſi comme il vous a eſté declairé) la damoyſelle iniurieuſe ſe vint preſenter deuant le Roy: le ſuppliant, qu'il mandaſt celluy qui debuoit cõbatre ſon frere, pource qu'elle l'auoit fait venir, ſuyuãt ſa promeſſe. Car encores (diſoit la damoyſelle) que mon frere ſoit vaincqueur, ſi ne pourra il prendre tant de vengeance ſur ſon ennemy, que les amys de Ardan ſoient ſatisfaictz de ſa mort: toutesfoys ce leur ſera quelque conſolation. Or eſtoit Bruneo preſent, lequel ſans reſpondre aux temeraires paroles de ceſte folle, dit au Roy: Sire, ce ſuys-ie de qui elle parle, & puis que ſon frere eſt en ceſte compaignie, comme elle dit, ſi c'eſt voſtre plaiſir, & qu'il le vueille, nous ſçaurons preſentement ſ'il eſt ſi gentil compaignon comme elle le vante. Ce que le Roy accorda, parquoy auſſi toſt chaſcun d'eulx ſ'alla armer: & peu apres entrerent au camp, ou ilz furent conduictz par aulcuns cheualiers leurs amys. Lors eſtants

estants au lieu pour faire leur debuoir, la trompette sonna pour signe de commencer le combat. Adoncq' baisserent leurs lances, & donnants des esperons à leurs cheuaulx, coururent l'vn contre l'aultre, de si grand' roydeur, que leur boys volla en esclatz: & se ioignãts d'escuz & de corps, Madamain perdit les estriers, & fut iecté par terre, & Bruneo nauré au costé gauche. Neantmoins aussi tot qu'il eust parfait sa carriere, tourna visaige à son ennemy, & veid qu'il estoit desia releué, tenant l'espée au poing, prest à se defendre: mais ainsi que Bruneo s'approchoit pour le charger, il luy dit: Cheualier, mettez pied à terre, ou vous asseurez que ie tueray vostre cheual. Vrayement, respõdit Bruneo, ie vous baille le chois: car autãt m'est vous vaincre à pied comme à cheual. Quand Madamain entendit que l'option estoit sienne, se sentant (à son aduis) plus fort que son ennemy, qui estoit petit, & luy presque Geãt, fut tresaise, & dit à Bruneo: Il vault mieulx doncques que descendiez, lors essayerez de faire ce dont vous vantez. Et bien, respondit Bruneo. Lequel se retirant meit pied à terre, habandõnant son cheual: puis embrassa son escu, & meit la main à l'espée, s'approchant de Madamain: lequel comme preux & bon Cheualier le receut hardimẽt, & commencerent à charger l'vn sur l'aultre, pretendants tous deux à vne mesme chose, qui estoit la victoire. Au moyen dequoy il n'y auoit si fort escu ou harnoys bien aceré, qu'ilz ne detrenchassent & meissent en pieces, tant que le champ estoit couuert en maintz endroictz des pieces de leurs escuz, & haulbertz: mais si les Cheualiers se poursuyuoient rudemẽt, leurs cheuaulx ne faisoient moins de debuoir à leurs endroictz. Car ilz empoignerent l'vn l'aultre, & à coups de piedz & de dentz se couplerent par telle façon, que la plus part des assistants furent plus ententifz au combat de deux bestes qu'à celluy des Cheualiers à qui elles estoient: toutesfoys à la fin celluy de Madamain eut du pire, lequel fut forcé de l'aultre, saillir par dessus les barrieres & de s'enfuyr. Qui donna tresgrande presumption à vn chascun, que Bruneo obtiẽdroit la victoire, & ainsi aduint: car il poursuyuit de si pres Madamain, & le reduict en telle extremité, qu'estant quasi hors d'aleine, il dit à Bruneo: Ie croy Bruneo (veu la cholere ou ie te voy) que tu penses le iour n'estre assez long pour mettre fin à nostre different. Neãtmoins si tu regardes tes armes, lesquelles sont quasi toutes desclouées, tu trouueras qu'il te sieroit mieulx à te reposer, que de m'assaillir si indiscretement comme tu faiz: & pourtant ne te voulant tenir la rigueur que tu merite, ie suis content te permettre prendre aleine, puis nous recommencerons mieulx que deuant. Vrayement, respondit Bruneo, tu me declaire en bon langaige ce qui t'est necessaire: ie te prie, beau sire, ne m'espargne pas. Ignores-tu l'occasion de nostre combat? ne sçaiz-tu que ta teste ou la mienne appaisera nostre querelle? Ie t'asseure que ie ne suis pas deliberé de plus entendre tes sermons, ainsi si tu ne veulx bien tost mourir, aduise à te defendre mieulx que tu n'as fait. Lors sans plus contester vint charger Madamain:

damain : mais il estoit desia tant affoybly, que (ne pouant quasi parer aux coups que luy iectoit Bruneo) se retira petit à petit, iusques au sommet de la Roche,au droict du lieu ou Amadis auoit iecté en mer le corps d'Ardan . Et là , Bruneo le poulsa si rudement , qu'il l'enuoya ensepuelir dans les vndes : mais deuant qu'il fust en bas , son corps estoit separé en plus de trente parts . Ce que voyant la damoyselle iniurieuse , entra en telle furie, & desespoir , que comme forcenée courut au lieu ou Ardan & son frere auoient esté precipitez : & en y allant rencontra l'espée de Madamain , de laquelle elle se donna au meilleu des tetins , criant si hault que chascun l'entendit : Puis que Ardan , le paragon de Cheualerie , & mon frere ont esleuz leur sepulture en ceste mer impetueuse , ie leur tiendray compaignie. Et se iectant du hault à bas,fut incontinent enueloppée des eaues. Adoncq' Bruneo(remontant à cheual) fut conduict par le Roy & maintz aultres Cheualiers au logis d'Amadis , ou il voulut estre logé , pour tenir compaignie à celluy , pour l'honneur duquel il auoit combatu . Et pource que la Royne Briolanie veoioit bien que Amadis ne pourroit estre si tost guery, ne venir auecq' elle,comme il luy auoit promis , print cõgé de luy, pour aller veoir les singularitez de l'Isle Ferme : parquoy Amadis commanda à Enil la y conduyre , & aduertir Ysanie le gouuerneur , luy faire tout l'honneur & bon recueil dont il se pourroit aduiser . Ainsi s'en partit Briolanie , & disant à Dieu à Oriane , l'asseura qu'elle luy feroit sçauoir ce qu'il luy aduiendroit , esprouuant les aduentures de l'Isle : mais elle ne fut si tost partie de la court du Roy Lisuart, qu'il sembla que fortune formalisast pretendre à la ruyne du royaulme de la grand' Bretaigne , lequel de si longue main auoit esté heureux, mesmes le Roy Lisuart . Qui oubliãt non seulement les seruices qu'il auoit receupz d'Amadis, & de ses parents & amys,ains l'aduis & conseil que luy auoit predit Vrgande:presta l'aureille à deux flateurs,anciens Cheualiers de sa maison, ausquelz(soubz vmbre de la longue nourriture qu'ilz auoient receue,tant du Roy Flangaris son frere aisné, que de luymesmes) adiousta plus de foy à leur mensonge qu'il ne debuoit,ainsi que vous entendrez presentemẽt. Ces deux dõt ie vous parle,tant à l'occasion de leur ancien aage, que d'vne certaine hypocrisie palliée de preud'hommie,meisrent plus de peine à ressembler bons & vertueux que de l'estre : au moyen dequoy ilz entrerent en grande autorité , & furent appellez souuent es priuez affaires de leur maistre : l'vn desquelz se nõmoit Brocadan, & l'aultre Gandandel . Ce Gandandel auoit deux filz, lesquelz au parauant l'arriuée d'Amadis, & de ses cõpaignons en la grand' Bretaigne, estoiẽt estimez les deux plus rudes Cheualiers de toute la contrée:toutesfois la proesse & dexterité des aultres,abastardirent la renõmée de ceulx , desquelz ie vous parle . Dont leur pere estoit si desplaisant , que postposant la craincte de Dieu,la foy qu'il debuoit à son prince , & l'honneur dont toutes gents de bien doibuent estre pourueuz:delibererent accuser

cuser non seulement Amadis,mais tous ceulx à qui il auoit amytié & frequentation : esperant bastir sa trahyson , en sorte que par la ruyne de tant bōs cheualiers,il feroit le proffit de luy,& des siés. Et à ceste occasion trouuant vn iour le Roy à propos,luy dit telles paroles: Sire, i'ay tout le temps de ma vie desiré garder la foy que ie vous doibs,comme à mon Roy & seigneur naturel, & feray encores si Dieu plaist:car oultre le fermēt de fidelité que i'ay à vous,vous m'auez de vostre grace fait tant de biens,que se ie ne vous conseillois en ce que ie verray qui touche vostre maiesté Royalle, ie fauldrois grandement enuers Dieu & les hommes. Au moyen dequoy (Sire)apres auoir longuemēt pensé à ce,que ie vous declaireray,ie me suis repenty assez de fois d'auoir tant differé:nō pour enuie que ie porte à personne(& Dieu m'en soit tesmoing)ains seulement pour l'inconueniēt que ie voys apresté, si vous n'y remediez promptement & saigement. Vous sçauez que de tout temps il y a eu grand' controuuersie entre le royaulme de Gaule,& celluy de la grand' Bretaigne,pource que les Roys voz predecesseurs y ont tousiours pretendu droict de souueraineté: & combien que depuis quelque tēps ceste querelle soit assopie, si est il vray semblable que les Gaulois(rememoratifz des guerres & dōmaiges, qu'ilz ont enduré de voz subiectz)delibererent secretemēt en leurs couraiges d'eulx en venger. Et selon mō opinion,Amadis,qui est le chef & principal d'eulx tous,n'est venu en ce païs que pour y faire pratiques & gaigner gents:auecq' lesquelz (ioinctz à la puissance, qu'il y pourra faire descendre) il vous donnera tāt d'affaires, que peult estre il vous sera malaisé d'y resister, & voyez s'il y a desia apparence. Sire,celluy duquel ie vous parle, & ceulx de son alliance aussi,m'ont faict tant d'hōneur & de plaisir,que moy & mes enfants sommes grandement obligez à eulx : & n'estoit que vous estes mon seigneur esleu,ie ne vouldrois pour rien parler contre Amadis,tant ie suis son amy, & seruiteur:mais es choses qui regardent vostre personne, Dieu me doint la mort plustost que i'espargne homme viuāt, non point mon propre enfant. Vous auez receu Amadis, auecq' si grand nombre de ses parents & aultres estrangers en vostre court(comme bon prince liberal & magnanime que vous estes)qu'à la fin leur suyte se trouuera plus grande que la vostre: pourtant, Sire,il seroit bon d'y pourueoir auāt,que le feu soit plus allumé. Quand le Roy entendit parler Gādandel,il deuint tout pensif, puis luy respondit:Par ma foy mon amy,ie croy que vous m'aduertissez comme bon & loyal subiect:neantmoins veu les seruices que ceulx dont vous me parlez m'ont faitz,ie ne puis cōprendre en mon esprit qu'ilz me voulsissent faire mauluais tour ou lascheté. Sire,respondit il,c'est ce qui vous abuse:car s'ilz vous auoient offensé par cy deuant,vous vous dōneriez garde d'eulx comme de voz ennemys: mais ilz ont sceu desguiser saigement leur trahyson, soubz vn humble parler, accōpaigné de quelques seruices, esquelz ilz se sont employez, attendants leur heure opportune. Le Roy tourna la teste de l'aultre costé sans luy vouloir plus respōdre,pource qu'il

 suruint

ſuruint aultres gents:toutesfoys Gandandel n'eſtant encores aſſeuré,comme il auoit pris ſon aduertiſſement, pratiqua Brocadan à ſa ligue,luy declairant entierement tout le diſcours qu'il auoit fait au Roy:l'aſſeurãt que ſ'ilz pouoient chaſſer Amadis & ſes parents, que de là en auant eulx ſeulz gouuerneroient paiſiblement le Roy, & ſon Royaulme. Dont Brocadan, receuant ce conſeil pour bon,imprima depuis en la fantaiſie du Roy vne ſi grande ialouſie, & ſouſpeçon cõtre Amadis & ſes compaignons,que des ce iour il les eut en hayne ſi eſtrange, qu'il ne les pouoit quaſi veoir: oubliant les grãdz ſeruices qu'ilz leur feirent,quand luy & Oriane furent deliurez des mains d'Arcalaus, & depuis en la bataille du Roy Cildadan, & pluſieurs aultres lieux que vous auez cy deuant entenduz. Certes ſi ce Roy eut bien retenu la doctrine & aduis, que luy auoit donné la ſaige Vrgãde, il ne ſe fuſt tant eſlongné des limites de raiſon:combien que telle maladie aduient ſouuent à tous princes,quand ilz n'y prennent garde,dont ilz tõbent en pareilz accidents & dangers que le Roy Liſuart. Lequel adiouſtãt foy aux paroles de ces deux trahiſtres, ne fut oncques puis viſiter(cõme il auoit accouſtumé) Amadis & les aultres,qui eſtoient naurez, dont ilz ſ'eſbahyſſoient grandement: mais pour leur faire deſpit enuoya querir Madaſime & les aultres oſtaiges, auſquelz il dit, Que ſi dans huict iours l'Iſle de Mongaze ne luy eſtoit rẽdue ſuyuant leur promeſſe,qu'auſſi toſt il leur feroit coupper les teſtes. Quand Madaſime entendit ceſte rigoreuſe contrainte,oncques femme ne fut plus effrayée,conſiderant que faiſant la volunté du Roy elle demouroit pauure, & desheritée, & y contrediſant la mort luy eſtoit prochaine:ainſi ſe trouua elle ſi perplexe, que ſans ſçauoir reſpondre elle eut recours à ſes larmes. Parquoy Andangel le vieil Geant print la parole, diſant au Roy: Sire, ſ'il vous plaiſt i'yray auecques ceulx que vous ordonnerez vers la mere de Madaſime, & feray en ſorte qu'elle ſatisfera à voſtre vouloir, rẽdant le païs & les places que vous demandez, aultrement faites de nous voſtre vouloir. Ce que le Roy eut aggreable, & des le iour l'enuoya auecq' le comte Latin. puis feit remettre Madaſime & ſes femmes en leur priſon accouſtumée ou elles furent conduictes par pluſieurs gentilzhõmes.Leſquelz elle eſmeut telement à pitié, par les regretz & propos qu'elle leur tenoit, les priant particulierement auoir ſon affaire pour recommandée enuers le Roy, qu'il n'y eut celluy de la compaignie, qui ne luy promiſt ſ'employer pour elle à leur poſſible, ſpecialement don Galuanes: lequel à l'heure la tenoit ſoubz le bras, la regardant de tel œil, qu'il en deuint amoureux, & luy dit: Ma dame, ie ſuys ſeur que ſ'il vous plaiſt m'accepter pour voſtre mary,que le Roy nous donnera liberalemẽt le droict qu'il pretend en voz païs.Ie croy que vous ſçauez aſſez le rãg que ie tiens, eſtãt frere du Roy d'Eſcoſſe, & que par moy voſtre authorité n'amoindrira.Au demourãt,aſſeurez-vous que ie vous traicteray cõme vous le meritez. Or le cognoiſſoit Madaſime de long temps, & ſçauoit qu'il eſtoit des meilleurs cheualiers du monde: parquoy acceptant les offres de

Galuanes se iecta à ses piedz, le remerciant treshumblement du bien & de l'honneur qu'il luy pourchassoit, & des l'heure accorderent leur mariage: lequel depuis Galuanes pourchassa à son possible. Et pour y paruenir, quelques iours apres, il vint faire entendre à Amadis, & Agraies son nepueu, ce qu'auez entẽdu, dont ilz furent bien esbahys: car Galuanes estoit ia vieil, & oncques n'auoit fait cas de femme pour espouser, & maintenant ayant passé la fleur de son aage, le voyant tant amoureux de Madasime se prindrent à rire, & luy dit Agraies: Monsieur mon oncle, ie cognois bien qu'amour n'a acception de personne, & qu'il n'espargne ne vieil ne ieune: & puis que vous estes rangé des siens, s'il plaist à mon seigneur Amadis nous supplierõs tant le Roy que vous iouyrez de vostre amye, & vous deliberez de vous monstrer gentil compaignon: car Madasime est femme, pour ne se contenter de baiser seulement. Par ma foy, respondit Amadis, Seigneur Galuanes, le Roy (à mon aduis) ne nous le refusera, & vous prometz qu'aussi tost que ie pourray cheminer, que vostre nepueu & moy yrons vers luy, pour auoir ce que vous demandez. Mais entendez qu'en ces entrefaites, Gandãdel, pour mieulx couurir & dissimuler la trahyson qu'il auoit conspirée, alloit veoir & visiter souuent Amadis, tant qu'vne fois entre aultres, il luy dit: Mon seigneur, il y a long temps que vous n'auez veu le Roy. Pourquoy? respondit Amadis. Pour autant, dit Gandandel, qu'à veoir sa contenance, il semble qu'il vous porte quelque mauluais vouloir. Ie ne sçay, respondit Amadis, si ne luy ay-ie fait offense, que ie sçache. Et pour l'heure ne passerẽt plus oultre, iusques à vne aultre fois, que le trahystre le reuint veoir, & luy monstrant meilleur visaige qu'il n'auoit de coustume, luy dit: Mon seigneur, ie vous diz l'aultre iour qu'il me sembloit à ouyr les propos que le Roy tenoit de vous, qu'il estoit fort refroidy en l'amytié qu'il vous souloit porter: & pource que moy & les miens sommes obligez à vous, pour les plaisirs que nous auez faitz, ie vous veulx bien aduertir certainement, que le Roy vous a en tresmauluaise estime, & pourtãt pouruoyez y. Et tant de fois faisoit redite à Amadis de choses semblables, qu'il commẽça à souspeçonner, qu'il luy auoit dressé quelque menée, par laquelle le Roy auoit mauluaise fantaisie sur luy. Et à ceste cause vn iour entre aultres, que Gandandel perseueroit en ses aduertissements, Amadis luy respondit assez fascheusement: Seigneur Gandandel, ie m'esbahys qui vous meult de me tenir si souuẽt telz propos, veu que ie ne pẽsay oncques qu'à faire seruice au Roy: & croy qu'vn prince vertueux, cõme il est, ne me vouldroit souspeçonner de chose que ie ne feray iamais: pourtant ne me rompez plus la teste de telles follies, car vous ne me faites pas plaisir. Voila pourquoy oncques puis Gandãdel ne luy en osa parler, iusques à ce qu'Amadis estant guery, s'en alla à la court: mais aussi tost que le Roy l'aduisa, il tourna la teste à luy & à ses compaignons, sans les daigner regarder. Lors Gandandel qui estoit ioignant, cognoissant la contenance du Roy, vint embrasser Amadis, luy disant, qu'il fust le tresbiẽ guery. Mais sur ma foy,

 dit il,

dit il, ie suys fasché du mauluais recueil, que vous fait le Roy: toutesfoys vous pourrez cognoistre si l'aduertissemēt que ie vous ay fait est faulx, ou non. Amadis ne luy respondit parole: ains s'approcha d'Angriote, & de Bruneo, lesquelz estimants qu'Amadis n'eust prins garde au visaige que le Roy leur auoit monstré, l'en aduertirent. Il ne fault point, respondit Amadis, que vous le preniez en mauluaise part, veu que bien souuēt la personne est si ententiue à quelque chose ou elle est arrestée, qu'il ne prend garde à ce que les aultres font: ainsi il peult estre que le Roy resuoit ailleurs, quād nous l'auons salué, pourtant retournons, & luy parlons de ce dont Galuanes nous a priez. Lors s'approcherent, & dit Amadis au Roy: Sire, encores que ie ne vous aye iusques icy fait tant de seruice, comme ie desire, si ay-ie prins la hardiesse (me cōfiant en vostre grande liberalité) de vous demander vn don, qui ne vous peult tourner qu'à honneur, obligeant d'aduantaige ceulx, à qui vous l'octroyez. Or estoit Gandandel tout au plus pres, lequel en ypochrisant comme il auoit de coustume, print la parole, & respondit à Amadis: Vrayement s'il est ainsi que vous dites, le Roy ne vous doibt pas refuser. Sire, dit Amadis, le dō que moy & mes cōpaignons presents, vous suppliōs nous octroyer, est, qu'il vous plaise dōner au seigneur Galuanes, l'Isle de Mongaze, de laquelle il vous fera la foy & hōmaige, en espousant Madasime: ce faisant, Sire, vous enrichirez vn pauure prince, vsant de misericorde à vne des plus belles gentillesfemmes du mōde. Quād Brocadan & Gādandel entendirent ceste demāde, ilz regarderent le Roy, luy faisant signe de la refuser. Ce neantmoins il demoura lōguement sans parler, considerant le merite de don Galuanes & les seruices qu'il auoit receuz de luy en plusieurs endroictz, mesmes qu'Amadis auoit conquis au prix de son sang, la terre qu'il demādoit pour aultruy: toutesfois il ne dōna lieu à ce, que par vertu il octroyast ceste requeste tant raisonnable, ains respondit à Amadis: Celluy est mal aduisé qui demāde ce qu'il ne sçauroit auoir. Ie le diz pour vous, seigneur Amadis, qui me priez de donner ceste Isle, de laquelle i'ay faict present, il y a cinq iours passez, à ma fille Leonor. Ceste excuse trouua le Roy, pour auoir occasion de refuser Galuanes: parquoy Agraies, qui estoit trop mal content du mauluais recueil qu'il leur auoit fait, sçachāt que ce n'estoit qu'excuse, ne peut tant commander à soymesmes, qu'il se sceust taire, disant au Roy: Sire, vous nous faites bien cognoistre, de combien les seruices que nous vous auons faitz, vous sont peu aggreables, & moins proffitables pour nous: & pourtant (si mes compaignons me veulent croire) nous aduiserons doresenauant à ce que nous aurons à faire. Par dieu mon nepueu, respōdit Galuanes, vous dites verité, & sont les seruices tresmal employez que l'on fait à ceulx, qui n'ont vouloir de les recognoistre: & pourtant tout homme de bon cœur doibt tousiours regarder pour qui il s'employera. Mes seigneurs, dit Amadis, ne vous plaignez du Roy pour ne vous donner ce, qu'il a promis à aultre, & le prions seulemēt qu'il soit cōtent que le seigneur Galuanes espouse Madasime: &

attendant

attendant qu'il luy fasse du bien,ie luy donneray l'Isle Ferme. Madasime, respõdit le Roy,est ma prisonniere,& si elle ne me rend la terre qu'elle m'a promise, ie luy feray trencher la teste, deuant qu'il soit le moys passé. Sur mon ame,sire,dit Amadis:quand il vous eust pleu nous respõdre plus gracieusemẽt,vous ne nous eussiez fait le tort que vous faites:aumoins si vous auez desir de nous bien cognoistre.Si ie ne vous cognois assez, respõdit le Roy,le monde est grand pour trouuer aultre,qui mieulx vous fasse. Certes ceste parole(mal digerée)tourna depuis en plus de cõsequence,que le Roy n'eust pensé,lequel s'apperceut puis apres par Brocadan & son cõpaignon, de combien est dõmageable le mal parlant,ou enuieux,qui oubliant Dieu & son honneur, cause souuent la perdition d'vn Roy & d'vn royaulme. Lors fut Amadis si ennuyé de ce congé, qu'il dit au Roy: Sire, i'ay iusques icy pensé qu'il n'y auoit Roy ne prince au mõde mieulx se cognoissant es choses de vertu & d'hõneur que vous:toutesfoys nous appercepuõs maintenant du contraire, par l'experience que vous nous en donnez, par ainsi puis que vous auez changé de nouueau conseil, nous yrons chercher nouuelle façon de viure. Faites,respondit le Roy, vostre volunté:car ceste est la miéne. Ce disant se leua en grãd cholere,& s'en alla vers la Royne,à laquelle il feit entẽdre les propos qu'il auoit tenuz à Amadis, & ses cõpaignons: & cõme il s'estoit despeché d'eulx,dont il estoit tresaise. Mõsieur,respõdit la Royne,i'ay grãd' doubte qu'à l'aduenir, l'aise que vous en auez ne vous tourne à desplaisir:car vous n'ignorez que du iour que Amadis & ses compaignons entrerent en vostre seruice, voz affaires se sont tousiours portées de mieulx en mieulx,en sorte que si vous considerez ce qu'ilz ont fait pour vous,vous trouuerez qu'ilz n'auoient merité la respõse que vous leur auez faite. Mesmes,que maintz cognoissants ce qu'ilz sçauent faire, & le peu de gré que vous leur en portez, espererõt cy apres peu de vous:& serõt reputez folz d'eulx employer à l'endroit ou voz affaires le pourroiẽt requerir. Ne m'en parlez plus,dit le Roy,c'est fait: mais s'ilz s'en plaignent à vous, dites leur,que i'ay dõnée de lõg tẽps la terre qu'ilz m'õt demãdée à vostre fille Leonor,cõe ie leur ay dit. Ie le feray,respõdit la royne,puis qu'il vous plaist,& Dieu vueille que tout viẽne à bien! Mais entẽdez,qu'apres que Amadis & ceulx de sa cõpaignie eurẽt veu la sorte que le Roy les auoit laissez,ilz sortirẽt du palais:& en allãt à leur logis cõclurẽt de n'en riẽ declairer à leurs amys,iusques au lendemain matin, qu'ilz les pryeroient d'eulx tous assembler:& que lors ilz aduiseroiẽt à ce qu'ilz auoiẽt à faire. Et à l'instãt Amadis enuoya Durin dire à la princesse Mabile, qu'il vouloit(s'il estoit possible)parler la nuict ensuyuãt à Oriane,pour quelque affaire d'importãce nouuellemẽt suruenue. Ainsi se passa le iour, & arriua la nuict vestue de son brun mãtheau:parquoy estãts chascun au plus fort de son somme, Amadis appella Gandalin, & vint en vn lieu, par lequel communement il entroit en la chãbre d'Oriane,laquelle l'attendoit,suyuant ce qu'il luy auoit luy auoit mandé par Durin. Ou arriué, sans du commencement luy parler de chose qui la faschast, apres auoir quelque peu deuisé ensemble : Mabile & la damoyselle de Dannemarc (qui auoient desir de dormir, ou peult estre ne pouants endurer l'ardeur dont amour les aisguillonnoit, voyants les baisers & embrassements desquelz ces deux amants se festoyoient) leur dirent: Le lict est assez grand pour vous deux, & l'obscurité propre à voz desirs: il est ia tard, couchez vous s'il vous plaist, & deuisez puis apres, ainsi que vous l'entédrez. Ma dame, dit Amadis à Oriane, sur ma foy, leur conseil est tresbon. Il les vault mieulx doncques croyre, respondit elle. Et de fait n'ayant sur elle qu'vn mantheau de nuict, s'alla mettre entre deux draps, & ainsi qu'elle se couchoit il estoit si ioignant d'elle, qu'apres que le rideau fut tiré (non pour luy augmenter ses affections: mais pour redoubler son plaisir) estant en la chambre seulement allumé vn mortier de cire, ilz se meisrent tant à baiser & caresser l'vn l'aultre, que de grand aise leurs espritz receurent double plaisir, par les festoyements que leurs ames transsies se donnoient l'vne à l'aultre, sur l'extremité de leurs lebures: sans auoir pouoir de proferer vne seule parole, iusques à ce que la damoyselle de Dãnemarc, estimãt que Amadis se feust endormy, le vint tirer par la robbe, luy disant: Monsieur, vous pourriez bien prendre froid, couchez vous s'il vous plaist. Lors cõme s'il fust sorty de pasmoyson, iecta vn hault souspir. Las mon amy, dit la princesse, ne seriez-vous aussi à vostre aise couché aupres de moy, qu'à vous trauailler debout comme vous estes? Ma dame, respondit il, puis qu'il vous plaist me le commãder, ie ne craindray à vser de si grande priuaulté enuers vous. Et à peine eut il acheué le mot, qu'il se iecta nud entre les bras de la princesse. Adoncq' recõmencerent leurs baisers & amoureux plaisirs, donnants peu apres contentement à la chose ou chascun pretendoit le plus. Puis se meisrent en diuers propos, & tant que Oriane luy demanda, pourquoy il luy auoit mandé par Durin, qu'il auoit quelque chose à luy dire de grande importance. Ma dame, respondit il, ie la vous feray entẽdre puis qu'en auez desir, combien que ie tiẽs seur qu'elle vous sera estrãge & ennuyeuse: toutesfoys il est force qu'en soyez aduertie pour la consequence dont elle est. Entendez, ma dame, que le Roy vostre pere tint hyer vn propos à Agraies, Galuanes, & à moy, par lequel il nous a trop fait cognoistre le peu de bien qu'il nous veult. Puis luy recita de mot à mot, ainsi que le tout estoit aduenu: & comme à la fin le Roy, en se leuant, de grand' cholere leur dit, Que le monde estoit assez grand pour aller trouuer ailleurs, qui mieulx les cogneust que luy. Et à ceste cause, Ma dame, dit Amadis, il nous est force de faire ce qu'il nous a commandé, aultrement nous offenserions nostre honneur, demourant oultre le gré de luy en son seruice, veu qu'il presumeroit que ne sceussions ailleurs rencontrer qui nous voulsist recepuoir: pourtant ie vous supplye, ne trouuer mauluais si en luy obeissant, ie suis cõtrainct de m'eslongner de

vous

vous pour quelque tẽps. Vous sçauez la puissance que vous auez sur moy, & que ie suys autãt vostre que le pourriez soubhaicter: & ie sçay bien aussi, que ou i'acquerrois mauluaise reputation, vous estes celle qui plus en receuroit de desplaisir, tant vous m'aymez & estimez: qui me fait de rechef vous prier, trouuer bonne mon absence, & me dõner congé, vsant de vostre constance & vertu accoustumée. Ah a, Dieu, respõdit elle, mon amy que me dites vous? Ma dame, s'il plaist à nostre seigneur auecq' le temps le Roy cognoistra le tort qu'il nous fait, & seray enuers luy aussi bien venu que ie feuz oncques. Mon amy, respondit la princesse, vous auez grãd tort d'ainsi vous plaindre de mon pere: car s'il a receu quelque biẽ de par vous, c'a esté par ma faueur, & par le commandemẽt que ie vous en ay fait, non pour l'amour de luy: car moy seule vous ay fait venir & seiourner en sa compaignie. Ainsi ce n'est à luy, à vous recõpenser: mais à moy, à qui vous estes. Il est bien vray qu'il a tousiours pensé aultremẽt, qui luy donne grãd blasme de vous auoir si indiscrettement respondu. Et encores que vostre partemẽt me soit la plus griefue chose qui me pourroit aduenir (estãt contrainte) ie suis contẽte de me fortifier, & d'obeyr à raison plus qu'aux delices & bien que i'ay par vostre presence. Par tant, mon amy, ie veulx ce qu'il vous plaist: pource que ie suys asseurée qu'en quelque part que vous tiriez, vostre cœur (qui est mien) me demourera pour gaige du pouoir que vous m'auez donné sur vous, & sur luy: aussi que mon pere, vous perdant, cognoistra par le peu que luy restera, ce qu'il aura perdu en vous. Ma dame, dit Amadis, le bien que vous me faites, est si grand, que ie ne l'estime moins que la redẽption de ma vie propre: car vous sçauez que tout hõme de vertu, doibt auoir son hõneur en telle recõmandatiõ, qu'il le doibt preferer à sa propre vie. Ainsi, ma dame, puis que c'est force que pour le conseruer ie vous eslõgne, faites (s'il vous plaist) tãt pour moy (durãt mon absence) de me mãder le plus souuẽt que vous pourrez de voz nouuelles: & me tenir tousiours en vostre bõne grace, cõme celluy, qui ne fut oncques né, que pour vous obeyr & seruir. Et certes, qui eust veu la princesse lors qu'Amadis prenoit ce piteux congé, il eust aysément tesmoigné de la passion qu'elle enduroit. Toutesfois Amadis, voyant que le iour le pressoit de desloger, en la baisant doulcemẽt, se leua: la laissant tant pleine d'amertume, que combien qu'elle dissimulast le mieulx qu'elle pouoit cest ennuy extreme, pour ne trop contrister son amy, si n'y peut elle tant gaigner sur ellemesmes, qu'elle n'esueillast, par ses haultz souspirs Mabile, & la damoyselle de Dannemarc. Lesquelles pensants qu'il luy fust prins aulcune nouuelle maladie, vindrent promptement à elle, & trouuerẽt qu'Amadis estoit desia tout habillé. Adoncq' luy demãderent qui mouuoit Oriane de si fort se plaindre. Amadis leur feit sommairement entendre comme il estoit contraint d'habandõner la court, & le seruice du Roy: parquoy mes amyes, dit il, ie vous prie aller reconforter ma dame. Ce disant, print congé cógé d'elles,& se retira, laissant les trois damoyselles accompaignées seulement de douleur & d'extreme passion. Or entendez, qu'aussi tost que Galuanes,& Agraies furent arriuez au logis d'Amadis,ilz enuoyerẽt particulierement prier leurs amys d'eulx y trouuer le l'endemain matin, ce qu'ilz feirent: puis s'en allerent à la messe, au retour de laquelle se promenants tous dedans vn grand champ, Amadis commença à leur dire : Mes seigneurs,pource que l'on a,à tort,donné blasme au seigneur Galuanes & Agraies,à moy & aulcuns aultres qui sont icy presents, d'habandonner le seruice du Roy (comme nous auons deliberé) eulx & moy auons trouué bon vous faire entendre, qui en est l'occasion. Ie croy qu'il n'y a celluy en ceste trouppe, qui n'ait entendu si depuis nostre arriuée en la grand' Bretaigne l'authorité de ce prince est augmẽtée, ou amoindrie : parquoy sans consumer le temps à rememorer les seruices que nous luy auõs faitz,pour lesquelz nous auions grande esperance de rapporter(auecq' gré)bonne & grosse recõpense,ie vous declaireray sommairemẽt de quelle ingratitude il vsa hyer enuers nous:telement qu'ainsi que la fortune muable & inconstante renuerse souuẽt toutes choses, il a changé de cõdition ou par mauluais conseil qu'il a receu, ou par quelque legiere occasion que nous ignorõs. Tãt y a,que le seigneur Galuanes nous requist de moyẽner enuers luy (il n'y a encores que huict ou dix iours) la permission du mariage de luy & de Madasime:& en ce faisant le faire iouyr des terres d'elle ; à la charge de les tenir en foy & hommaige de luy,& de sa couronne,ce que nous luy promismes faire. Au moyen dequoy, aussi tost qu'il m'a esté possible cheminer,moy & aultres de ceste compaignie, luy en auõs esté faire la requeste : mais sans auoir esgard ny à nous qui portions la parole, ny à celluy pour lequel nous nous employons, qui est(comme chascun cognoist) frere du Roy d'Escosse, preux & hardy cheualier autant qu'il est possible, & lequel dernierement contre le Roy Cildadan n'a espargné sa vie,ains a fait son debuoir autant que nul qui s'y soit trouué : il nous a refusez, & tenu propos d'iniure assez peu conuenable & digne d'vn tel Roy. Et toutesfois, pour le commencement nous n'en feismes cas, iusques à ce qu'il nous dit à tous, ainsi que nous luy faisions aulcunes remonstrances, que nous cherchissions ailleurs qui nous cogneust,ou feist mieulx que luy,& que le mõde estoit assez grand pour ce faire,sans tant l'importuner. Ainsi mes compaignons, puis qu'estants en son seruice nous luy auons tousiours obey, quant à moy,ie suys encores trescontent en ce cas de n'y faillir,& m'en aller hors de ses païs. Mais pource qu'il me semble que ce congé ne touche seulement à moy, & à ceulx à qui il parloit, ains à tous aultres qui ne sont ses vassaulx:i'ay esté d'aduis vous le faire entendre,à fin que vous y pẽsiez à l'aduenir. Trop furent esbahys ces cheualiers,oyãts ainsi parler Amadis, considerant que puis que les grandz seruices de luy & de ses freres estoiẽt si mal recogneuz, que bien tard les leurs petitz seroient recompensez.

Au moyen

Au moyen dequoy, ilz delibererēt d'habandōner le Roy, & aller chercher aultre part leur fortune, ſpecialement Angriote d'Eſtrauaus : lequel pour attraire les aultres à ſon opinion, & ſuyure Amadis, commença à dire aſſez hault: Mes ſeigneurs, il n'y a encores long temps que ie cognois le Roy, & pour le peu de cognoiſſance que i'ay eu auecq' luy, ie ne veis oncques prince plus ſaige, vertueux, & temperé qu'il a eſté en tous ſes affaires : parquoy ie me doubte que le propos qu'il a tenu à Amadis, & à ſes ſeigneurs preſents, n'eſt venu de ſa fantaſie, mais a eſté induict à ce faire par quelque enuieux & meſchant, qui luy a perſuadé le mal contentement qu'il a contre eulx. Et pource que depuis huict ou dix iours ença, i'ay veu Gandandel & Broquadan parler à luy ſouuēt, & luy leur preſter l'aureille plus qu'à nulz aultres, ie me doubte que ce ſont eulx, qui ont braſſé ceſte menée: car ie les cognois de long temps pour les plus enuieux qui ſoyent en tout le monde. Pourtant i'ay deliberé des ce iourd'huy demander le combat contre eulx, & leur maintenir que faulſement & meſchamment il ont mis le Roy & Amadis en controuerſe : & ſ'ilz ſe veulent excuſer ſur leur ancien aage, ilz ont chaſcun vn enfant portant de long temps harnoys en doz, leſquelz moy ſeul ie combatray ſ'ilz ſont ſi hardiz de cuyder deſguiſer la trahiſon de leurs meſchants peres. Ah a, ſeigneur Angriote, reſpondit Amadis, ie ſerois trop deſplaiſant ſi vous mettiez voſtre corps en hazard pour choſe incertaine! Par dieu, reſpondit Angriote, i'en ſuis tout aſſeuré, & de long temps ie m'en ſuis apperceu, & ſ'il plaiſoit au Roy en dire ce qu'il en ſçait, il diroit d'eulx tout ainſi que ie dis. Ie vous prie beau ſire, dit Amadis, differez encores pour ceſte heure, à fin que le Roy n'en prenne ennuy : car ſi ceulx que vous dites (leſquelz m'ont touſiours mōſtré viſaige d'amys) ont eſté ſi malheureux de me iouer en derriere faulx bond, aſſeurez-vous qu'à la longue leur meſchanceté ſera deſcouuerte, & leur merité recompenſé: & lors vous aurez raiſon de vous attacher à eulx, & moy tort de les excuſer. Et bien, reſpōdit Angriote, encores que ce ſoit contre mon vouloir, ie ſuis cōtent de differer, & croyez qu'auecq' le temps ie me ſçauray d'eulx plaindre & venger. Au demourant mes grands amys, dit Amadis, ſ'il plaiſt au Roy & à la Royne de me daigner veoir, ie ſuis deliberé d'aller de ce pas prendre congé d'eulx, & me retirer en l'Iſle Ferme: en eſperance que ceulx qui me vouldront ſuyure, auront part entierement au bien & plaiſir que i'y auray. Et comme vous ſçauez la contrée eſt plaiſante, & opulente, ſoit en belles femmes, foreſtz, & maintz ruiſſeaulx propres pour la vollerie: d'aduantaige pluſieurs tant de noz cognoiſſances, qu'eſtrāgers, nous viendront viſiter. Puis au beſoing, ſi nous auons affaire de ſecours, & que le Roy Liſuart voulſiſt faire quelque entreprinſe ſur nous, nous ſerons ſupportez de mon pere, des païs de la petite Bretaigne, & d'Eſcoſce : meſmement du royaulme de Sobradiſe, lequel la Royne Briolanie nous mettra entre les mains toutes les foys qu'il nous plaira. Puis que vous eſtes en ces termes, respondit Quedragant, maintenant vous pourrez cognoistre ceulx, qui aymeront vostre compaignie, ou non. Par ma foy, dit Amadis, ie ne suis pas d'aduis si aulcun ayme son proffit particulier qu'il habandonne le Roy: car tard ailleurs pourra il recouurer si bon maistre, mais ceulx qui me suyuront n'auront ne pis ne mieulx que ma propre personne. Et ainsi qu'ilz deuisoient en la prairie, le Roy y suruint, accompaigné de Gandandel & de maintz aultres Cheualiers, & les voyant ensemble passa oultre sans faire semblant de les veoir. Lors feit iecter à mont deux esmerillons sur vne Allouette, & apres auoir quelque peu prins ce passetemps, se retira en la ville sans parler à Amadis, n'à nul de sa compaignie.

Comme Amadis auecq' plusieurs de ses compaignons quitterent le seruice du Roy Lisuart, & s'en allerent esprouuer les aduentures, tant de l'arc des loyaulx amoureux, que de la chambre defendue.

Chapitre XXI.

QVand Amadis veid que le Roy perseueroit tant, en la mauluaise opinion qu'il auoit cōtre luy & les siens, suyuant sa deliberation, au sortir de la prairie s'en alla vers luy, & le trouua qu'il se vouloit mettre à table. Lors s'approchant luy dit: Sire, si en aulcune chose ie vous ay fait faulte, Dieu & vous en soyez tesmoings, vous asseurāt, qu'encores que les seruices que ie vous ay faictz ayēt esté petitz, la volunté que i'ay eue de recognoistre les biens & hōneur qu'il vous a pleu me faire, estoit grāde en toute extremité. Vous me dites hier que ie m'en allasse par le monde, chercher qui mieulx me cogneust que vous, me donnant assez à entēdre le peu d'enuie qui vous reste que ie demoure plus en vostre court. Puis qu'il vous plaist me l'auoir ainsi commandé, c'est raison que ie vous obeysse, non que ie vueille sortir d'auecq' vous comme de mon souuerain: car ie ne feuz oncques vostre vassal, ny d'aultre prince, sinon de Dieu seul: mais ie prens congé de vous, comme de celluy qui m'a fait beaucoup de bien & d'hōneur, & auquel ie portoys amour & desir de seruice. A peine eut il dit ceste parole, qu'aussi tost prindrent semblablement congé

Galuanes, Agraies, Dragonis, Palomir, Bruneo de bonne mer, Branfil son frere, Angriote d'Estrauaulx, Grindonan son frere, Pinores son cousin, & don Quedragant. Lequel s'aduança deuant tous, disant au Roy : Sire, ie ne demouray oncques en vostre court qu'à la priere d'Amadis, voulant & desirant estre son amy tout oultre : & puis que par son occasion ie feuz vostre, par mesme raison ie m'en deporte desormais, veu que mes petitz seruices auroient bien peu d'esperance, estants les siens grandz si mal recogneuz, sans auoir memoire de l'obligation que vous auez à luy, vous ayant deliuré des mains de Mandafabul, & de la victoire aussi que vous auez obtenue sur le Roy Cildadan, par le sang de luy & de ses aultres parents. Ie vous ramenteuroys bien le bon tour qu'il vous feit, quand il deliura vous & vostre fille Oriane (comme i'ay ouy maintesfoys dire) des mains d'Arcalaus, & depuis n'a guieres ma dame Leonor, que Famongomad, & Basagant son filz (Geants les plus cruelz du monde) tenoient prisonniere pour la faire mourir: par ainsi l'ingratitude de laquelle vous vsez maintenant enuers luy, est si grande qu'elle vous oste toute cognoissance de verité. Et pourtant il ne doibt moins estimer ce congé tost donné, que la retribution de ses seruices tard accordée. Quant à moy, ie suys deliberé de le suyure, & sortir de vostre court quant & luy. Aquoy le Roy respondit: Dõ Quedragant, vostre langue publie assez le peu d'amytié que vous me portez: ce neantmoins, il me semble que vous n'auez tant d'affinité ou obligation à Amadis, qu'en m'accusant vous l'excusiez comme vous faites: mais vostre pensée est (peult estre) aultre que vostre bouche ne declaire. Sire, vous direz ce qu'il vous plaira, dit Quedragant, comme grand seigneur que vous estes: toutesfoys vous me prenez mal pour desguiseur ou controuueur de mensonges, ainsi que maintz aultres qui sont autour de vous, desquelz ie suys seur qu'en la fin ne vous trouuerez guieres bien seruy. Tant y a, que deuant peu de iours vous appercepurez qui sont les amys ou ennemys d'Amadis. Puis se retira, & se presenta Landin, disant au Roy: Sire, ie n'ay trouué en vostre court qui donnast ayde ne confort à mes querelles, sinon mon seigneur Amadis, lequel ie voy maintenant sortir de vostre seruice, pour le tort que vous luy auez fait: au moyen dequoy ne voulant l'habandonner, ne mon oncle don Quedragant aussi, ie prens congé de vous. Vrayement Landin, respondit le Roy, à ce que ie voys, nous sommes asseurez que vous n'auez desir doresenauant d'estre des nostres. Par dieu Sire, dit il, telz qu'ilz vous seront ie vous seray, & non aultre: car ie leur obeyray toute ma vie. A l'heure estoient en vn coing de la salle parlants ensemble, don Brian de Moniaste cheualier tresrenommé, filz du Roy Ladasan d'Espaigne, & de l'vne des sœurs de Perion de Gaule: Vrlandin, filz du Comte d'Orlande: Grandorès & Madansil du pont d'argent: Listoran de la tour blanche: Ledadin de Friarque: Tranzilles l'orgueilleux, & don Ganarte du val craintif.

craintif. Tous lesquelz vindrent dire au Roy: Sire, l'occasion de nostre venue par deça, fut pour veoir Amadis & ses freres, & estre leurs amys s'il estoit possible:. & tout ainsi qu'ilz furent cause du seruice que vous auez receu de nous, ilz seront aussi motifz que nous en deporterons, & prenons congé de vous pour luy tenir compaignie. Quand le Roy se veid habandonné si soubdainement de si grand nombre de bons cheualiers, il fut fort desplaisant, & de despit ne voulut permettre à Amadis d'aller prendre congé de la Royne: laquelle auoit tousiours contrarié au conseil de Gandandel, & son compaignon. Et à ceste cause Amadis pria au vieillard don Grumedan, faire ses excuses enuers elle: puis faisant vne grande reuerance au Roy, se retira en son logis auecq' ses compaignons, ou ilz trouuerent le disner prest: & estants les tables haulsées chascun s'en alla armer, & se vindrent renger en vn lieu, duquel Oriane les pouoit choisir, & se trouuerent en si grand nombre, qu'ilz estoient cinq cents cheualiers & plus, dont la plus part estoient filz de Roys, de Ducz, ou de Comtes: puis en bon ordre vindrent passer tout au plus pres du logis de la Royne. Lors Mabile, qui estoit à vne des fenestres, appella Oriane, qui estoit sur vn lict tant melancolique que rien plus, luy disant: Ma dame, ie vous prie oubliez vostre ennuy, & venez veoir combien de cheualiers vous auez à vostre commandement. Tandis que mon cousin a esté au seruice du Roy vostre pere, il estoit tenu de luy comme simple cheualier errant: mais aussi tost qu'il en est sorty, il se monstre prince & puissant seigneur, ainsi que vous le pouez veoir maintenant: & si vous auez puissance sur luy, par plus forte raison vous l'auez aussi sur toute ceste trouppe, de laquelle il est chef & principal conducteur. De ceste remonstrance fut Oriane tant consolée, que de là en auant elle feit meilleure chere qu'elle n'auoit fait. Ainsi passerent Amadis & les siens au trauers de la ville, & les accompaignoient le Roy Arban de Norgales, Grumedan cheualier d'honneur de la Royne, Brandoyuas, Queuorant, Geontes nepueu du Roy, & Lastoran le bon iousteur. Tous lesquelz estoient trop desplaisantz du departement de tant bons cheualiers, specialement pour Amadis: lequel particulierement les prioit, qu'en ce que son honneur seroit blessé, ilz se monstrassent pour luy telz qu'il les estimoit. Et combien que le Roy (sans occasion) l'eust prins à hayne, qu'eulx pourtant ne laissassent à estre ses amys sans en perdre le seruice d'vn si bon prince: & ilz luy respondirent, que faisant seruice au Roy, auecq' la loyaulté qu'ilz estoient obligez, ilz demoureroient prestz à luy faire plaisir en tous endroictz ou il les vouldroit employer, dont il les remercia grandement. Puis leur dit: Si vous trouuez le Roy à propos, vous le pourrez aduertir, que ce qu'Vrgande me declaira en sa presence est maintenant accomply: car elle me dit, que la recompense que i'auroys de gaigner seigneurie à aultruy, ce seroit hayne, courroux, & eslongnement du lieu ou plus i'auoys desir de demoude demourer. I'ay conquis,comme chaſcun ſçait,au trenchant de mon eſpée, & au prix de mon ſang l'Iſle de Mongaze, en augmentant les limites du royaulme de la grand' Bretaigne: & toutesfoys ſans raiſon aulcune le Roy m'a prins à hayne, mais Dieu eſt iuſte pour rendre à chaſcun ce qu'il luy appartient. Par ma foy, reſpondit Grumedan, il n'y aura faulte que ie ne le faſſe ſçauoir au Roy,comme vous nous l'auez dit. Que mauldicte ſoit Vrgande, d'auoir ſi veritablement prophetizé! Ce diſant ſ'embraſſerent l'vn l'aultre,ſe commandants à Dieu:puis ſ'approcha Guilan le penſif,lequel ayant la larme à l'œil,dit à Amadis:Mon ſeigneur,vous ſçauez mon affaire, & comme ie ne puis de moy meſmes rien faire eſtant du tout ſoubzmis à la volunté d'aultruy, par laquelle i'endure angoiſſes & douleurs eſtranges, qui eſt la cauſe que ie ne vous puis ſuyure: dont i'ay honte & vergongne, tant ay de deſir de recognoiſtre le bien & l'honneur que m'auez fait eſtant en voſtre compaignie, vous ſuppliant bien humblement me tenir à preſent pour excuſé. Or ſçauoit Amadis la ſubiection, en laquelle amour le maintenoit, & cognoiſſoit bien par ſoy meſmes la peine ou il pouoit eſtre:au moyen dequoy il luy reſpondit:Seigneur Guilan, ia à Dieu ne plaiſe, que pour mon occaſion vous faciez faulte à la dame que vous aymez ſi parfaictemẽt,ains vous conſeille luy eſtre obeiſſant, & la ſeruir ainſi que iuſques icy vous auez fait, & le Roy ſemblablement: eſtant ſeur que, voſtre honneur ſaulue, vous me ſerez en tous endroitz amy & loyal compaignon. Puis le vint embraſſer, & prenants congé, Guilan & ſes compaignõs retournerent en la ville, & Amadis & les ſiens ſuyuirent le chemin de l'Iſle Ferme,tant qu'ilz arriuerent le long d'vne riuiere: ſur le bord de laquelle, Amadis auoit deuant enuoyé faire tendre ſes tentes & pauillons. Là ſe logerent pour ceſte nuict,remerciant Dieu de ce que de ſi bonne heure ilz ſ'eſtoient apperceuz de l'ingratitude du Roy: auecq' lequel faiſant plus de ſeiour, ilz euſſent perdu plus de temps. Mais Amadis eſtoit tant triſte, pour l'eſlongnement qu'il faiſoit de ſon Oriane (ignorant le temps qu'il la pourroit reueoir) qu'il ne ſçauoit quelle contenance tenir pour diſſimuler ſa melancolie: & ainſi paſſerent la nuict, iuſques au l'endemain qu'ilz reprindrent leur chemin. Ce pendant le Roy Liſuart eſtoit en ſon palais, lequel apres le partement de ſi grand nombre de cheualiers ſe trouua treſmal accompaigné. Lors commẽça à cognoiſtre la faulte qu'il auoit faite, & à ſe repentir grandemẽt des paroles qu'il auoit dictes à Amadis. A l'heure meſmes Gandãdel & Broquadã, furent aduertiz des propos que Angriote auoit tenu d'eulx, dont ilz furent merueilleuſement esbahiz, craignants que le Roy & eulx ne ſe trouuaſſent mal du conſeil qu'ilz luy auoient donné: toutesfoys puis qu'il n'y auoit plus de remede, ilz ſe reſolurent de paſſer oultre, & de trouuer façon que iamais les cheualiers qui ſ'en eſtoient allez ne r'entraſſent en la grace du Roy. Et pour ce faire eulx deux luy vindrent dire: Sire, vous debuez bien remercier Dieu que vous estes si honnestement depesché de ceulx, qui vous pouoient tant porter de dommaige: car, comme vous sçauez, il n'est rien plus dangereux qu'vn ennemy couuert & fainct: pourtant vous n'auez desormais que faire de vous donner peine ou soulcy de voz affaires, pource que nous deux donnerons bien ordre aux choses qui pourront suruenir en ce royaulme. Quand le Roy les entendit parler si aduantaigeusement, il les regarda d'vn tresmauluais œil, en leur respondant: Ie m'esbahys comme vous estes tant presumptueux de m'oser persuader que ie vous laisse le gouuernement non seulemẽt de ma maison, mais de tout ce royaulme, cognoissant que vous n'estes à beaucoup pres suffisans pour ce faire. Estimez-vous que les princes & seigneurs de ceste monarchie vous voulsissent obeyr, sçachants le lieu dont vous estes descenduz? Et si vous cuidez faire les bons mesnagers, voulant m'enrichir pour espargner argent, ou pensez-vous que ie le puisse mieulx employer qu'à le donner aux gentilzhommes & cheualiers qui sont en mon seruice? veu que le prince ne se peult nommer Roy, sinon d'autant qu'il a les hommes à son commandement. Et si par cy deuant ie me suys mõstré liberal à ceulx qu'à vostre instance i'ay chassez, par eulx mesmes i'estoys maintenu, craint, & redoubté: & pourtant suffise vous de ce que vous auez fait, sans plus me desguiser les choses, aultrement ie vous mõstreray qu'il m'en desplaist. Ce disant, les laissa tresesbahys de telz propos, & monta à cheual pour aller courir vn Cerf qui estoit enclos dedans ses toilles, comme ses veneurs luy auoient rapporté. En ces entrefaites arriua à la court vne damoyselle, qui venoit de la part de la Royne Briolanie vers Oriane, laquelle apres luy auoir fait la reuerance, luy dit: Ma dame, la Royne ma maistresse se recommande affectueusement à vostre bonne grace: & m'a enuoyé expres vers vous, pour vous declairer au long comme elle a esté en l'Isle Ferme, & ce qu'il luy est aduenu en esprouuãt les aduentures qu'elle y a trouuées. Dieu gard de mal si bonne Royne, respondit Oriane, & vous aussi qui auez tant prins de peine. Lors toutes les dames & damoyselles curieuses d'ouyr nouuelles, se meisrent à l'entour d'elle, & commença la damoyselle à reciter ce qu'elle auoit veu, disant: Ma dame, au partir de ceste court la Royne ma maistresse & sa compaignie, arriua le cinqiesme iour apres à l'Isle Ferme, & aussi tost il luy fut demandé s'il luy plaisoit d'esprouuer la chambre defendue, ou l'arc des loyaulx amants: mais elle respondit, que premier elle vouloit veoir les aultres merueilles du lieu. Et à ceste cause Ysanie la feit conduyre en vne tresbelle maison, située à demye lieue ou enuiron du principal palays d'Apolidon: en laquelle apres s'estre quelque peu promenée, regardant l'excellent bastiment d'icelle, elle arriua en vn des boutz d'vn parc, qui estoit à l'entour, ou il y auoit vne fosse si obscure & profonde, que nul n'en osoit approcher tant estoit espouentable. Puis fut conduite en vne tour tresbelle, & bien percée de fenestres,

desquelles

desquelles l'on pouoit veoir tout le païsaige d'alentour: & là trouuasmes les tables mises, & y fusmes toutes si bien traictées que rien mieulx. Et ainsi que l'on apportoit le second seruice, nous veismes sortir de ceste fosse profonde vn grand Serpent, qui iectoit feu & fumée tant des yeulx, des aureilles, que de sa gueule: lequel vint entrer en ceste tour, monstrant vn regard si furieux, que le plus hardy de la compaignie trembloit de grand' frayeur: & aussi tost le suyuirent deux grandz Lyons, qui semblablement yssirent de ceste fosse, lesquelz se vindrent ruer, & assaillir le Serpent. Lors commença vne bataille entre eulx, la plus cruelle qu'il seroit possible de veoir entre bestes brutes, & dura demye heure & plus: & tant que les deux Lyons se trouuerent si las, qu'ilz tomberent en la place comme morts, & le Serpent mesmes si hors d'alaine, qu'il demoura longuement couché sur la terre. Puis s'estant vn peu reposé, se releua, & print vn des Lyons au trauers de sa gueule, & l'emporta dedans la fosse, & tost apres retourna & feit le semblable au secõd: & de tous ces iours ne feurent plus veuz. Ceulx de l'Isle (accoustumez à ces merueilles) voyants la peur que nous auions, se rioient de nous: nous asseurants que tout le iour ne verriõs aultres nouueaultez. Parquoy commençasmes à nous gauldir de nousmesmes, reprochants l'vne à l'aultre l'espouentement, qui nous estoit suruenu: & ainsi passasmes tout l'apres disnée iusques à ce qu'il fut temps d'aller dormir, que ma dame & nous aultres femmes fusmes conduictes en vne chambre richement accoustrée, en laquelle nous nous couchasmes toutes. Mais enuiron la mynuict, entendismes ouurir noz portes si rudement, que nous nous esueillasmes par grand' frayeur: & aussi tost vismes entrer vn Cerf blanc d'vn costé comme neige, & noir de l'aultre plus qu'vn Corbeau, formé de trente corps. En chascun desquelz tenoit vne chandelle ardente, qui donnoient si grand' clarté, que l'on voyoit dedans la chambre ainsi qu'en plein iour. Ce Cerf entra, courant de grand' roideur: car il estoit suyuy par vne esmeute de chiens courants, faisant grand debuoir de luy faire rendre les abboys: & à ce faire les incitoit vne trompe d'yuoire, laquelle l'on oyoit sonner apres la beste qui à la fin fut si pressée, qu'apres auoir tournoyé longuement au tour de nostre chambre, elle se vint lancer sur noz lictz & parmy nous. Dont de grand' frayeur commençasmes à crier, & à nous leuer soubdainement nues, les vnes fuyants dessoubz les challictz, les aultres soubz les bancz: mais tant plus nous cuydions nous sauluer, & plus estions poursuyuies par ce Cerf, & des chiens qui le suyuoient, tant qu'à la fin il s'adressa vers les fenestres qui estoient ouuertes. Lors se iecta du hault à bas, & les chiens apres. Adoncq' celle de nous, qui fut la plus hardie, courut soubdainement les fermer: puis estants vn peu r'asseurées, releuasmes noz accoustrements qui estoient tombez en la place, & commençasmes à parler de la frayeur que nous auions eue. Et comme nous estions en ces termes, suruint vne damoyselle accompaignée de deux aultres femmes : laquelle nous demanda, qui nous mouuoit de nous leuer si matin. Par ma foy, respondit ma dame, nous auons eu vne telle allarme, que le cœur m'en trèble encores. Ceste damoyselle se soubzrit, & luy dit, qu'elle & nous dormissions en seureté, & que nous n'aurions plus d'encombrement pour ceste nuict. Parquoy chascune de nous s'alla mettre en son lict, & reposasmes iusques au lendemain assez tard, que ma dame nous feit leuer: & apres auoir ouy messe, ainsi qu'elle se promenoit le long d'vne grand' prairie bien enrousée de maintz plaisants ruisseaulx, trauersasmes vn boys plaisant & delectable, au bout duquel trouuasmes plusieurs vergers, & vne maison toute ronde soustenue par douze piliers de marbre: faite de tel artifice, qu'au lieu de pierre & cyment estoit cristal, par lequel ceulx de dedans pouuoient aysément veoir ceulx de dehors, & n'y auoit porte qui ne fust d'or & d'argent. Et (ce qui estoit sur tout admirable) y auoit tout autour maintes ymages de Brouze, faites à la semblance de Geants, tenants chascun d'eulx vn arc bendé en leurs mains, & vne sagette dessus: qui auoit le fer si ardent, qu'il sembloit que le feu en sortist. Et dit on, qu'aussi tost que quelqu'vn cuyde entrer dedans, il est aussi tost mis à mort par les sagettes qui leur sont tirées : dont ma dame voulut faire espreuue, en y mettant vn Cerf & deux Cinges, lesquelz à l'instant l'on veid consummer par le feu qui les embrasa, sortant de ces traictz. Et voyoit on graué sur le portail telz motz : Homme ou femme ne soit si hardy de mettre le pied en ce palays, si ce n'est celluy, ou celle qui ayme aussi loyaulment comme Grimanese & Apolidon, qui feit cest enchantement: & si fault necessairement qu'ilz y entrent eulx deux ensemble la premiere fois, aultremēt soient asseurez de finir de la plus cruelle mort qu'oncques feit créature: & durera cest enchantement & les aultres de cest Isle iusques à ce que le cheualier & la dame qui passent en loyaulté ceulx qui meisrent la defense en la chambre defendue, soient entrez dedans, & y ayent prins leur plaisir. Lors ma dame feit appeller Ysanie, & luy dit, qu'elle se cōtentoit d'auoir veu ces merueilles, mais qu'elle vouloit encores veoir l'arc des loyaulx amoureux, & la chambre tant renommée: & ce pendant qu'il luy donnast à entendre la signifiance du Cerf, du Serpent, des Chiens & des Lyons. Ma dame, respondit Ysanie, ie n'en sçay aultre chose, sinon que tous les iours aux heures & aux lieux que vous auez veu, se font les combatz de ces bestes, & ne fault iamais le Cerf à se lancer par la fenestre, & les Chiens apres, qui le poursuyuent iusques à vn Lac qui n'est pas guieres loing d'icy : ou il se perd, sans que l'on le veoye plus, iusques à ce que la chasse recommence, comme vous auez veu ceste nuict passée. Tāt y a, que si vous estiez vn an entier en ceste Isle, vous n'auriez acheué de veoir les choses merueilleuses qui y sont. Et à ceste cause, ma dame & sa compaignie monta à cheual, & vinsmes au palays d'Apolidon pour veoir l'arc des loyaulx amoureux, & la chambre defendue : & aussi

aussi tost ma dame meit pied à terre, & s'approcha de l'ymage de Brouze (cõme celle qui oncques n'auoit faulsé ses amours) & passant au dessoubz l'on ouyt sonner vn son le plus armonieux du mõde, & trauersa la Royne iusques au lieu ou estoient les figures d'Apolidon & de Grimanese, lesquelles luy semblerent quasi vifues. Et de là vint au pilier de iaspe, ou elle veid escript nouuellemẽt ces motz: Briolanie fille du Roy Tagadan Roy de Sobradise, est la troisiesme damoyselle qui oncques entra en ce lieu. Mais ainsi que ma dame regardoit de toutes parts, elle eut paour, se trouuant seule. Au moyen dequoy sans y faire long seiour, retourna vers nous qui l'attendiõs, & pour ceste heure ne voulut faire aultre espreuue, iusques au cinqiesme iour ensuyuant, qu'elle se para du plus riche accoustrement que de sa vie elle eust vestu: & laissant pendre ses cheueulx, qui estoient les plus beaulx que nature produit õcques, n'auoit sur son chef qu'vn fermeillet d'or, enrichy de maintes pierres precieuses, auecq' lequel elle auoit si bonne grace, & se monstroit si belle, que tant les siens cõme les estrangers disoiẽt haultemẽt, que sans doubte elle mettroit fin aux aduẽtures de l'Isle. Lors se recõmandant à Dieu, entra sur le pas defendu, & passant le perron de cuyure vint ioignant celluy de marbre, ou elle leut les letres qui y sont grauées, puis marcha plus auant: dõt chascun iugeoit lors qu'elle entreroit dans la chambre sans difficulté. Quand Oriane entendit que Briolanie estoit passée si auant, elle commença à rougir, & changer telement sa couleur naturelle, qu'aisément on eust peu cognoistre la grande alteration dõt son esprit estoit surprins, craignant que Briolanie fust passée oultre, mettant fin à l'aduenture de la chambre defendue. Mais la damoyselle poursuyuant son propos, dit: Entendez ma dame, qu'ainsi que la Royne s'approcha à trois pas pres de la chambre, elle fut prinse si rudement par ses blondz & dorez cheueulx, que sans en auoir pitié, on la repoulsa tant oultrageusement hors les perrons, qu'elle demoura long temps esuanouye, comme maintes aultres qui s'y estoient aduenturées: parquoy soubdainement nous l'emportasmes en son logis, ou peu apres elle reprint cœur, & delibera de s'en partir des le lendemain. Ce qu'elle feit, prenant le chemin de Sobradise: toutesfois deuant elle me cõmanda venir en ceste court, vous aduertir de ce que ie vous ay declairé. Vrayement m'amye, dit Oriane, la Royne vostre maistresse a beaucoup fait pour moy. Ma dame, dit la damoyselle, elle m'a expressement donné charge retourner incõtinent vers elle: parquoy il vous plaira me donner congé. M'amye, dit Oriane, vous verrez la Royne, puis demain vous partirez. Et bien ma dame, dit elle. Or enuiron ce temps Amadis, & ses compaignons arriuerent en l'Isle Ferme, ou ilz furent tresbiẽ receuz de tous ceulx du païs, pour l'aise qu'ilz eurent d'auoir recouuert leur nouueau seigneur, lequel ilz pensoient auoir perdu. Et apres que les cheualiers, qui auoient suyuy Amadis eurent bien visité l'Isle, & veu la fertilité & l'assiette inexpugnable d'icelle, ilz estimerent que le Roy Lisuart, ou aultre prince, ne pourroit estre assez puissant, pour oser les venir assaillir : car oultre la force de la contrée, elle estoit peuplée de maintes villes, & bourgades, & embellie de quatre chasteaulx les plus sumptueux & magnifiques, qui feussent au demourant du monde. En l'vn desquelz l'on pouoit veoir le passetemps du Cerf, chassé par les chiens: en l'aultre le combat des Lyons & du Serpent: puis au troisiesme le tour que faisoit le pauillon tournãt. Car quatre fois le iour il tournoit si fort, que ceulx qui estoient dedans pensoient qu'il s'abismast: puis au quart estoit le passetemps du Taureau eschauffé: lequel sortant par vn vieil caual passoit par dessus les gents qu'il rencontroit, & venoit donner de ses cornes contre vne porte de fer, par si grand' force, qu'il l'enfonçoit & ouuroit vne tour: de laquelle à l'instãt sortoit vn vieil Cinge, si ridé que les peaulx luy pendoient de toutes parts, lequel tenoit vn fouet & rechassoit diligemment le Taureau, iusques dans le caual, dont il estoit sorty. En tous lesquelz quatre chasteaulx, Amadis & ses compaignons eurent souuent maintz passetemps, pour les estrangetez qu'ilz y veirent. Et ainsi s'esbatoient ces cheualiers, attendants que fortune leur apprestast nouuelle occasion d'eulx armer, ce qu'elle feit tost apres: car Balays de Carsante (que Amadis auoit aultresfois deliuré des prisons d'Arcalaus) les vint trouuer, venãt de la court du Roy Lisuart: lequel apres qu'il leur eut declairé maintes nouuelles, il leur recita comme le Roy faisoit dresser son armée pour passer en l'Isle de Mongaze. Car Gromadaze auoit fait response au Comte Latin (qui auoit esté enuoyé auecq' le vieil Geant & ses enfants, prendre possession du païs) qu'elle consentiroit plustost à la mort d'elle & de tout le monde, que de rendre le Lac bruslant, & les trois forts chasteaulx qu'elle tenoit: & que l'on feist de sa fille Madasime, & des aultres damoyselles ce que l'on vouldroit. Ie vous prie, dit Agraies, comptez-nous quelle contenance a tenu le Roy, oyant telle responce. Par ma foy, respõdit Balays, il est deliberé mettre tout à feu & à sang, si on luy resiste: & vn moys apres faire trencher les testes aux hostaiges qu'il a. Certes, dit Amadis, il fera ce qu'il luy plaira: mais s'il vsoit de plus d'humanité il feroit paraduenture mieulx qu'aultrement. Quand Galuanes, duquel (comme i'ay dit) amour a saisi la liberté pour le rendre amy & seruiteur de ceste Madasime, entendit l'oultraige que l'õ luy vouloit faire, le couraige luy creut en sorte, qu'il dit de grand cholere: Mes seigneurs, il n'y a celluy de vous qui ne sçache que monseigneur Amadis & nous tous sommes partiz de la court du Roy Lisuart, specialement pour le mauluais traictement qu'il a fait à Madasime, à laquelle ie porte amytié de mary à femme: & pourtant ie vous supplie humblement m'estre aydans, car ie luy ay promis la soustenir iusques à la mort. Lors Florestan (entendant l'ayde que demandoit Galuanes) n'eust la patience de laisser respondre aultre premier que luy, & se leua, disant: Seigneur Galuanes, s'il estoit possible moyenner l'appointement d'elle enuers le Roy, ce feroit le meilleur: mais par dieu f'il nous fault iouer des cousteaulx, ie feray tousiours prest à vous secourir. Mes seigneurs, respondit Brian de Moniaste, nous sçauõs tresbien que vous estes tous deux preux & hardiz cheualiers: toutesfois ceste entreprinse, que vous deliberez, ne touche moins particulierement à vous qu'à nous tous en general: car nous sommes sortiz hors du seruice du Roy, pour vne mesme occasion: par ainsi il est raisonnable que chascun de nous secoure celluy, à qui la necessité suruiẽdra. Et quand ores ie n'auroys enuye d'ayder à don Galuanes cy present, si sommes nous obligez de fauoriser les dames en tout ce que nous pourrons, & entre aultres Madasime & les siennes: vous asseurãt que par ma faulte, ilz n'auront mal ne desplaisir. Par ma foy, dit Quedragant, vous parlez vertueusemẽt, & selon Dieu & raison: car faisant aultrement nous ne serions dignes du rang que nous tenons: & quand bien ie serois seul, si chercherois-ie ayde pour executer ce, que vous auez deliberé: attẽdu que la pauure Madasime (delaissée de toute personne) s'est mise frãchement es prisons du Roy, non de la volunté d'elle, mais de l'obeissance grande qu'elle a voulu porter à sa mere. Par ainsi, si le Roy pretẽd quelque droict aux terres de l'Isle de Mongaze, ie diz que c'est à tort. Seigneur, respondit Amadis, les choses qui sont debatues par meure deliberation viẽnent voluntiers à bonne fin: & ne fais doubte, qu'entreprenãt ce que vous deliberez, vous n'en sortiez à vostre honneur, & fust la chose encores plus hazardeuse & difficile qu'elle n'est: toutesfoys (s'il vous plaist) ie vous declaireray ce que i'en sents. Vous concluez tous à ce que ie voy, de mettre en liberté douze damoyselles à present prisonnieres es prisons du Roy Lisuart, ie suis d'aduis que douze de vous aultres (sans plus) soyez de ceste entreprinse: ainsi chascun aura sa chascune, & seront les douze damoyselles particulierement obligées à douze Cheualiers, & le reste de ceste compaignie se tiendra, pour suruenir aux inconueniens qui se pourroient offrir. Il me semble que Galuanes, à qui touche le principal de ceste affaire, merite bien estre le premier nommé, puis Agraies son nepueu, Florestan, mon frere Palomir, Dragonis, Brian, Nicoram, Orlandin, Gauarte, Ymosil frere du Duc de Bourgõgne, Mandansil, & Laderin. Vous douze estes si gentilz cõpaignons que vous respondrez à douze aultres quelz qu'ilz soyent, & ne pourra le Roy Lisuart differer le combat, encores que ce fust contre les plus apparents de son royaulme, veu les maisons dõt vous estes. Ce cõseil fut tant authorisé de tous, que la minuict ensuyuant les douze Cheualiers monterent à cheual, prenants le chemin de la ville de Thassilane, en laquelle le Roy seiournoit.

Comme

Comme Oriane se trouua en grande perplexité, non seulement à cause du departement d'Amadis, mais pource qu'elle se sentit grosse d'enfant. Et de ce qu'il aduint aux douze Cheualiers, qui estoient partiz de l'Isle Ferme, pour tirer hors de captiuité Madasime & ses damoyselles : lesquelles le Roy Lisuart vouloit faire mourir à grand tort.

Chapitre XXII.

CY deuant vous auez peu entendre, comme Amadis demoura huict iours dans Mirefleur auecq' Oriane, contentants leurs affections & desirs, sans espargner ne reseruer chose qui fust en leur pouuoir: en sorte que deux moys apres, ou enuiron, la princesse se doubta d'estre grosse, toutesfoys pour l'inexperience qu'elle auoit en telle chose, elle n'en feit semblant, iusques apres le partement d'Amadis, que la visue couleur de son visaige commença à diminuer & flestrir, perdant du tout l'appetit. Lors ceste doubte fut conuertie en certitude : parquoy elle delibera se declairer à Mabile, & à la damoyselle de Dannemarc, comme à celles qu'elle estimoit vrayes thesorieres de son secret. A ceste cause estant vn iour retirée en son cabinet, ayant la larme en l'œil & au cœur l'amertume, leur dit : Las mes amyes, ie voy bien maintenant que fortune me veult de tout poinct ruyner ! vous auez veu l'inconuenient puis n'a guieres suruenu à la personne du monde que i'ayme le mieulx, & à present (qui est le pis) la chose que plus i'ay craincte & doubtée m'est escheue : car certainement ie suis ie suys grosse, & ne sçay comme ie pourray faire que ie ne soys descouuerte & perdue. Bien esbahyes furent lors les deux damoyselles: toutesfoys (comme saiges & bien aduisées) elles dissimulerent ce qu'elles en pensoient. Et respondit Mabile à Oriane: Ne vous chaille ma dame, Dieu y pouruoyera s'il luy plaist: mais par ma foy, dit elle en riant, ie me doubtoys tousiours bien, qu'à tel sainct viendroit telle offrande. Oriane se print à soubzrire de la grace que Mabile eut à dire ceste ioyeuse parole, & luy respondit: Pour l'honneur de Dieu aduisez vous aultres, à me donner remede, puis vous verrez si ie vous sçauray rendre vostre change. Quant à moy, il me semble pour le meilleur, que nous debuons trouuer moyen de nous retirer à Mirefleur, ou ailleurs, hors de la court, attendant l'heure qu'il plaira à nostre Seigneur me regarder en pitié: car ie sents bien mon ventre enfler, & le visaige m'ameigrir. Ma dame, dit la damoyselle de Dannemarc, quand l'on preuoit de loing, on remedie plus aisément aux inconuenients. Ie vous diray, respondit la princesse, dequoy ie me suys aduisée: Il fault necessairement que vous (damoyselle) hazardiez vostre vie, pour la conseruation de mon honneur. Vous cognoissez que ie me fie plus en vous, qu'en aultre personne qui viue. Ma dame, dit elle, vous sçauez (& me debuez tant cognoistre) que ie n'ay vie ny honneur tant en recommandation, que ie ne voulsisse postposer pour vous faire seruice. Ie le croy, respondit Oriane, & aussi vous pouez tenir asseurée, que si Dieu me preste vie & santé, que ie le recognoistray grandement: pourtant partez demain matin & vous en allez à Mirefleur, trouuez moyen de parler à l'abbesse, & luy declairez que vous estes grosse: la priãt affectueusement d'auoir vostre secret cher comme le sien propre, & qu'elle vous fasse ce bien, de trouuer quelque femme pour nourrir le fruict que Dieu vous enuoyera: lequel vous ferez porter à l'entrée de la porte de son eglise, comme chose trouuée d'aduanture. Ie suys seure qu'elle vous ayme autant que femme qui viue, & que voluntiers elle vous fera ce bon tour: par ainsi mon honneur sera gardé, & le vostre peu endommaigé. Reposez-vous en sur moy, respondit la damoyselle, ie cõtreferay bien ce personnaige, & ne laissez de faire bonne chere: ce pendant pourchassez vostre congé pour me suyure. Telz furent les propos des trois damoyselles, lesquelles nous laisserons à present pour retourner au Roy Lisuart. Qui, apres que le comte Latin fut arriué vers luy, & qu'il luy eut declairé que Gromadaze la vieille Geante n'estoit deliberée de rendre le chasteau du Lac ardent, ne les trois aultres fortes places dont nous auons parlé: manda venir à luy (par le conseil de Brocadan & Gandandel) Madasime, à laquelle il dit: Damoyselle, vous sçauez comme vous & voz femmes estes entrées en mes prisons, soubz condition que si vostre mere ne me rendoit l'Isle de Mongaze auecq' le Lac ardent, & les places qui en dependent, voz testes m'en respondroient. Et pource que i'ay n'a guieres esté aduerty par ceulx que i'y auoys enuoyé, du refus qu'elle en fait, ie veulx par l'exemple de vous monſtrer à chaſcun, de quelle importance eſt ne tenir à vn Roy ce que l'on luy promet: car vous en mourrez toutes. Quand la pauure dame entendit ceſt arreſt tant rigoureux, la vermeille couleur de ſon viſaige ſe changea auſſi toſt en palliſſeure & iaulniſſe, & ſe iectant aux piedz du Roy luy reſpõdit: Sire, la mort que vous me ſignifiez trouble tant mon eſprit, que ie n'ay moyen ny faculté de vous ſçauoir ou pouoir reſpondre. Mais ſ'il y a aulcun en ceſte cõpaignie qui ait pitié de douze pauures damoyſelles, ie luy ſupplie treshumblement prendre la querelle pour nous: car ſi ie ſuys entrée en voz priſons, ç'a eſté par le commandement de ma mere, & elles pour m'obeyr. Et combien que par raiſon tout gentilhomme portant armes ſoit obligé à ſouſtenir le droict des femmes affligées, ſi (de malheur) nous ne trouuons aulcuns qui ayent compaſſion de nous: il vous plaira, Sire (ſans auoir regard à la rigueur de voſtre iuſtice) vſer de voſtre miſericorde, & nous ouyr en noz iuſtifications, ainſi que la raiſon le veult. Quand Gandandel entendit parler Madaſime ſi aduantaigeuſement, il print ſoubdain la parole, diſant au Roy: Sire, il ne fault point tant ouyr conteſter ces femmes, ſi vous ne les faites mourir, chaſcun vouldra faire comme elles, ſans iamais tenir choſe que l'on vous promette. Elles ſont entrées en hoſtaiges, non ignorantes la condition: pourquoy doncques leur fera on tort, ne rendant ce qu'ilz ont promis, de leur coupper les teſtes? Seigneur Gandandel, reſpondit le bon cheualier Grumedan, ſ'il plaiſt au Roy il ne fera pas ce que vous luy conſeillez: car la miſericorde eſt trop plus louable à vn Roy, que la cruaulté, dont il peult vſer quand il luy plaiſt. Vous ſçauez que ces femmes, plus par obeyſſance & commandement de mere à enfant, que de leur propre volunté, ont eſté contraintes d'eulx rendre priſonnieres, comme elles ſont: & tout ainſi que noſtre Seigneur ayme ceulx qui ſont obeyſſants & humbles, auſſi le Roy, qui eſt miniſtre de luy, ne les doibt meſpriſer. D'aduantaige i'ay eſté aduerty pour certain, qu'aulcuns cheualiers ſont deſia partiz de l'Iſle Ferme, pour venir ſouſtenir & remonſtrer le droict qu'elles ont: par ainſi ſeigneur Gandandel, ſi vous, ou voz enfants oſez maintenir le conſeil que vous donnez au Roy pour bon, vous en trouuerez (peult eſtre) mal. Gandandel oyant parler ſi vertueuſement Grumedan, euſt bien voulu retenir la parole qu'il auoit legierement proferée: mais il n'y auoit plus d'ordre, parquoy pour ſauluer ſon honneur, il reſpõdit: Don Grumedan, vous me pourchaſſez deſplaiſir ſans que ie l'aye merité enuers vous. Quand eſt de mes filz, il n'y a celluy en ceſte cõpaignie qui ne les cognoiſſe pour preux & hardiz cheualiers, & qui ſouſtiẽdront deuant tous & contre tous, que ce que i'ay dit au Roy, eſt ſelon Dieu & raiſon. Nous le verrons en brief, dit Grumedan: tant y a que ſur mon ame ie ne vous veulx aulcun mal, ſinon d'autant qu'il me ſemble que vous conſeillez au Roy

contre

contre ſon honneur. Or ſçauoit le Roy certainement qu'à tort & ſans cauſe il auoit chaſſé Amadis, neãtmoins l'ancienne vertu de luy ne peut vaincre ceſte nouuelle paſſion, toutesfois oyant parler Grumedan ſi ſaigement il l'eſcouta voluntiers, puis luy demanda, qui eſtoient les Cheualiers, qui venoient pour Madaſime. Grumedan les luy nomma tous l'vn apres l'aultre. Vrayement, dit le Roy, pour vne petite trouppe il y a de gens de bien, & de gentilz Cheualiers. Bien veid alors Gandandel, que ſes affaires alloient de mal en pis: cognoiſſant ſes deux filz n'eſtre telz qu'ilz ſe peuſſent eſgaller ne meſurer à don Floreſtan, Agraies, Brian, n'a Gauarte du val craintif. Parquoy auſſi toſt que le Roy eut fait retourner les damoyſelles en priſon, il vint trouuer Broquadan, auquel il recita entierement tout ce que Grumedan auoit dit au Roy en ſa preſence, dont il ne fut moins eſpouenté que luy, & ſe retirerent eulx deux en vne chambre pour aduiſer à ce qu'ilz auoient à faire. Et ainſi qu'ilz eſtoient en ce conſeil, & que Broquadan reprenoit Gandandel, mauldiſſant l'heure que oncques il ſ'eſtoit aduiſé de mettre Amadis en ces termes: vn ieune Cheualier nomme Sarquiles, couſin d'Angriote d'Eſtrauaus, amoureux d'vne des niepces de Broquadã, eſtoit par fortune caché derriere la tapiſſerie de la chambre, attendant quelque aſſignation que luy auoit donné ſ'amye, lequel ouyt tous les propos & conſeil qu'ilz tindrent, dont il fut esbahy à merueille. Et à ceſte cauſe incontinent que les trahiſtres ſe furent retirez, ſortit du lieu, ou il auoit quaſi eſté tout le iour caché, & le lendemain matin ſ'arma de toutes pieces, & comme ſ'il fuſt venu de bien loing, entra au palais ou eſtoit le Roy, auquel il vint dire: Sire, ie ne ſuis voſtre ſubiect ny homme lige: mais en recognoiſſance de la nourriture que i'ay prinſe en voſtre court, ie me ſuis obligé à garder l'honneur de voſtre maieſte. Parquoy, Sire, ie vous aduiſe que depuis troys iours en çà, ie me ſuis trouué en lieu, ou i'ay entendu Broquadan & Gandandel, non ſeulement conſpirer (mais deſia ont commis contre Dieu & vous) la plus grande trahiſon que l'on ſçauroit penſer. Il eſt ſeur qu'ilz deliberent vous conſeiller & perſuader à faire mourir Madaſime, & ſes damoyſelles: & quant au reſte, Sire, i'eſpere auant qu'il ſoit dix iours paſſez que leur meſchanceté vous ſera du tout aduerée. Et pource qu'en authoriſant telz paillardz, vous auez chaſſé n'a guieres mon ſeigneur Amadis, & pluſieurs aultres bons Cheualiers de voſtre compaignie, ie ne ſuis plus deliberé de m'en tenir, & prens congé de vous pour m'en aller trouuer mon oncle Angriote, lequel (ſi dieu plaiſt) vous reuerrez en brief par de çà, & moy auecq' luy, deliberez d'aduerer par force d'armes à ces deux trahiſtres, leur inique conſpiration. Dieu vous conduiſe, reſpondit le Roy, puis que vous auez ſi grand haſte. Lors ſe leua Sarquile laiſſant le Roy ſeul, fort penſif des propos qu'il luy auoit tenuz: & quelques iours apres il arriua en l'Iſle Ferme, ainſi que Amadis, Angriote, Bruneo, & aultres ſe promenoient ſur la riue de la mer, faisant equipper nauires pour passer en Gaule: ou le Roy Perion auoit mandé Amadis se retirer, pour quelques affaires qui luy e-stoient suruenues. Quand Angriote d'Estrauaulx aduisa son nepueu Sarquile, il s'en esmerueilla, s'enquerant à luy comme il auoit laissé le Roy Lisuart. Mon seigneur, respondit Sarquile, c'est pour vn cas dont vous, & ceulx de la compaignie serez bien esbahys. Lors luy recita par le menu les propos que Broquadan & Gandandel auoient tenuz sur l'accusation d'Amadis, & de ses compaignons. Ah a, respondit Angriote, par dieu ie l'ay tousiours ainsi presumé! Et vous mon seigneur, dit il à Amadis, trouuez-vous à present ce que ie vous en ay dit veritable? mais puis qu'ainsi est, ie faitz vœu à dieu qu'ilz s'en repentiront! car ie partiray demain pour les aller combatre, & faire cognoistre leur meschanceté. Mon grand amy, respondit Amadis, les choses qui sont hors de doubte, doibuent estre executées, comme vous les entreprenez: & si plustost vous eussiez fait ce, que vous deliberez, c'eust esté (peult estre) auecq' moins d'asseurance que vous n'auez. Et apres plusieurs aultres propos s'en allerent en leurs logis, iusques au l'endemain que Angriote print congé d'Amadis, & accompaigné de son nepueu Sarquile, tira droict en la grand' Bretaigne, ou peu apres il arriua. Or entendez que depuis le partement d'Amadis, le Roy Lisuart estoit si melancolique que rien plus, & ne faisoit tout le iour que resuer: au moyen dequoy vne foys entre aultres Broquadan & Gandandel le voyant pensif, luy vindrent dire: Sire, il nous semble que pour auoir voz affaires en trop de recommandation, vous laissez vostre bonne façon de viure, & prenez les matieres trop à cœur. Il peult bien estre, respondit le Roy, mais qui vous meult de me tenir telz propos? Sire, dirent ilz, est ce pour doubte de ceulx qui viennent de l'Isle Ferme pour la defense de Madasime & ses damoyselles? Par dieu s'il vous plaist croire nostre conseil, vous & vostre estat sera d'icy en auant, en plus grande seureté qu'il ne fut oncques. Et pour ce faire commandez ce iourd'huy trencher les testes aux hostaiges que vous auez: puis mandez à Galuanes & à ceulx de sa compaignie (voz ennemys) que sur leurs vies ilz n'ayent à entrer en voz païs ou que si de fortune ilz y sont, qu'aussi tost ilz en partent, aultrement vous les ferez tailler en pieces. Quand le Roy les entendit parler si malheureusement, il luy souuint de ce que luy auoit dit Sarquile, prenant congé de luy, & cogneut aussi tost que indubitablement les deux trahistres pourchassoient à tort la mort des damoyselles: neantmoins ne les voulant pour l'heure espouenter, leur respondit seulement: Vous me conseillez deux choses assez impertinentes: l'vne, que sans forme de proces ie fasse mourir Madasime, & ses damoyselles: & l'aultre, que ie interdie ma court aux cheualiers qui y veulent venir. Mais si ie faisoys ce que vous dites, certes i'en pourroys estre griefuement reprins deuant Dieu, lequel par sa grand' bonté & misericorde m'a institué Roy, pour faire & rendre

rendre iustice à chascun: pourtant le conseil que vous me donnez est malheureux & indigne d'estre receu. Suffise vous que desia ie vous ay presté l'aureille à l'accusation que vous auez faite d'Amadis, dont ie me repentz tresfort: car oncques ie ne receu de luy, ne des siens que tout plaisir & seruice: pourtant ie vous defendz que de voz vies vous n'ayez à m'en parler. Ce disant, se leua monstrant visaige d'estre trop marry, dõt Gandandel & Broquadan se trouuerent bien esbahys, & furent cõtraintz eulx retirer en leur logis, pour aduiser ce qu'ilz auoient à faire, voyants que desia la fortune les desfauorisoit merueilleusement: & ne se mõstrerent de tout le iour iusques au l'endemain matin, qu'ilz furẽt accompaigner le Roy qui alloit aux chãps. Lequel estant à demye lieue de la ville, aduisa venir vers luy les cheualiers qui estoient partiz de l'Isle Ferme, pour la deliurance de Madasime, & de ses damoyselles, qui tous luy feirẽt la reuerãce. Adõcq' Galuanes qui marchoit deuant print la parole pour ses compaignons, disant au Roy: Sire, nous (tous asseurez de vostre accoustumée vertu) sommes venuz vous demander iustice, pour Madasime & ses damoyselles, & pour defendre leur droict, si par force d'armes il est defensable. Mes amys, respondit il, puis que vous auez desia icy fait tendre voz tentes, s'il vous semble bon vous vous y tiendrez pour meshuy, & demain vous viendrez vers moy pour aduiser à ce qui sera raisonnable de faire. Sire, dit Brian de Moniaste, nous tous sçauons bien que suyuant vostre royalle façon de faire, la iustice nous sera ouuerte: & si aultremẽt se fait, ce ne sera sinõ par le conseil d'aulcuns trahystres meschãts, qui sont autour de vostre personne. Brian, Brian respondit le Roy, ie m'asseure bien que si vous eussiez creu vostre pere, vous ne fussiez party de mon seruice comme vous estes, ny ne cõtestissiez ainsi que vous faites. Sire, dit Brian, la contestation que ie vous faitz, n'est que pour l'enuye que i'ay de vous faire seruice: car ie sçay bien qu'auecq' le temps vous cognoistrez que ie diz vray. Et quant à ce que vous me dites, que si i'eusse creu mon pere, ie ne vous eusse laissé: sauf la reuerance de vostre maiesté, ie ne vous laissay oncques: car de ma vie ie ne feuz vostre, ains vins seulement en vostre maison chercher mõ cousin Amadis, lequel aussi tost qu'il se donna à vous, aussi tost i'euz desir de vous seruir, & oncques ne vous feiz faulte. Or bien, respondit le Roy, nous en deuiserons vne aultrefois plus amplement. Ce disant leur donna le bon soir: car il estoit desia tard. Or auez vous entendu comme le Roy auoit debouté l'apresdisnée Gandãdel, & Broquadan: lesquelz bien ennuyez consulterent lõguement comme ilz pourroient à leur honneur acheuer leur maligne entreprinse. Car le l'endemain matin les douze cheualiers de l'Isle Ferme se trouuerent à la messe du Roy, apres laquelle il feit appeller Broquadan & Gandãdel, ausquelz il dit: Vous m'auez de long temps conseillé que ie feisse mourir Madasime & ses damoyselles, & qu'en ce regard ie ne debuois ouyr iustification quelconque: pourtant il vous fault maintenant respondre à ce que

 ces douces douze cheualiers veulent maintenir. Lors Ymosil de Bourgongne se meit deuant, disant au Roy: Sire, moy & mes compaignõs sommes venuz en vostre court, vous supplier treshumblement faire iustice & misericorde à Madasime, & à ses damoyselles. Adoncq' Gandandel print la parole, & respondit: Vous dites seigneur Ymosil, que l'on fasse iustice à Madasime, & à ce que i'entẽdz, vous douze voulez maintenir qu'elle doibt estre ouye en ses iustifications: mais sur la foy que ie doibs au Roy, s'il le fait il fera mal, attendu la cõdition soubz laquelle elles sont entrées en sa prison. Par dieu Gandandel, dit Ymosil, quand vous vous fussiez teu, vous eussiez fait vostre debuoir: car le Roy ne vous auoit encores cõmãdé de parler: & aussi que vous sçauez que par la coustume de la grand' Bretaigne, nulle femme doit estre executée par mort, si n'est en deux cas: l'vn pour lese maiesté, & l'aultre pour trahyson. Or n'y a il celluy en ceste compaignie, qui ignore cõme ces pauures femmes se sont mises au pouoir du Roy, plus par obeyssance que de leur bon gré: pourtant Sire, & vous mes seigneurs tous nous vous supplions humblement, y auoir esgard: car raison & pitié vous y conuiennent grandement. Vous auez tort, respõdit Gandãdel, de faire instance de chose si desraisonnable, & puis qu'il a pleu au Roy nous ouyr tous deux, il en ordõnera comme il luy plaira. Lors le Roy feit chascun retirer, & appella aulcũs des pĩcipaulx de son royaulme, & entre aultres son oncle le cõte Agamõt ancien & tresuertueux prince, auquel il dit: Mõ oncle, ie vous prie, & à vous tous aussi, me cõseiller sur ce differẽt. Mais il n'y eut celluy qui voulust opiner deuant le Roy. Puis qu'ainsi est, dit il, vous sçaurez presentemẽt mon aduis: Il me semble selõ Dieu & raison, que Ymosil de Bourgõgne a sagemẽt parlé, & que les damoyselles doibuẽt estre ouyes en leurs iustifications. Certainemẽt, Sire, dit le vieil comte, vous parlez en vertueux Roy, & n'est possible de plus iustemẽt iuger, ce que chascun approuua. Parquoy il commanda faire venir Gãdandel & Broquadan, & en la presence des cheualiers de l'Isle Ferme profera ceste sentence, dont ilz le remercierent humblement: le suppliant faire sortir de prison Madasime & ses femmes. Car nous esperõs, dirent ilz, les iustifier par raisons, ou par armes. C'est bien dit, respondit le Roy. Lequel manda venir les damoyselles, puis il leur dit: Or ça mes dames, voicy ces gentilzhommes qui veulent defendre vostre droit: voulez-vous vous soubzmettre à ce qu'ilz en feront? Helas, Sire, respondit Madasime, puis qu'il leur plaist nous faire tant de bien, nous mettrõs noz vies en leurs mains, soubz vostre bõne misericorde. Par dieu ma dame, dit Ymosil, s'il y a aulcun qui vueille contredire, que vous ne soyez deliurées & mises en liberté, me voicy prest pour luy faire cognoistre du cõtraire: & s'il s'en treuue iusques à douze de semblable opinion, nous sommes douze qui hazarderons noz vies pour les vostres. A l'heure le Roy iecta l'œil sur Gandandel & Broquadan, & veid qu'ilz auoient la veue baissée, regardant contre terre, tant esbahiz qu'ilz

ne pone pouoient respondre: parquoy il dit aux cheualiers de l'Isle: Mes seigneurs, ie vous prie vous retirer pour meshuy, & demain vous aurez respõse de ceulx à qui vous auez affaire. Au moyen dequoy chascun se retira, & aussi tost le Roy appella à part Broquadã & Gandãdel, ausquelz il dit: Venez ça, vous sçauez que maĩtesfois m'auez solicité de faire mourir ces pauures damoyselles, me persuadant qu'il estoit iuste & raisonnable d'ainsi le faire, & qu'au besoing vous & voz enfants soustiẽdriez cest aduis iusques à la mort. Vous auez entẽdu ce, que m'a dit Ymosil & ses cõpaignons, que ie trouue bon & equitable: parquoy il est temps que vous aduisiez à ce que vous auez à faire. Car par la foy que ie doibs à dieu, ie ne dõneray à aultres de mes cheualiers congé de les combatre, & si n'y pouruoyez vous serez amẽdables, & les damoyselles deliurées. Sire, respõdirẽt ilz, demain nous serons pour maintenir ce, que nous auõs dit. Et des l'heure s'en allerent en leurs logis, bien empeschez de ce qu'ilz debuoient faire. Toutesfois voyãs qu'ilz n'y pouoient donner ordre, delibererent de perseuerer à leur damnée opinion, par contestation de paroles seulemẽt, sans mettre eulx ne leurs enfants en peril: sçachant certainemẽt qu'ilz ne pourroient resister à nul de ceulx, qui estoient venuz de l'Isle Ferme. Mais il leur aduint tant bien, que la nuict mesmes, nouuelles vindrent au Roy, que Gromadaze la vieille Geante estoit morte: & qu'elle auoit au parauant rendu ses places fortes aux gents du Roy, le suppliant auoir pitié de sa fille Madasime. Au moyen dequoy le lendemain au retour de la messe, il feit appeller les douze cheualiers de l'Isle Ferme, & leur dit: Mes amys, vous pouez amener les damoyselles que vous demandez quand il vous plaira, car ie les metz en leur liberté, pource que ceste nuict le Comte Latin m'a escript, qu'il a l'Isle de Mongaze en ses mains, & que la vieille Geante est decedée. Si nul en fut aise, croyez que les deux trahistres Broquadan & Gandandel n'en estoient marriz, d'autant qu'ilz veoient leur trahyson descouuerte sans ces nouuelles. Lors Ymosil respondit au Roy: Sire, si vous faites droit à Madasime elle ne demourera pauure ne desheritée, attẽdu que vous sçauez que les enfants sont obligez à obeyr à leurs pere & mere cõme elle a fait, plus toutesfois par crainte que de bonne volunté. Ainsi Sire (s'il vous plaist) vsant de vostre accoustumée liberalité, vous luy ferez grace, qui sera exemple par vous à tous aultres princes magnanimes. Ymosil, dit le Roy, suffise vous que vous auez les damoyselles en liberté: car ie ne puis reuocquer le don que i'ay fait à ma fille Leonor, de la terre que demandez. Ah a, Sire, respondit Galuanes, ie vous supplie treshumblement auoir pitié d'elle & de moy, qui tiens à present le lieu de ses ancestres, desquelz de droict elle est heritiere, specialement de la terre que vous luy ostez: & s'il vous plaist, en souuenance des seruices que ie vous ay faitz, la nous remettrez, pour la tenir de vous en foy & hommaige. C'est assez dit, Seigneur Galuanes, dit le Roy, ce qui est fait est fait. Par dieu, respondit il, puis que ie ne puis a-

 uoir raiuoir raison ne iustice de vous , i'essayeray me pourueoir par aultre voye. Faites, dit le Roy, ce que vous pourrez, i'espere bien puis que ie l'ay cõquise sur plus braues que vous n'estes, de la defendre contre ceulx qui sont moindres qu'eulx. Sire, respõdit Galuanes, celluy qui la vous a faite auoir en a esté tresmal recompensé. Ne vous chaille, dit le Roy, si celluy duquel vous parlez entreprend de vous ayder, i'entreprẽdray bien de luy faire rõpre la teste. Agraies oyant telles menasses, fut merueilleusement marry, & respondit de grand cholere : Sire, encores que mon seigneur Amadis n'ayt iamais esté aultre que cheualier errant, si vous a il fait vn bien que vous ne luy rẽdistes oncques: car il vous a maintesfois defendu & deliuré de mort. Florestan veid bien que Agraies entroit plus auãt en propos qu'il n'estoit besoing, parquoy il le retira & print la parole, disant au Roy: Sire, encores que vous soyez Roy & grand seigneur, si auriez vous peult estre bien à faire à traicter ainsi mon seigneur Amadis, cõme vous le menassez. Par dieu, Sire, dit Brian, Amadis vous a fait trop de seruices pour estre si mal recogneuz, mesmes qu'il est filz de prĩce non moĩdre que vous. Hola, hola don Brian, dit le Roy, nous entendõs tous assez que vous estes de ses amys. Ie le puis, & doibs estre, dit Brian, car chascun sçait que ie suis son cousin germain, & qu'il me sieroit mal de ne le secourir au besoĩg. Vrayemẽt, respõdit le Roy, pour ceste cause serez vous excusé. Et cõme ilz estoiẽt en ces termes, Angriote d'Estrauaus & Sarquile son nepueu suruindrẽt, lesquelz armez de toutes pieces feirẽt la reuerãce au Roy : mais quand les Cheualiers de l'Isle Ferme les veirẽt, ilz furẽt esbahiz : car ilz ne sçauoiẽt rien de ceste entreprinse. Lors Angriote cõmença à haultement proferer telles paroles. Sire, mon nepueu & moy cy presents, vous suppliõs faire cõparoistre presentemẽt deux paillardz qui sont en vostre court, Broquadã & Gandãdel, ausquelz ie declaireray la trahyson de laquelle ilz ont vsé ẽuers vous. Trop furẽt espouẽtez Broquadã & son cõpaignon, oyãts aĩsi parler Angriote, lequel cõtinuant son propos, dit: Sire, les meschãts dõt ie vous parle, sans auoir esgard ne crainte de dieu ou des hõmes, ont faulsemẽt accusé mõsieur Amadis, & aultres, d'vne chose à laquelle ilz ne penserent de leurs vies. Au moyen dequoy i'ose biẽ dire, que vous auez eslõgné de vous les meilleurs cheualiers qui õcques ẽtrerẽt en la grãd Bretaigne: pourtãt si ces trahystres osent maĩtenir qu'ilz ne soyẽt telz que ie les nõme, moy seul, par layde de dieu & le trẽchãt de mon espée, le leur feray cognoistre. Et si l'aage les doit excuser, il n'y a celluy d'eulx, qui n'ait enfants portans de long tẽps armes, & assez estimez entre les Cheualiers de vostre court, contre lesquelz ie me combatray, s'ilz veulẽt tenir la place de leurs meschãts peres. Sire, respondit Gandandel, ne voyez-vous l'audace de ce braue iniurieux, lequel n'est venu en ce païs que pour faire hõte aux gentilz hõmes de vostre court? Par ma foy, Sire, si vous m'eussiez de long tẽps creu, aussi tost qu'il est rẽtré en vostre Royaulme, aussi tost eust il esté pendu au premier arbre : mais puis

que vous

que vous l'édurez,il ne vous fauldra cyapres esbahyr ſi Amadis en perſonne vient iuſques icy iniurier vouſmeſmes. Tāt y a,que par le dieu viuant ſi i'eſtois auſſi ieune que quād ie cōmeçay à entrer au ſeruice du feu Roy voſtre frere,auquel i'ay fait maintz grādz ſeruices:ie m'aſſeure bien que Angriote n'oſeroit auoir ſongé à me dire la moindre des iniures qu'il a proferées deuāt voſtre maieſté. Mais le gallād cognoiſt bien que ie ſuis vieil, & caſſé,tāt par le grād nōbre de mes ans vieilz,qu'à cauſe d'īfinies plaies que i'ay receues quaſi ſur toutes les parties de mō corps es guerres de voz predeceſſeurs, teſmoīgs en ſont encores ces reliques.Ce diſant deſcouurit ſon eſtomach auquel eſtoiēt maintes cicatrices apparētes. Paillard, dit Angriote,tu te cuides ſauluer par le plat de la lāgue : mais par dieu ſi le Roy nous fait a tous deux iuſtice,il cognoiſtra à veue d'œil ta grande trahyſon. Lors ſ'aduāça Sarquile,& ſe mettāt à genoulx,dit au Roy: Sire,ie vous dis il y a ia lōg tēps,qu'auſſi toſt que mon ſeigneur Angriote cy preſent viēdroit en voſtre court, ie vous feroys entēdre ce que de mes deux aureilles i'ay ouy proferer par la bouche de deux trahiſtres. Puis recita de mot à mot le conſeil qu'ilz auoiēt tenu:mais croyez que chaſcū ſe trouua tout esbahy d'ouyr racōpter telles cōſpiratiōs.Et pourtāt, Sire, dit Sarquile, que de ce ilz ne ſ'en pourroiēt excuſer, Mōſieur Angriote & moy cōbatrōs leurs trois enfants,ſ'ilz oſent ſouſtenir le contraire.Or eſtoiēt là preſens ceulx de qui ilz parloient,leſquelz voyans l'iniure qu'on faiſoit à leurs vieilz peres,& que chaſcun dōnoit foy au dict de Sarquile,de grād' cholere fendirēt la preſſe: & ſe mettāts à genoulx deuāt le Roy,dirent aſſez hault: Sire, Angriote & Sarquile ont meſchāment & malheureuſemēt mēty des paroles qu'ilz ont dites & proferées deuant voſtre maieſté,& toutesfois & quantes qu'ilz les dirōt ilz mētiront:& pourtāt il vous plaira preſentement nous octroyer le cōbat ainſi qu'ilz l'ont demādé. Vrayemēt reſpondit le Roy,il eſt meshuy bien tard: mais ie ſuis contēt que demain apres la meſſe vous faſſiez ce,qui eſt en vous tant d'vne part que d'aultre. Alors Damas,l'vn des filz de Broquadā & de la ſœur de Gandādel,hōme preux & adroict aux armes(mais vilain de toutes conditiōs)ſ'aduāça, diſant au Roy: Sire, Sarquile a faulſement & laſchemēt menty de tout ce qu'il a dit, & ſeray de la cōpaignie de ceulx qui le luy maintiēdront. Par dieu, reſpōdit Angriote, quād le quart y ſeroit,il ſeroit auſſi empeſché que i'eſpere vous rēdre. Or biē, dit le Roy, retirez vous tous pour meshuy,& demain penſez de voz affaires. Puis appella Grumedā & Giōtes ſon nepueu,& apres auoir deuiſé quelque peu auec eulx cōmāda faire venir Gādādel & Broquadā, auſquelz il dit: Venez çà,vous m'auez tāt de fois recité qu'Amadis & les ſiēs,auoient deliberé de me trahir, & vſurper ſur moy les païs de la grand' Bretaigne,& toutesfois quād c'eſt venu à ioindre vous vous eſtes excuſez du cōbat, mettāts en ieu voz enfants,qui n'ē peuuēt mes:toutesfois dieu eſt iuſte,& par tout tāt que ie luy doibs, c'eſt mal parlé à vous, & ne vous euſſe iamais eſtimé telz que

vous

vous estes. Sire, respõdit Gandandel, noz enfants voyants que nostre iustification se retardoit, s'aduãcerent pour soustenir l'honneur de leurs peres. Ilz auoient raison, dit Grumedan : car difficilemẽt en eussiez vous peu recouurer d'aultres, & ne doubtez que vous estes en reputation de gens qui vallez peu : car les dyables n'eussent sceu inuenter la meschãceté que vous auez mise en auãt, tellement que si le Roy faisoit pẽdre mille de voz semblables, il ne se deuroit tenir satisfait de l'infidelité que vous luy auez pourchassée: mais voz enfants en porterõt la peine pour vous. Seigneur Grumedan, dirent ilz, encores que vous le voulez ainsi, si n'aduiẽdra il pas, si dieu plaist : car noz enfants nous deliurãs de hõte, sortirõt à leur hõneur. Vous le verrez, dit Grumedan. Et pource que ce propos se continuoit plus que le Roy ne vouloit, il les renuoya chascun en son logis. Et la nuict ensuyuãt, ceulx qui le lendemain deuoiẽt cõbatre, feirẽt regarder s'il falloit riẽ à leur harnoys, mesmes Angriote & son nepueu, lesquelz se retirerẽt en vne chappelle, & iusques au poĩct du iour ne cesserẽt de prier dieu. Et pource que le Roy auoit eu paroles fascheuses auecq' les douze Cheualiers de l'Isle, ilz allerẽt loger en leurs tẽtes auec Madasime & ses damoyselles. Puis venãt le poĩct du iour ilz mõterẽt tous à cheual, & vindrẽt acõpaigner leurs deux cõpaignons, Angriote & Sarquile, au lieu ou deuoit estre fait le cõbat. Ia y estoiẽt arriuez le Roy, les Prĩces & seigneurs, auecq' la Royne, & les aultres dames. Ainsi entrerẽt les combatans, Angriote & Sarquile d'vn costé, Tarin, Corian, & Adamas d'aultre. Lors sonnerent les trompettes, parquoy chascun d'eulx baissa la veue de son armet, & mettans les lances aux arrestz, dõnerent des esperons à leurs cheuaulx, courants si impetueusement l'vn contre l'aultre, que Corian & Tarin rompirent sur Angriote, & Adamas sur Sarquile : mais Angriote donna si grand coup de lance à Corian, qu'il le desarçonna. Puis tournant le visaige, veid Tarin ayant l'espée au poing, lequel aduisant son frere à bas, vint de grãd cholere cõtre Angriote, & cuidant luy dõner sur le hault de son armet, le coup tomba sur la teste de son cheual, qui fut griefuemẽt nauré. Ce nonobstant Angriote se trouuant pres de son ennemy, l'attaignit de son espée, en sorte qu'il le desarçõna, & à l'instant luymesmes sentãt son cheual affoiblir de la playe qu'il auoit receue sur la teste l'habãdõna mettãt pied à terre. Lors embrassant son escu, s'addressa contre celluy qui auoit esté le premier abatu, lequel estoit desia releué, & marchoit contre Angriote. Ainsi cõmença la meslée d'eulx deux, ou peu apres suruint Tarin, & eut Angriote à respondre aux deux: toutesfois il monstra comme il n'estoit apprenty en telles extremitez. Car il les menoit si rudemẽt qu'il ne leur donnoit loisir de prendre alleine, tellement qu'en peu d'heure leurs harnoys furent mys en pieces, & eulx si naurez, que le sang leur couloit de toutes pars. Ie croy qu'il n'y a celluy de vous tous qui escoutez ceste hystoire, qui n'entende assez que Angriote ne se peut si bien couurir qu'il n'eust part au gasteau : car il fut fort blecé en plusieurs en plusieurs endroictz, non pas au pris des aultres. Adoncq' Sarquile, à qui Damas s'estoit adressé, commença à auoir hôte de la trop grande resistance que luy faisoit son ennemy. Et à ceste cause, donnant des esperons à son cheual, trouua moyen de le ioindre corps à corps: & ainsi qu'ilz ballançoient à qui tomberoit, Angriote doubtant que son nepueu eust du pire, s'approcha de luy, dont il aduint que deuant qu'il y arriuast, Sarquile, & Damas tomberent l'vn sur l'aultre. Au moyen dequoy se renforça la meslée pource qu'Angriote tendoit au secours de son nepueu, & les aultres au remede de leur parent: lequel estant dessoubz Sarquile, n'eut moyen de se releuer: car Sarquile le tenoit de si pres, que luy ostant l'armet de la teste, luy dõna de l'espée dans la gorge. Puis voyant son ennemy expiré le laissa là, & vint ruer sur Tarin & son compaignon, qui estoient quasi hors d'alleine & prestz à rendre ou crier mercy. Ce que voyant le Roy, Brocadan & Gandandel en eurent tant d'ennuy qu'ilz se retirerent. Toutesfoys si ceulx là en furent desplaisants, tous les aultres de la court y prindrẽt plaisir, pour l'amytié qu'ilz auoient à Amadis, & à ses amys. Et plus encores furent aises quãd ilz les veirent reduictz à l'extremité de leur fin malheureuse: car à grand' peine le Roy eut osté la teste de la fenestre, que Angriote attaignit Corian de si grand' force, qu'il luy separa toute l'espaulle dextre: dont de grand' douleur donnant signe de mort, cheut le nez contre bas, apres lequel Tarin n'arresta guieres à en faire autant. Ainsi furent deffaitz les enfants des trahistres: dequoy Madasime, Oriane, & maintes aultres louerent grandement nostre Seigneur. Adoncq' Angriote & son nepueu prindrent les corps des vaincuz, & les traisnerent hors du camp: puis demanderent aux iuges s'ilz auoient assez fait debuoir suffisant, lesquelz respondirent, que oy. Parquoy tous deux se retirerent en grãd triumphe, & accompaignez de leurs amys vindrent aux tentes de leurs cõpaignons, conduisants auecq' eulx Madasime, & ses femmes, pource qu'ilz sçauoient notamment que le Roy Lisuart estoit trop marry de la bonne fortune qui leur estoit aduenue, tant vouloit grand mal à Amadis: nonobstant qu'il s'apperceust bien, que ses affaires prenoient tresmauluais train, depuis qu'il l'auoit chassé, & les cheualiers Gauloys de sa compaignie.

☞ Fin du Second liure d'Amadis de Gaule, traduict par le Seigneur des Essars. Et nouuellement imprimé à Paris par Denys Ianot Libraire & Imprimeur, demourant en la rue neufue nostre Dame, à l'enseigne sainct Iean Baptiste, pres saincte Geneuiefue des Ardents.

Acuerdo oluido.

www.ingramcontent.com/pod-product-compliance
Ingram Content Group UK Ltd.
Pitfield, Milton Keynes, MK11 3LW, UK
UKHW020552180726
13838UKWH00001B/203

9 782329 369983